JN023535

リーダーズ・ランゲージ

LEADER'S LANGUAGE

言葉遣いこそ最強の武器

Leadership Is Language:
The Hidden Power of
What You Say—
and What You Don't

L.デビッド・マルケ
花塚恵[訳]

L. DAVID MARQUET

東洋経済新報社

〈エルファロ〉の乗組員に捧げる。

彼らの身に起きたことを通じて、自身の使っている言葉を見つめ直し、
よりよいリーダーが増えることを心から願ってやまない。

Leadership Is language
by L. David Marquet

シェーン・マックによる序文

賢いはずの私がなぜ最低のリーダーになったか

時間を無駄にしたくない人や傷つきたくない人は、本書の著者デビッド・マルケの言葉に耳を傾けるといい。私自身、もっと早くそうしていたらと、思わずにはいられない。彼の言うとおりにしていたら、つらい思いをすることも、大金を失うこともなかっただろうに。

あなたのまわりには（おそらくはあなた自身も）、何でも知っていると他人から思われることに人生を捧げている人が大勢いると思う。

私もそんなひとりで、誰からも賢いと思われたくて仕方がなかった。なぜだかわからないが、つねに正しい答えを持っていることがリーダーの証しであると信じるようになっていたのだ。ところが、前の会社で働いていたときに、何かがおかしいと気づいた。

起業家として、3000万ドル以上の資金を調達し、最高の人材に恵まれ、シリコンバレーでもっともホットなスタートアップのひとつで製品をつくる機会を得たというのに、なお私は漠然とした不安に絶えず苛まれていた。

潤沢な資本があり、適切な人材が揃っているというのに、会社の誰もが不幸だった。

そうと気づいて認めるまでにずいぶん時間がかかったが、その不幸の元凶は私だった。私は、答えがわからないと不安になった。そのことをまわりに悟られたくなかったので、逆に強気の態度に出た。私のやり方が気にくわないなら出ていけばいいと言って、みなを丸め込んだ。私は正解を知っていて当然の人間なのだから、それが正しい姿勢だと思い込んでいたのだ。

すると、誰もが私のもとから去った。会社の資本構成が変わり、投資してくれた人全員が損失を被った。私だけが損を逃れることとなり、そのせいで私はひどく落ち込んだ。

その数年前に、私はデビッド・マルケの講演を聴いたことがあった。彼の主張は、失敗に終わった事業の終盤に私がとったやり方とは正反対のことばかりだった。もしあの時期に、我に返る瞬間があって、デビッドの言葉を取り入れることができていたらと悔やまれてならない。

失敗を通じて自らの過ちに気づいた私は、自分のリーダーとしてのスキルを見直すと心に決めた。そして次に起業したアシスト社では、デビッドの教えを土台とし、自分のやり方を一から構築した。

ギーク・スクアッド社の創業者でもある共同創設者のロバート・スティーブンスと力を合わせた結果、アシストはＡＩ分野を牽引する存在になり、グーグルアシスタントやアレクサなどのＡＩアシスタントサービス、メッセージアプリといった新たなプラットフォームで製品力を高めた。

この成功がデビッドの洞察力と指導の賜物であることは、疑いようのない純然たる事実だ。

アシストを起業するにあたり、設立の最初の一歩から何をするにも、デビッドがこの本にまとめた趣旨に沿っているか確認した。アシストでは、好奇心を会社のコアバリューとし、わからないことが出てくれば喜び、何でも知っているという態度は敬遠するようにした。

また、他者への敬意を示し、仕事の効果を高める言葉遣いを心がけた。各人が自らの決断に責任を持つように促す話し方を導入し、わからないときは「わからない」と認めればいいと念を押した。

新たに人を雇ったときには、私にはわからないことを教えてほしいと頼んだ。さらに社員たちが、「〇〇すべきだと思うのですが」ではなく、「〇〇をやりました」という話し方をするように後押しをした。アシストでは、事前許可を求める必要はない。

いまの私は、権限の移譲がどんどん広がるような社内文化の創出を最優先事項に掲げている。権限が移譲される文化が生まれれば、スキルや行動力を手にする人が増え、最高の仕事ができるようになる。反対に、許可をとる必要が増えてしまうと、自ら考える人、先頭に立つ人が減って、働きにくい環境ができていく。

もちろん、そういう文化を創るのは決して簡単ではない。ほとんどの人が、そんなやり方でうまくいくと信じていないし、そうすべきだと思ってもいないからだ。

私のCEOとしての目標は、最終的に「できるだけ自分の決断の数を減らすこと」になった。全知全能の仮面をかぶらずにいられなかった男が、そこまで変わったのだ。

この本に書いてあることは、私がアシストで目指したことそのものである。

2019年に、アシストは莫大な金額で別の企業の手に渡った。私の元同僚たちは、一流企業の重要なポジションへの転職を遂げた。これほど有能なリーダーたちとともに学び、成長することができて、私は本当に運がよかったと思う。

デビッドは、決してラクな道や近道は教えてくれない。だが私の経験から言って、彼の教えを学ぶと、自分が満たされ、力を得たと実感し、翌日にはまた教えを請いたくなる。私はそうやって成功した。

シェーン・マック

2019年6月　ナッシュビルにて

ツイッター「@ShaneMac」にいつでも連絡を

目次

赤ワークと青ワークについて深く知る

第2章 上の人、下の人という役割に同化しない
――充実感をもたらす新しいプレーブック

第3章 現場からのアラートが出やすくなる言葉
――赤ワークに固執せず、時計を支配する4つの方法

新しいプレーブックにもとづくプレー②

第4章 全員で仮説の構築・検証を行う言葉 ——上からの強要をやめ、連携をとる4つの方法

第5章 本物の責任感と行動を引き出す言葉 ――思考の青ワークから、実行の赤ワークへの移行 161

第7章 既定路線に縛られず改善を図るための言葉 ――赤と青のサイクルを機能させる4つの方法

実体験にもとづいた9つのケース集

第9章 新しいプレーブックを現場に応用する

——結果を出すリーダーの適切な姿勢と言葉遣い

はじめに

言葉遣いの力
——リーダーシップは言葉がすべて

私は自分が特別だと思っていた。

そう思い始めたのは高校生のときで、まわりの誰よりも優秀な成績を収めたことがきっかけだ。その思いはアメリカ海軍兵学校時代も続いた。

実際のところは、単にテストの予想と解答が得意なだけだったのだが、学校を卒業し、海軍の潜水艦部隊に艦長として配属されると、私はこんなふうに誤解した。これほど早く出世できたのだから、私はまわりに比べて観察力や自制心に優れ、責任感が強くて思考力が高く、周囲に気配りができるのだと。

認めるのはつらいが、当時の私は、ともに働く人たちよりも仕事ができる（そして単純に優秀である）とかなり本気で思っていた。

優秀であるという実感を守りたくて、私はいちばんに問題を指摘し、解決策もいちばんに見つけた。周囲にやるべきことを指示し、階級、影響力、完全に決めつけた物言いなどを通じて、私の指示に従うことを強要した。急いでものごとを終わらせたくて、メンバーが自発的に何かをする時間など一切与えなかった。

私が率いるチームは組立ラインのようなもので、車や芝刈り機の代わりに行動を量産した。その工場の監督を務めるのはもちろん、誰よりものをわかっている私だ。

部下にどんな苦難を強いてでも勝とうとした過去の私

私のものの見方が歪んでいると示す兆候はたくさんあった。それらに目を向けなかったことがいまも悔やまれる。

部下はときどき、ためらいながらも良案を提案してきた。私の指示なしで、賢明な決断を下して行動することもあった。たまには私も間違えることがあり、最適でないことや、単純に間違っていることをチームに指示した。

私はつねづね、問題に気づいたときは声をあげるようにと伝えていたが、私の指示が間違っているときでも、部下は指示に従った。そして失敗となれば、彼らは肩をすくめて「命じられたとおりにやっただけです」と言った。そういうことがあると、私はそれまで以上に明快かつ簡潔に正しい命令を下すことに努めた。

そうして私は、まわりから評価され、ランクづけされる28年を過ごした。海軍は競争が熾烈で、上層部のポストの数はとても少ない。

批判や評価を受け続ける環境のなかで、私は絶えず実力を示さなければならない重圧を感じていた。試験、月次報告書、視察、会議のすべて、いや、すべての日が私にとっては試練であり、自分の力を証明するパフォーマンスを披露するチャンスだった。ひとつでも悪い結果を出せば、昇進、昇給、社会的立場はもちろん、自尊感情にまで影響が及びかねない。

自分が成し遂げたことに誇りを持っていたので、私の貢献が適切に評価されていないと感じるとイライラした。パフォーマンスがすべてであるという考えから、私は誰も寄せつけない強者の仮面をかぶった。人生が激しい競争だとするなら、私は部下にどんな苦難を強いてでも勝とうとしたと思ってもらって間違いない。

当時の私のように、序列のなかの役割に同化して、周囲の人々から感情的な距離を保ち、どんな犠牲を払ってでも弱さを見せないという働き方をしていると、孤独と虚しさを覚える。

昇進や表彰は誇らしかったが、本当に大切な何かが私には欠けていた。

人を殺しかねないミスをして気づいたこと

私のキャリアは、思いがけず遠回りを強いられた。原子力潜水艦〈サンタフェ〉の艦長が急に辞任し、突如として私がその後任を務めることになったのだ。当時、〈サンタフェ〉は艦隊の笑いものだった。私自身、「問題はたったの2つだよ。士気とパフォーマンスが艦隊で最低なことだけ」とジョークのネタにしていたほどだ。

海軍では毎月、全潜水艦の12カ月にわたる再乗艦率と離艦率が発表されていて、当然ながら〈サンタフェ〉は、50艦前後のなかで最下位だった。それもダントツの最下位で、任期を終えて艦を離れる人員全体の90パーセント、つまりはほとんどが〈サンタフェ〉の乗員だった。

これは士気の問題なので、艦長である私が解決する必要があった。そしてもうひとつは、パフォーマンスの問題だ。〈サンタフェ〉は、ありとあらゆる項目で低い点数をつけられていた。食事の配膳から魚雷の発射、航行、原子炉の稼働まで例外はない。そのうえ、安全面での事故の割合は平均よりも高かった。

通常なら、リーダーとしての力をパフォーマンスで証明することが処方箋となるところだが、それはあくまでも、その艦について把握している場合の話だ。実際には、私はそれまでの12カ月間、別の潜水艦を引き継ぐ準備をしていた。つまり、何もわからない状態で艦長に就いたのだ。〈サンタフェ〉に乗艦したとき、私は乗員たちに質問を始めた。質問するというのは、それ以前からの私のスタイルだったが、実は質問というより問題の出題に近かった。私が知っている答えを、部下たちも知っているか確かめていたからだ。だが今回は、艦を機能させる方法を知るための質問をした。つまり、艦の詳細の多くについて自分は知らないのだと、乗員の前で認めなければならなかった。それは恐ろしいことだった。

海に出た初日、乗員も私も互いを品定めしていた。私は本能的に艦長という役割に同化し、身体に染みついている行動をとった。要は、命令を与え、その命令に乗員を従わせたのだ。そして間もないうちに、私は〈サンタフェ〉には技術的に不可能な命令を下した。モーターがひとつしかないのに、2つ目のモーターを稼働させろと命じてしまったのだ。

命令を受けた士官は直ちに「2つ目のモーター稼働」と復唱したが、その命令は無意味だと彼はわかっていた。そしてやる気なく肩をすくめると、その命令を実行に移せと指示を出し、私の間違いはみなの知るところとなった。

この瞬間、私の人生が変わった。私はつねに、職務を100とすると99を把握していた。決断のときにたまに理解が足りていないこともあったが、そんなときは単純に、次は「もっといい命令を下す」と決意すればよかった。

だが、〈サンタフェ〉でみなの前で自分の間違いが露呈した瞬間、私は100の職務のうちの1しかわかっていないような気持ちになった。今回のような明らかなミスをしでかしたとき、艦の士官がそれを指摘してくれると信頼できなければ、誤って人を殺しかねない。自分たちの命すら危うい。この状況をどうにかする必要があった。

私が命令するからみなが間違えるという事実

私がそれまでに受けたリーダーシップ研修は、意思決定の行い方と、決めたことをチームに実行させる方法を学ぶものばかりだった。その規範に疑問を抱いたことは一度もない。

ところが〈サンタフェ〉に乗艦したとたん、自分の決断をすぐに正せなかったばかりに困った事態に陥った。そのときに必要だったのは、研修で学んだものとはまったく違う解決策だ。そして私は気がついた。問題は、間違った命令を下したことにあるのではなく、そもそも私が命令を下したことにあるのだと。

チームに関する実務的な決定や管理・運営の決定を自ら下すことで、私は乗員を結果に対する責任から解放してしまっていたのだ。おまけに、乗員が自ら考えることも免除していた。生き残りたいなら、この免除は無効にしなければならない。

多くの組織がそうであるように、原子力潜水艦〈サンタフェ〉も「なせばなるの精神」に誇りを持っていた。だが、その精神はもろい。なせばなるという姿勢で行っていることが正しいあいだは問題ないが、断固として立ち向かうという熱意に包まれていると、組織全体に間違いが広まりやすい。なせばなるという熱意に見合うだけの、「自分たちで考える」ことへの熱意もわれわれには必要だった。

みなの前で私の間違いが露呈したその日、私は〈サンタフェ〉の士官たちとある約束を交わした。私は今後、一切命令を与えない。その代わり、私が意図する目的、すなわち、われわれが何の目的で何を成し遂げようとしているかを伝える。

士官たちは、今後は艦長からの指示を待たないことに同意した。指示を待たずに彼らのほうから、私の意図をどのように成し遂げるつもりなのかを私に伝える。この変更により、使う言葉が少しばかり変わる。士官たちは、「○○の許可をお願いしたいのですが」ではなく、「これから○○をします」と言うようになる。

そして、私と士官たちは握手を交わし、それぞれの職務に戻った。

それから12カ月が過ぎ、〈サンタフェ〉はある記録を樹立した。33名の優秀な水兵が、翌年の再乗艦願にひとり残らず署名して海軍に残ったのだ。また、海軍に要請されるあらゆる任務において、優秀な成績を収めた。それればかりか、潜水艦操作の視察を受けたときには、歴代最高得点を獲得した。解雇者はひとりも出していない。〈サンタフェ〉のパフォーマンスと士気は、どちらも最低から最高に跳ね上がった。

そうなったのは、士官や水兵へのプレッシャーを強くしたからではない。私が一歩下がり、彼らが私に歩み寄るようにしたおかげだ。その結果、1人のリーダーと134人の部下は、自ら行動し考える135人のリーダーとなった。

その10年後、彼らはさらに目を見張るようなことを成し遂げた。〈サンタフェ〉の乗員たちは、私が艦を離れたあとも卓越した成果をあげ続けた。当時〈サンタフェ〉にいた士官のうちの10人は艦長に任命され、5人は小艦隊の指揮官もしくは同等の立場の役職に就き、2人は(現時点で)大将に出世を遂げている。海軍において、10年でこれだけの昇進を遂げるのは、控えめに言って驚嘆に値する。

リーダーシップは言葉から始まる

いま述べたことが起きたのは、スキルや知識が向上したおかげでも、職務に身を捧げたおかげでもない。海軍の規則の一部に手を加えたのは事実だが、いずれもごく些細な修正だ。海軍は、われわれの手がほとんど及ばない仕組みになっている。スケジュール、割り当てられた主要な任務、昇進、技術的な要件、法的義務、手順や方針のほとんどを変えることができないし、艦に乗る人員すら変更はきかない。

ただし、艦内で互いにどのような話し方をするか、どんな言葉を使うかは自分たちで決めることができる。始めるのは私からだ。結局のところ、リーダーシップは言葉から始まる。私が乗員たちとのコミュニケーションで使う言葉を変えると、彼らが私に話しかけてくるときの言葉や、乗員どうしが話すときの言葉も変わった。話すときに使う言葉が変わると、艦内の文化も変わった。文化が変わったことで、われわれが生み出す成果にも変化が現れた。

使う言葉を変えたら、世界が変わったのだ。

われわれは、次の3つのやり方で使う言葉を変えた。

- 説得、強要、服従、同化といった、他者に何かを促す言葉ではなく、目的や行動を起こすという決意など、自発的に動くことを表す言葉を使うようにした。
- 「証明や実行」を意味する言葉に代わり、「改善や学習」を意味する言葉を使うようにした。
- 強さや確かさを表す言葉に代わり、弱さや好奇心を表す言葉を使うようにした。

言葉を変えたと言っても、使う言語はもちろん英語のままだったが、さまざまな意味で、まったく新しい言語を学んでいるような気持ちになった。

私が黙らないからみなが口を開けない

言葉が出発点となり、〈サンタフェ〉ではさまざまなことがよい方向へと変わっていった。言葉が変わると、考えていることが明らかになり、考え方が変わった。使う言葉は、権限の移譲や連携の度合いの尺度にも、それらを改善するツールにもなった。

潜水艦の艦長としての私のものの言い方が、すべてを変えた。言葉は私の武器であり、何をするのも私から始めた。私はつねづね、自分が沈黙を保てないのはまわりが口を開かないせいだと思っていた。だがようやく、私が黙らないからまわりは口を開かないのだと思い至った。

また、相手が信頼に足る人物かどうかを知るには、相手が私にそれを証明してくるのを待てばいいと思っていたが、それも逆だと学んだ。相手が能力や信頼性を証明する機会を得るには、私が先に相手を信頼して権限を与え、彼らが自律的に行動できる環境を整えなければならない。

私が〈サンタフェ〉に乗艦したときは、乗員のパフォーマンスを私がよくしてやろうと考えていた。パフォーマンスが改善すれば、士気も自然と上がる。だが、そういうふうにはいかなかった。実際には、自らの仕事を自律して行える環境が整うと、各人にとっての重要な目的を通じて誰もがまわりとつながるようになり、チームの一員であるという実感が生まれ、充実度が増した。それによって士気が急激に上がった。パフォーマンスが改善したのはそのあとの話だ。

こうした変化は、1週間もしないうちに起こり始めた。

どんなに優秀でも、ひとりで管理はできない

〈サンタフェ〉で起きた変化の詳細について知りたい人は、私の前著『米海軍で屈指の潜水艦艦長による「最強組織」の作り方』を読んでもらいたい。潜水艦〈サンタフェ〉で、私のプライドはへし折られた。私は自分が思うような特別な人間ではないと思い知らされたのだ。それでも、審

判が下されたことに心から感謝している。

私が自分の意見を表明するのを数秒待って、みなに発言を促す問いかけをし、彼らが何を言い、どんな発想や視点を持ち、どんな活動を提案するのかと熱心に耳を傾けさえすれば、たいていは自分が思っていたのと同じくらい、いや、それ以上に優れた意見が出てくるものなのだ。

私は自分が望むことを周囲の人間に急いでやらせようとして、彼らの開放性、創造性、仕事に対する思い入れを抑圧していた。そのやり方で私の望んだことが実現されるのだから、心理的な高揚感を一時的に得ることはできた。しかし、急いでやらせようとする私の言動は、周囲の人々が貢献できる可能性を奪った。そうして私が可能性を奪えば奪うほど、リーダーとして率いるチームの規模が大きくなるにつれ、すべてを把握し、すべてを自分ひとりで管理する私の能力は衰えていった。私にとっての最大の敵は、ずっと私自身だったのだ。

言葉を変えることで得られる成果

海軍を離れてからは、自身の経験を生かし、よりよいリーダーを育むための活動を行うようになった。ともに働く人々にとって理想的な環境を生み出す方法をはじめ、社内で呼び起こされるのを待っている、人々の情熱、知性、自発性をとことん解放する方法を指南している。いずれも必要となるのは言葉だ。他者とのコミュニケーションのとり方を見直せばうまくいく。

ほかのリーダーたちのコーチやメンターという新たな役割を果たすなかで、私は確信した。〈サンタフェ〉で得た教訓は、どんな組織にも有効だと。その例を一部紹介しよう。

- コールセンターでの退職者の数が、四半期で8人から0人に減少した。
- テクノロジー企業の収益と規模が倍になった。
- リサーチセンターが賞をとる製品を生み出すようになった。
- 原子力発電所がトップレベルの実績を達成した。
- 「働くのに最適な企業」に選出された。
- 子供を寝かしつける苦労がなくなった。
- 警察署の管轄区域で犯罪が3パーセント減少した。
- 業務責任者のストレスが大幅に軽減されて、20キロの減量に成功した。

これらはすべて、言葉による成果だ。コミュニケーションをとるときや、他者と連携するときに使う言葉を変えることで、これほどの成果が期待できる。*

私は何年も前から、人と話すときの言葉の使い方を変えるべく努力しているが、いまだ道半ばだ。つねに意識することが求められ、世間で当たり前とされているコミュニケーションのとり方に支配されないよう、自分を再教育する必要がある。いまの私は、その場に適した言葉を紡ぐ時間を十分に稼ぐために、ひと呼吸置いてから返答や反応を示すように心がけている。結果を出すう

* 私はこのアプローチを「意図にもとづくリーダーシップ（Intent-Based Leadership）」®と名づけた。リーダーはチームに対し、指示ではなく目的を伝えるからだ。そして目的を告げられたチームのメンバーは、リーダーに許可を求めるのではなく、どのようにしてそれを実現させるつもりかをリーダーに告げる。

えで、的確な言葉を使うことの影響は本当に大きい。

リーダーのための新しいプレーブック

リーダーシップにおける言葉の大切さについて考えを進めながら、私は職場でリーダーが答えるときのさまざまな状況を体系化しようと試みた。まずは、身体や頭に染みついている反応、つまりは、特定の出来事や場面で決まってとる行動のパターン（決まって使う言い回し）や、それらが引き金となってとるパターン（使う言葉）について考えてみた。

すると、スポーツ競技で使われるプレーと同じに思えてきた。スポーツでは、競技が繰り広げられている状況を読んで、どのように行動するかをよく考えて決断し、使うプレーを選択する。だが、この喩えが適切かどうか自信を持てず、本書の構成をどうするか決めかねていた。

そんな悩みを抱えていたある日のこと、私はユナイテッド航空1139便に搭乗した。サンフランシスコからタンパへ向かう夜行便で自宅に帰るところだった。シートベルトを締めたとたん、大きなダッフルバッグをかついだ男性が隣に座り、バッグを前の座席の下に押し込んだ。そして、バッグからリング径3インチの3穴バインダーを取り出した。バッグに同じバインダーがもう2冊入っているのが見えた。そのバインダーはプレーブックだった。そう、アメリカン・フットボールのプレーブックだ！

最初は気づかなかったが、隣に座った男性はジョン・グルーデンだった。彼が、オークランド・レイダースのコーチに（またもや）就任する契約を交わしたばかりのころだ。グルーデンは、

1998年から2001年まで同チームのヘッドコーチを務めていた。彼の持つバインダーはどれも、オークランド・レイダースのためのプレーブックだった。

私は彼に、プレーブックについて教えてもらえないかと尋ねた。彼は快く応じ、バインダーを開いて見せてくれた。最初の「プレー」はフットボールとは何の関係もなく、選手、コーチ、スタッフが、競技フィールド、ロッカールーム、チームのイベント、練習などでとるべきふるまいについてだった。チームの伝統的なパスプレーやランプレーは、2冊目と3冊目のバインダーにしか書かれていないという。

その後バインダーの編成についての話になったとき、彼の口から真っ先に出たのが「まあ、言葉がすべてですから」だった。私はそれを天からの啓示と受け止め、プレーブックを喩えに使うと心に決めた。

私たちはまだ産業革命期のプレーをしている

こうした経緯から、私が「プレー」という言葉を使うときは、アメリカン・フットボールの場面を思い浮かべていると思ってほしい。アメリカン・フットボールは、プレーとプレーのあいだに中断が挟まる競技だ。フィールドでプレーがリセットされると、オフェンス側に、次のプレーはパス、ラン、それとも別の何かにしようかと考えて決断する時間が生まれる。考える時間が生まれるのはディフェンス側も同じだ。そして両陣営とも、相手の行動を読みながらどうするかを決める。

プレーという名の、事前に計画した対応をとるというこのパターンは、人間の行動、ビジネス上のリーダーシップ、そして私たちの言葉にすでに存在する。

しかし、ほとんどの人が従っているプレーブックは、もはや時代にそぐわない。それなのに、私たちの身体には、リーダーシップの古い規範が確立された産業革命の時代から続くプレーが刻み込まれている。そこで、本書の前半で、産業革命の時代からリーダーシップに関する言葉がどのように受け継がれてきたのか、そして、それがなぜ今日の職場環境に適さないのかを解説しよう。

職場の空気を変える6つのプレー

加えて、現代の問題の解決に適した新たなプレーをはじめ、そうしたプレーを支える構造はどういうもので、その根拠は何か、さらにはチームでプレーを活用する方法についても明らかにする。口にするべき言葉とともに、口にするべき理由と言い方も理解すれば、どんな状況でもその場に適した言葉を見つけられるようになる。その力は、より生産性の高い職場環境の構築に一役買い、組織全体の成果の質や量が向上するほか、組織に属するすべての人が、仕事に対してより深い充実感と意義を見いだせるようになる。

本書を通じて、リーダーシップのための新たなプレーを6つ紹介する。古いプレーとの比較に加え、新しいプレーどうしがどのような関係性にあるかも示す。その6つのプレーは以下になり、基本的に、行動と反省、実行と決断を行き来するアプローチをとる。

①時計を支配する（旧：時計に従う）

②連携をとる（旧：強要する）
③責任感を自覚して取り組む（旧：服従する）
④事前に定めた目標を達成して区切りをつける（旧：終わりを決めずに続行する）
⑤成果を改善する（旧：能力を証明する）
⑥垣根を越えてつながる（旧：自分の役割に同化する）

どのプレーにも要となる言葉の使い方がそれぞれあるので、章に分けて詳しく説明しよう。

「実行」に偏ったリーダー、フレッドの苦悩

フレッドは、製造会社で管理職として熱心に働いている。彼には日々、解決すべきさまざまな問題があり、その内容は、機械の動きを向上させる、新たな労働者を雇う、製造工程全体を改善する、貿易関税に対処するなど多岐にわたる。フレッドは絶えず時計のプレッシャーを感じていて、急いで仕事を終わらせようとするあまり、まわりにいる人たちのことを無視しがちだ。

一日中、自分が最善と思うことをやるようにチームに強要し、すっかり消耗した状態で帰路につく。前に進んだという実感は一切ない。つねに「プロ意識」を持ち、彼の下につく社員たちとは距離を置き、上司という役割に同化している。

フレッドは充実していない。それは、フレッドが率いるチームのメンバーも同じだ。彼らは、フレッドから信頼されていないと感じている。絶えずやることを指示され、業務の細部までフレッド

に管理されているため、彼らの人間性が置き去りにされているように感じるのだ。彼らの創造性、共感力、目的意識はまったく必要とされていない。

メンバーにもやはり、前に進んでいるという実感はほとんどない。来る日も来る日も、昨日と同じ一日にしか感じられない。誰もが命令に従っているが、仕事に対する熱意はない。命令をこなせばそれでよく、勤務終了の笛がなったあとのためにできるだけ余力を残そうと考えている。

「思考」に偏ったリーダー、スーの苦悩

フレッドの会社の向かいにあるテクノロジー企業では、スーが管理職として熱心に働いている。彼女は物思いに耽ったり、過去を蒸し返したりすることが多く、ときには考えすぎて落ち込むこともあり、決断を下すのが苦手だ。何もかもが大きな責任に思えて、圧倒されてしまうのだ。

プロジェクトごとに最終的にどうなってほしいかを思い描く力は優れているが、どこから手をつけるかと考え始めると、どうしていいかわからなくなる。会社の創業者は「早期の失敗」と「既存のものの破壊」をスーに促すが、彼女はそれが自分にどう関係するのかよくわからない。実際に決断を下せば、たくさんの批判を浴びている気持ちになる。

スーは苛立っている。それは、スーが率いるチームのメンバーも同じだ。メンバーたちは、既存の製品を改善するにはプロジェクトを実行に移す必要があると思っているが、有意義な変更を行う許可をスーから得られない。前に進めるための提案をすれば、答えに詰まるまでスーから質問を投げかけられ、その結果、さらなる調査に追いやられる。前に進んでいるという感覚はほとん

どなく、来る日も来る日も、昨日と同じ一日にしか感じられない。前に進むことや、何かを終わらせることがなければ、人々の士気は下がる。離職率は高まり、働く人々はいつも心ここにあらずの状態になる。

フレッドとスーは正反対の問題を抱えているように見える。だが現実には、ふたりの問題は同じだ。ふたりとも、実行と思考のバランスが偏りすぎている。

実行と思考は、すべての人間活動の土台となるものだ。この2つの活動のバランスが正しくとれていると、目標を達成しやすくなる。残念ながら、健全なバランスが維持できずに苦しんでいる組織は数多い。フレッドが働く製造会社のように、実行に比重を置きすぎるところもあれば、スーが働くテクノロジー企業のように、思考に比重を置きすぎるところもある。

実行と思考のバランスについては、意図的にバランスを構築したというより、たまたまそういうバランスになったという組織がほとんどだ。日々行う小さな決断を通じて、そのバランスは決まる。

実行と思考のバランスを適切に保つ

実行と思考のバランスが正しければ、組織の適応力や敏捷性は高い状態を維持でき、革新的な発想や起業家精神が根づく。組織に属する人々には、目的意識や成長している実感が生まれ、それがひいてはさらなる改善への意欲につながる。要するに、実行と思考のバランスが正しいと、学習が誘発されるのだ。企業の社会的な意義と収益性は保たれ、社員の幸福は続く。それが顧客満足をも生み出す。

本書で言う「実行」は、世界との物理的なつながりを意味する。フォークリフトの運転も、投資家にプレゼンテーションを行うことも、どちらも実行だ。何かを実行しているときに何も考えていないとは限らないが、脳は実に多くのことを自動的に行う。たとえば、身体に深く染みついている（例：服を着る、車を運転して家に帰る）行為に関しては、脳はほぼ完全に自動操縦モードになれる。カミソリで髭をそっている、あるいは時速110キロで高速道路を走りながら自宅に向かっているときですら、自由にぼんやりできる。このように、実行は思考ほど知力に負担をかけない。実行のほうが早く効率的であることから、私たちの初期設定は「実行モード」である。脳はとにかく効率を重視するのだ。

本書で言う「思考」は、自分を取り巻く世界を解釈する際に、情報、心情、ストーリー、前提などを、好奇心を持って何ごとも受け入れる気持ちでじっくりと探求するという意味である。

思考は、実行の前後どちらでも起こる。行動を起こす前の思考では、決断や仮説という成果が生まれる。これから何をして、何を学ぶのかを思考を通じて明らかにするのだ。行動を起こした後の思考では、行動を通じて学習したことを振り返り、このときに得たものが成果となる。実行とはまったく対照的に、思考プロセスには認知的な負荷がかかり、精神的な消耗を招く。

実行と思考はどう違うのか

実行と思考の違いは、次のようにも説明できる。

- 自分を取り巻く世界との相互作用は実行。
- その相互作用を改善しようとすることは思考。
- 証明しようとパフォーマンスを行うことは実行。
- 成長や改善を遂げようとすることは思考。
- ひとつのことに集中し、精力的に能力を証明したいという思考心理は、実行に最適である。
- 好奇心や探究心を広げ、改善したいという思考心理は、思考に最適である。
- 実行という行為は、行った瞬間にしっかりと存在し、世界に影響を与え、刺激に対して動的に反応することである。
- 思考という行為は、距離を置いた冷静な視点から、実行という行為を観察して振り返ることである。

フレッドとスーにはこの先も登場してもらう。どんな人にも、ふたりのような部分がいくらかは必ずあるものだ。フレッドのように、ほとんど振り返ることなくひたすら動き回ることもあれば、スーのように、目の前の仕事の大きさに圧倒されて、どうやって前に進めばいいのかわからなくなることもある。

リーダーによる強要が悪になった根本理由

私たちが継承してきたプレーブックを知り、その何を変える必要があるかを理解するには、産業革命期の組織について知ることがカギとなる。当時の組織は、働く人々をリーダーとリーダーに付き従う部下、つまりは決断する者と実行する者に分断していた。その名残は、職場の肩書きや制服に見て取れる。

決断する者と実行する者が分かれていたため、リーダーは部下に対し、部下が決定に関与しなかった仕事、彼らが「受け入れたわけでもない」仕事を実行するようにと説得しないといけなかった。必然的に、強要が求められたのだ。外野が決めた方向づけに服従させる、それがリーダーの仕事のすべてだった。

実行する者から生じる意見のバリエーションは、敵とみなされた。工場での仕事には、一貫した結果を出すために、できる限りの一貫性が必要とされる。よって、そこで使われる言葉についても、自然とバリエーションを減らす言い方が定着していった。

そして、1回の作業時間により多くの労働をねじ込ませ続けた結果、つねに「時計に従う」という感覚にとらわれるようになり、パフォーマンスの思考心理に人々は陥った。

だが、いまはそのすべてを変える必要がある。組織が生き残るには、実行する者が同時に決断する者にもならないといけない。かつてはバリエーションを敵としかみなしていなかった人々に、バリエーションは味方になるときもあると理解させる必要があるということだ。また、パフォーマンスの思考心理だけになっていた人々を、必要に応じて改善の思考心理にさせる必要もある（パフォーマンスの思考心理、改善の思考心理については第2章で詳述する）。

この本の議論の進め方

本書は次のような構成となる。

まずは導入として、職場で変化が起きつつある理由について見ていく。そのうえで、学習をどのようにとらえればいいのか、思考と実行を適切に行き来するアプローチとはどういうものかを説明する。

そしてメインとなるのが、私たちの身体に組み込まれている6つのプレーと、それに取って代わらせたい新たな6つのプレーだ。

その後、人生や仕事に新たなプレーを適用する例をいくつか紹介する。また、本書で推奨するアプローチを、戦略レベル、業務管理レベル、実務レベルで採用するとどうなるかも説明する。

本書の主張に信憑性を与えるために、実際に命がけの状況に置かれたチームの話を最初に読んでもらう。このチームは、大きな困難を前に使命をまっとうしようと挑んだが、失敗した。彼らの話を通じて、生死にかかわる重大なリスクを伴う状況にもかかわらず、今日のチームとして働く人々が実際にどのように会話し、どのように決断を下すかをしっかりと理解してもらいたい。この話を紹介する目的はあくまでも、彼らが実際に話した言葉を知ることであって、彼らに会話の仕方を指導する意図や、こう変わってほしいと期待をかける意味合い、こういう話し方をせよと命じる意図は一切ない。

この話は、2015年に起きた貨物船事故に関するものだ。近代的な無線システムや航行設備を搭載した貨物船が、ハリケーンに向かって進んでいって沈没した。船に乗っていた33名は、全員命を落とした。この事故が起きた経緯の根拠となるのは、誰かのあやふやな会話の記憶ではない。ありがたいことに、貨物船のブリッジで繰り広げられた25時間ぶんの会話の記録がある。

その貨物船の名前は〈エルファロ〉。本書の最後は、チームが新しいプレーブックを活用していると仮定した、想像上のシナリオで締めくくられる。だがまずは、〈エルファロ〉の船内で実際に何が起きたかを理解することから始めよう。残念ながら、それが彼らの最後の航海となるのだが……。

第1章 貨物船エルファロを沈没させた言葉――悪いのは人でなく、古いプレーブック

火曜日――嵐の中心から1000マイル

2015年9月29日火曜日。この日の貨物船〈エルファロ〉は慌ただしく、33名の船員が出港に向けて最終準備を行っていた。

港に停泊している船は、たいていとても忙しい。前日に航海から帰還したばかりの〈エルファロ〉も例外ではなく、運んできた積荷を降ろし、新たなコンテナや貨物を積み込んで固定しなければならない。船員たちは、いつもの出港時間である午後7時に間に合わせようと急いでいた。〈エルファロ〉の船員もまた、かつて私が艦長を務めた米海軍の原子力潜水艦〈サンタフェ〉の乗

員と同じく、「なせばなる」の精神の持ち主たちだ。

ハリケーンの季節の只中にもかかわらず、フロリダ州ジャクソンビルの海は穏やかだった。目下のところ、アメリカン・フットボールの競技場2面ぶんより全長が長いこの船は、いつものようにフロリダ北東部から1300マイル（約2100キロメートル）離れたプエルトリコの首都サンファンに直行する予定だ。竣工40年になる〈エルファロ〉は、アメリカの東海岸とアメリカ領のその小さな島の往復が初航海で、当初は〈プエルトリコ〉と呼ばれていた。

午後8時6分。〈エルファロ〉が出港した。[1] そのころ、船の通り道となるバハマ諸島付近の大西洋で、熱帯低気圧「ホアキン」が勢力を強めていた。〈エルファロ〉が進路を南東にとった翌朝、「ホアキン」はカテゴリー1のハリケーンに成長したと発表され、バハマの主要地域にハリケーン警報が発令された。

そしてその日の終わりには、カテゴリー3に引き上げられるのだが、その風速はカテゴリー3の最大風速である時速129マイル（約208キロメートル）を上回り、甚大な被害をもたらす恐れがあった。のちにこのハリケーン「ホアキン」は、1866年以降にバハマを襲った最大のハリケーンとなる。

〈エルファロ〉がまだ港に停泊していたとき、非番だった同船の高級船員が船長にメールを送った。その内容は、嵐が迫っているがどのルートをとるつもりなのかと尋ねるものだ。船長の返信には、いつものようにプエルトリコに直行するルートをとる予定だと書いてあった。いつもの直行ルートは最短コースだが、ハリケーンにもっとも近づくルートでもある。

それとは別にオールドバハマ海峡を通るルートもあるが、こちらは160マイル（約260キロメートル）遠回りになるので8時間余計にかかる。だがこちらのルートを通れば、船と嵐のあいだにバハマ諸島が挟まり、船体への風や波の影響が和らぐ。

嵐をどう避けるか――2つの決断ポイント

海洋航行の経験がなくても、〈エルファロ〉の船長と船員に突きつけられた選択肢は理解できる。ジャクソンビルからプエルトリコに向かって南に出港してしまえば、島々が防護壁となる海峡を通る選択肢は2つしかない。バハマ諸島の北側で右に舵を切ってフロリダ半島沿いに進むか、バハマ諸島の大西洋側をラムケイと呼ばれる島の近くまで進み、そこで右に舵を切るかのどちらかだ。ラムケイのポイントには、バハマ諸島のあいだをぬって船が通れるだけの広さがある。このポイントを過ぎたら、あとは直進するしかなく、東側から吹く風を遮るものは何もない。だが、船長の心はすでに決まっていたようで、航海に出る前に船員たちと話し合うことはなかった。

現状の速度で〈エルファロ〉が航海を続ければ、水曜日の午前7時に最初の決断ポイントを迎え、木曜日の午前1時に第2の決断ポイントを迎える。

この章では、産業革命期のプレーブックに端を発する、私たちの身体に染み込んでいる言葉の威力について解説する。ハリケーンに直面した外航船を例に用いるが、大きなプロジェクトに取り組むどんなチームにも当てはまると思ってもらえばいい。なぜ〈エルファロ〉を取り上げたかというと、船長と船員が実際に交わした言葉や実際にとった行動の記録があるからだ。これは実に貴重な記録で、生死にかかわる決断を迫られたチームがどのような言葉を現実に使っていたかをう

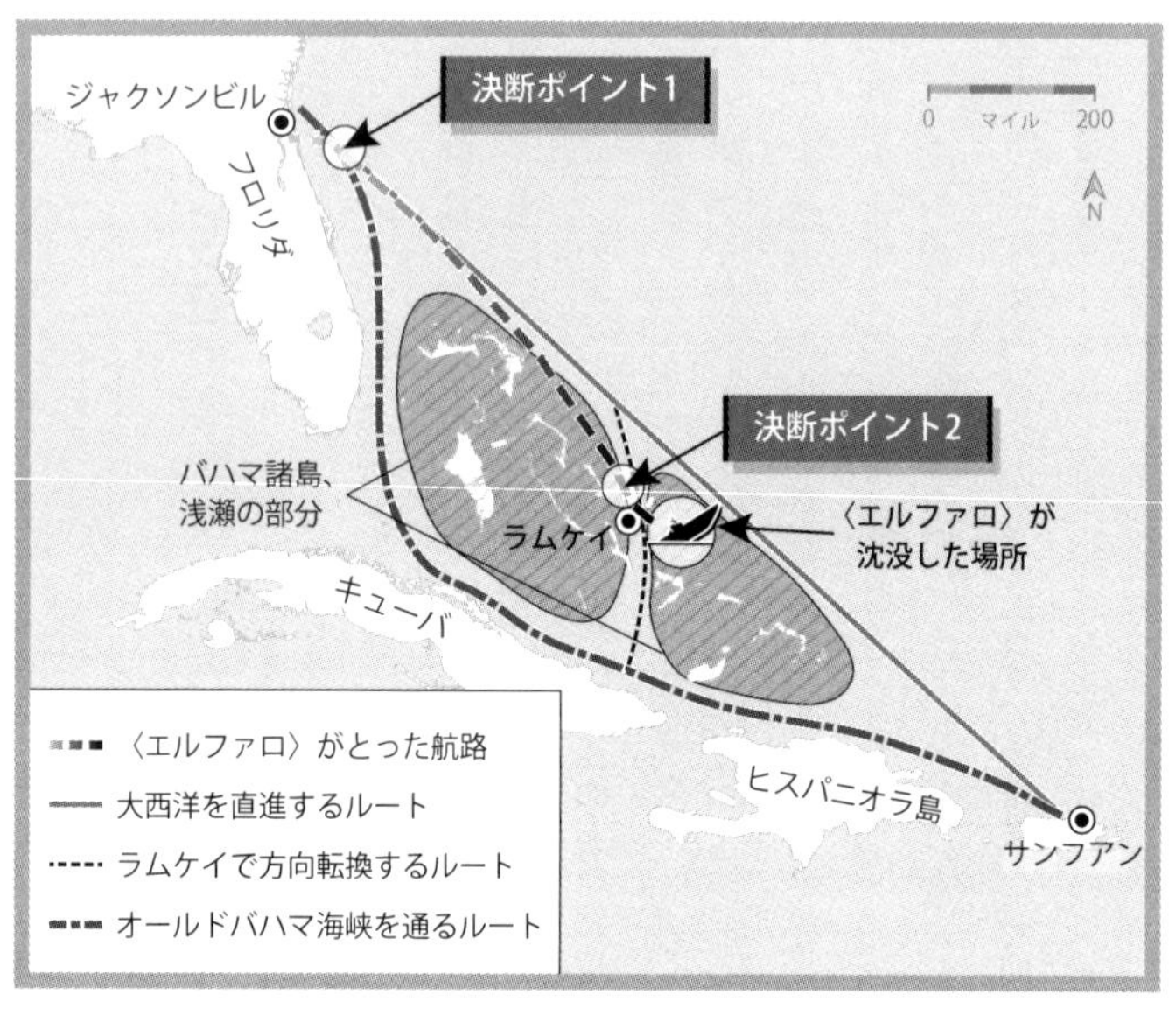

図1

かがい知ることができる。

〈エルファロ〉がとった航路は、船長にとっても船員にとっても慣れ親しんだものだ。定期的に往復していて、航路のすみずみまで熟知していた。つまり、ジャクソンビルからサンファアンまでの航海は、真面目にやれば誰でもできる仕事の典型であり、船に乗るすべての船員が、いつ何をすべきかを明確に理解している状況だと言える。

しかし、状況は一変する。

〈エルファロ〉が出港した時点では、「ホアキン」は熱帯低気圧に分類されていた。大西洋の中央から近づいてきていたが、バハマ諸島付近のどこかで右にそれると予想されていた。そうなれば、〈エルファロ〉が大西洋を通るルートは嵐の後ろ側となり、受ける影響は比較的小さくなる。だが「ホアキン」が左にそれれば、〈エルファロ〉は嵐の正面を横切ることになり、強烈な風と大きな波にさらされる。

〈エルファロ〉が大西洋ルートをとれば、ラムケイに到達するまでは、島々が防護壁となるオールドバハマ海峡に移ることができない。経験豊富な船員はみなこの事実を知っていて、〈エルファロ〉に乗船していたのはベテランの船員たちばかりだ。船長も船長として10年の経験があり、高級船員や役職に就いていない船員も、沿岸警備隊や国際海事機関が定める要件や規則をすべて満たしていた。技術や能力に問題はない。

水曜日——嵐の中心から600マイル

水曜日の午前7時2分。〈エルファロ〉がバハマ諸島の北部に近づくと、船長は大西洋ルートをとると決断し、バハマ諸島の嵐が直撃する側の航路を進み始めた。

この決断はどのように下されたのか？

慎重に検討して下されたものでないことは確かだ。〈エルファロ〉の船内で、船長と一等航海士の話し合いはあったものの、彼ら以外は話し合いに参加するどころか、話し合いがあることすら知らされていない。おそらく船長と一等航海士には、決断と呼ぶほどのことをしたという認識がなかったのではないか。港を離れる前から、船長はいつもの大西洋ルートを使うとある程度心に決めていたのだろう。話し合いの最初のほうで、船長は一等航海士に「今回は耐えるしかないな」と告げた。これで決断は下された。決まりだ。

この話し合いで決まったことは、計画を続行するということだけだ。残りの会話は、船を嵐に耐えさせるためにする必要のあることについてだった。大西洋ルートを選ぶべきかどうかではなく、大西洋ルートをどのように進むかが議題だったというわけだ。これはまさに、産業革命期に誕生したプレーブックで呼ぶところの「続行」だ。続行にとらわれて、深く考えずに無駄な努力を続ける人は多い。

会話の記録[2]を見ると、決断の根拠となる前提に関する話や、前提の根拠となる証拠を集める話は一切出てこない。のちに、その決断はよくなかったと判明すると、船長は「責任感の過熱」に陥った。つまり、一度決断したからという理由だけで、破滅を招く行動を最後までやり抜こうとしたのだ。

〈エルファロ〉はなぜ嵐にさらされるルートを進むことになったのか？　それが早く着くルートだったからだ。海上を進むだけではお金は稼げない。目的地に到着し、積荷を降ろして初めてお金を稼ぐことができる。この理由から、商業船舶の船員は、誰もが時計に従おうとする。時計に従っていると、人は時間のプレッシャーを感じ、割り当てられた時間内にやり遂げることが目的と化す。

時計に従うことの最大のメリットは、集中力が生まれることだ。行動しなければならないという意識に駆られ、そのおかげでやり遂げられるようになる。それが本当にやり遂げる必要のあることなら、何の問題もない。だが、時間のプレッシャーはあらゆるストレスをもたらす。自衛モードになって自分の殻に閉じこもれば、認知能力を使う活動が減り、視野が狭くなる。

船長が発した「強要」の言葉

〈エルファロ〉がバハマ諸島の大西洋側に向かって進むなか、船長は複数の船員に向かって次のような言葉をかけている。

「われわれは優秀だ」

「大丈夫なはずだ。いや、『はず』ではいけない。大丈夫にするんだ」

さらには、新米の船員が「あらゆる天候のパターン」と言いかけると、からかうようにこう言った。

「おいおい。わかってないな。この船は方向転換しない。方向転換はありえない」

船長の言葉は、どんな犠牲を払ってでも「やり遂げる」と語っていた。この種の言葉は難攻不落で無敵だ。どんな懸念も表明できなくさせてしまう。そこには、「この決断に疑問を差し挟むべきではない」「われわれが進む道はもう決まっている」「異議を唱えることも、もう一度説明させることも許さない」というメッセージが含まれている。

船長がそうした言葉を使う動機は何だったのか？　そもそも、リーダーの動機とは何か？　まわりにいる人々に自信を持たせること？　彼らを作業に集中させること？　彼らを自分に従わせること？　船長のような発言は、誰もが繰り返し目の当たりにしている。それは産業革命期に誕生した「強要」というプレーだ。この表現では露骨すぎるので、世間では「鼓舞」や「動機づけ」と呼ばれているが、この場面では、船長には大西洋ルートをとるという決断にかかわっていない人々を従わせる必要があったということが根底にある。つまり、決まったことに船員たちを従わせる必要があったのだ。

船長はなぜ破滅につながる行動をとり続けたのか？

船長を責めるのは簡単だが、彼が指揮を執っていた背景を詳しく見ていこう。船長が所属する海運会社は、〈エルファロ〉を含む複数の船舶を廃船にして、新たに2隻の貨物船を導入する計画をしていた。3隻の船が2隻に減るのだ。そのうちの1隻の船長はすでに決まっているので、残る船長枠はひとつしかない。つまり、船長は実績をあげる必要性に迫られていた。

船長は出港してしばらくたったころに、上司にメールを送っている。天候への不安を抱き、復路について相談したいと考えたのだ。そして、復路はオールドバハマ海峡を通る可能性があると上司に伝えた。ただし、それはあくまでも上司の承認を得られた場合に限ると付け加えることも忘れなかった。

上司からの返答は、必要に応じて遠回りのルートをとってよいというものだった。このやりとりから、船長は上司の許可を得ることを前提とする環境で動いていたとわかる。海洋に出ている船の運航上の権限は、厳密には船長にある。だが、〈エルファロ〉の船長はそう感じていなかったようだ。その証拠に、上からの命令に忠実な社員という役割に同化した。「同化」もまた、産業革命期に誕生した生産性を損なわせるプレーのひとつである。

メールを送った時点では、バハマ諸島の南側に移れるラムケイには到達しておらず、ハリケーンはまだ〈エルファロ〉の前方にいた。にもかかわらず、ラムケイで南に進路を変えることを提案しなかったのはなぜか？　船長にとって、大西洋ルートをとるという決断は、絶対に変えてはいけないものだったからだ。プエルトリコに着くまでのルートは、一度決めたら変えられない、彼はそう思い込んでいた。それに、「あらゆる天候のパターン」と口にした船員をからかった手前、いまさら天候の話題を持ち出すことはできない。船長は自ら発した言葉にとらわれて、破滅につながる行動をとり続けたのだ。

復路に関しては、最初の決断とは別物だととらえていたようだ。だから、別のルートをとると提案することに抵抗がなかったのだろう。

水曜日の夜から木曜日の朝にかけて、船内で話し合いが行われた。そこでは何人かの船員から、嵐に直面するルートを危惧する声があがった。記録を読むと、〈エルファロ〉がハリケーンの目にまっすぐ向かっているという自覚が彼らにあったことは疑いようがない。

そのころ「ホアキン」は、ゆっくりと南西に進んでいた。どうやら右にそれるという予想に抗うつもりのようだ。ハリケーンが方向転換するタイミングが遅くなるほど、〈エルファロ〉の正面に嵐がくる危険性が高まる。二等航海士は、深夜を過ぎたころにこんな不満を述べた。「……逃げられない。南に進む限り、嵐が船を追いかけてくる」

命令と服従と議論封じ——嵐の中心から200マイル

三等航海士が夜の当直にやってきた。午後8時から午前0時の担当だ。彼がブリッジにやってくると、入れ替わりに船長がブリッジを去った。あと8時間は戻ってこない。8時になる直前に、船長が三等航海士に告げた最後の言葉は、「君が当直のあいだはほぼ確実に起きているから、何か気がかりなことがあれば、進路を動かして（ためらわずに変えて）私を呼べ」だった。

状況は刻々と悪化していったが、〈エルファロ〉は18時間前と同様に、バハマ諸島北部の大西洋ルートを進み続けていた。島々が壁となる側へ移動するチャンスは、あと1回しかない。木曜日の午前1時だ。その時間はどんどん近づいている。移動できるポイントに到達する約2時間前、見張りをしていた三等航海士が船長に内線電話をかけて嵐の位置を報告し、南への進路変更を提案した。午後11時5分に内線電話を通じて三等航海士が船長に告げた内容は、次のようなものだった。

「えー、あの、げ、現状の天気予報ですとね、その、中心部の最大風速が、えー、時速100マイルになるようです。えー、私の見たところ、230の方向に5ノットで移動しており、おそらく、このまま5時間ほど、同じ方向に同じように移動すると思われます。となると、われわれの進路に向かってくることになるようでして、それで、あの、かなり近づくのではないかと。あの、もっと具体的な数字も出せますが、えー、とにかく近くなりそうです。はっきりとはわかりませんが。もう少し正確な数字がわかったら、また連絡しますが、午前4時にはミーティングを行いますよね」

こう言い終えると、彼はすぐに「わかりました」と続けた。船長からいまのルートのままで行けと命じられたのだ。予定どおりに進み続けろとの命令が下り、少しの間があったのちに服従が続いたということだ。

三等航海士の話しぶりはたどたどしく、明言を避けているが、船長に敬意を払うことは忘れておらず、緊張感が伝わってくる。こういう話し方をされれば、船長が自分の望まない情報を却下することはたやすい。船長が伝えた命令には議論を封じるという目論見があり、その目的は果たされた。だがもちろん、風や波の強さに抱く疑念や、その強さ自体を封じることはできない。

船長が4時間前に告げた、進路をためらわずに変えればいいとか、船長を呼べといった助言はどうなったのか？　そうした助言が機能しない理由を理解することが、リーダーシップの理解には欠かせない。

人は他者がすべきことにばかり目を向けがちだ。耳を傾ける気がない態度を示しておきながら意見を募る、というのもその一例だ。自分の行動を変える努力に時間を費やすより、他者に行動を押しつけるほうが簡単で、認知機能を使わずにすむ。周囲に発言を促す、あるいは「ためらわずに進路を変えろ」というように「権限の移譲」まで行ったとしても、トップダウンで意思決定がなされる環境では単純に効果は見込めない。

リーダーがそうした発言をするのは、自分の良心を満たすためだ。それに、うまくいかなかったとしても、発言を促したのに誰も意見しなかったと周囲のせいにできる。だが、リーダーシップとは周囲のために力を発揮することなので、まわりを責めることがあってはならない。他者の人生に影響を及ぼす自らの言葉と行動にひたすら責任を持つ、それがリーダーの務めである。

木曜日――嵐の中心から100マイル

午前0時になり、見張り役が三等航海士から二等航海士に代わった。ふたりは現状を率直に話し合った。現状の計画のまま進めば、4時間以内にハリケーンの目が25マイル（40キロメートル）の距離に近づく、と三等航海士が指摘すると、ふたりは笑った。それからラムケイでの進路変更の話題になった。ラムケイで南下して、バハマ諸島が壁となるオールドバハマ海峡に移るルートだ。だが二等航海士の女性の言葉は、「あの人［船長］は気に入らないでしょうね」だった。

その場にいたほかの一般船員たちも、同時に交代することになっていた。彼らは、個人用の救難ビーコン（救難信号発信機）を準備しておけば、海水に触れたらスイッチが入ると冗談を飛ばした。非常事態を茶化していたのだ。「こんなところにいるバカは俺たちだけですね」と交代を控えた船員のひとりが言った。

会話の記録を見ても、三等航海士がブリッジを離れたのちどこへ行ったかはわからないが、おそらくは床に就いたと思う。原子力潜水艦〈サンタフェ〉では、勤務を離れる士官は艦長の元へ報告に行っていた。それは状況をより鮮明に伝えるためで、差し迫った危機があれば、その危機感を伝えた。だが〈エルファロ〉でそういうことが行われていた証拠は何もないので、船長への報告はなかったと思われる。

木曜日の午前1時にはもう、全長790フィート（約240メートル）の貨物船は嵐に襲われ始めていた。激しい風がデッキを打ちつけ、船外へ出るときは体を固定しないといけなくなった。船体は波で上下左右に激しく揺れた。嵐が行く手にあることは誰もがわかっていたが、それが具体的にどういうものかはわかっていなかった。ハリケーンの目は船から約100マイル（約160キロメートル）東にあり、ゆっくりと西に移動していた。そんななか、〈エルファロ〉は最大速度でその目に向かって直進していた。

ブリッジでは、二等航海士と舵手がラムケイで南下する選択肢について話していた。「……そうすればハリケーンから逃れられなくはないかも。南下してハリケーンから逃げたら、そこから、ほら、オールドバハマ海峡に移れるよね。航路上にウェイポイント（経路上で位置を確認するための参照ポイント）がもうひとつあるから、［ノイズ］オールドバハマ海峡に通じてる。サンファン［プエルトリコ］にまっすぐ行ける」

二等航海士の女性は、ハリケーンから逃れる方法を知っていた。逃げられる可能性について語る彼女の声には安堵の響きがあった。だが、「〜られなくはない」という言い方をしている。「〜する」でも「〜すべき」でもない。そんな言い方では、自分たちにはない選択肢を持つパラレルワールドにいる船員の話をしているようではないか。

船長の意向を忖度して、慣習に同調した航海士

批判的な言い方をすると、二等航海士は南に進路を変えろと命令しなかった。船長からの許可を必要とする組織構造にとらわれていたのだ。船長は計画の変更を望んでいなかった。彼女はそれを知っていて、慣習に同調したのだ。

二等航海士も舵手も、事態は切迫しているとわかっていた。それでもふたりは、サバイバルスー

ツを準備しておこうか、といった冗談を言い合い、コーヒーカップの大きさについて語るぎこちない会話を続けた。こんな日に海に出ている船はどこも大変だとふたりで笑ったが、実際にその付近を走っている船は〈エルファロ〉だけだった。ハリケーンがカテゴリー3に引き上げられたことも話題に出た。カテゴリー3の最大風速は、時速129マイル（約208キロメートル）だ。

舵手が「2時に進路を変えるんですよね？」と尋ねた。

二等航海士はためらいがちにこう答えた。「わからない。そうね、もう少ししても船長が「ブリッジに」こなければ、電話してみようかな」。そして、進路変更は安全のためなのだと何度も繰り返した。そうやって勇気を奮い立たせたのだろう。20分後、二等航海士は船長に内線電話をかけた。その電話で、船長を心変わりさせるという高いハードルを乗り越えなければならないのだと、彼女はわかっていた。

ブリッジの記録には、二等航海士が話したことしか残っていない。それは次のようなものだった（聞き取れない部分は＊＊＊で示している）。

「（あの）私は（島）（の）南に＊＊＊海峡に＊＊＊したいと＊＊＊嵐に遭います。あの、フォックスニュースでカテゴリー＊＊＊に上がったと言っていました。ええ。はい（そう聞きました）＊＊＊。現状はよくないようです。いまはあの、０２００の方向に進んで進路を真南に変えて、そのまま（われわれは）＊えー＊浅瀬の領域を進みます。えー、（次の）進路は（バハマ諸島を通過しているときに）変更（することになり）、それから＊＊＊で旋回（する予定）です」

彼女の言葉も三等航海士がかけた電話と同じで、「あの」や「えー」が多く、ためらいがちで控えめだ。「そう聞きました」は責任を回避する言い回しであり、こういう言い方は「そうなっています」という表現に比べて説得力が弱い。責任を回避した言い方は、現実から目をそらす心の逃げ道を許す。「現状はよくないようです」では、「われわれは危険に向かっています」という明確で直接的な物言いに比べて心もとない。

なぜ誰も誤った計画に疑問を出せなかったのか

二等航海士が電話をかけた先の船長の言葉はボイスレコーダーに捕捉されていないが、彼は計画続行を指示したに違いない。議論を促すことも、関心を示すことも、進路を修正することもなく、予定どおりに進むことを強調しただけだろう。二等航海士はそれに対し、説得を試みようとはしなかった。両者とも自らの役割に同化したのだ。二等航海士が発言を終えた4秒後、「わかりました」という言葉だけが流れると、彼女は進路に関する小さな修正を船長に報告し、船長が計画どおりに進みたがっていると舵手に伝えた。

思うに、当直に就いていた船員たちは、彼らの未来を左右する極めて重要な岐路に立たされていると気づきながらも、それを表現する言葉を持ち合わせていなかったのではないか。当直班は、昔ながらの「続行」と「服従」というプレーにとらわれた。要するに、計画に異を唱えず従い続けたのだ。

アメリカ国家運輸安全委員会の報告書が公開されたとき、81人中81人が、「当直班がブリッジにおける運営の原則に従ってもっとはっきりと懸念を伝えていれば、船長の状況認識はよいほうに変わっていただろう」と回答していた。それが事実にせよ、この回答で問題にされているのは、病気の症状であって病気そのものではない。当直班が懸念をはっきりと表明できる構造を生み出す責任は、船長と会社にある。彼らはリーダーシップを発揮し、計画に疑問を投げかけづらくする文化が生じるのを防がなければならない。

船長との通話から30分もしないうちに、当直班の面々から、「稲妻が見えた」「船体に波がぶつかる音が聞こえた」との声があがり、船が進路からそれ始めた。全長790フィートの貨物船であっても、大波ひとつで航路からはずれる。もちろん、そのときにはもう手遅れだった。2番目の決断ポイントは通り過ぎていて、船体の南側には浅瀬が広がるだけ。もはや嵐から逃れる術はない。茶化していた非常事態が現実となったのだ。

彼らの口ぶりからすると、立っているのもままならないようだった。二等航海士が悪態をついて「いまのはヤバかった」と続けた場面もあった。午前3時30分になると、風向きが変わったとブリッジで誰かが言い出した。〈エルファロ〉の前方と右側を風が叩きつけるようになったのだ。誰も口にはしなかったが、それが何を意味するかはみなわかっていた。船が嵐の直撃を受ける側にいるということだ。嵐は移動するにつれ、どんどん風速を増していた。数分後、船内のナンバー2である一等航海士が当直のためにブリッジにやってきた。船長に進路変更を却下されたことについて話すチャンスだったが、二等航海士は何も言わなかった。そんなことをして何になる？　言ったところでもう手遅れだ。ならば、エネルギーを無駄にしないほうがいい。

時代遅れのプレーが生んだ悲劇——嵐の中心から30マイル

午前4時10分。船長がようやくブリッジに戻ってきた。彼がブリッジを去ってから、8時間と10分がたっている。当直は4時間交代なので、三等航海士が当直に就いた最初の17分を除いては、彼の当直とその次の二等航海士の当直時のことは、船長は何もわからない。

ブリッジに戻ってきた船長は、「この航海は順調だ」「ぐっすり眠れた」「アラスカの冬にはよくあることだ」などと発言している。

船員たちを安心させようとしたにせよ、自らの決断を正当化しようとしたにせよ、状況は何も変わらなかった。あと3時間半で、この船は全乗員とともに沈む。〈エルファロ〉はこの時点で、ハリケーンの目に30マイル（約48キロメートル）まで近づいていたと思われる。

〈エルファロ〉は沈む少し前に警報を発した。だが、探索隊が見つけたのは巨大な船の残骸だけだった。水中を丹念に調べたが、嵐の凄まじさを考慮に入れても、あれほど大きく近代的な船体が沈むとはどうしても思えなかった。だが現実に沈んでいる。現代のテクノロジーをもってしても、時代遅れの思考には歯が立たなかったのだ。

幸い、国家運輸安全委員会が船の沈んだ場所を特定し、ボイスレコーダーを回収した。そのおかげで、ブリッジで行われた会話がすべて残っている。貨物船の沈没という悲劇が残した貴重な記録だ。

25時間ぶんの会話の記録が教えてくれること

会話の書き起こし原稿は511ページにわたる。その25時間という枠のなかで、船長は1203回発言し、質問を165回投げかけている。ただし、次に示すように、その多くは質問の体を成していない。

◆「言いたいことはわかるな?」(承諾の肯定)
◆「この通過点を何と呼ぼうか? アルファでどうだ?」(自問自答)
◆「よし、いまはコース140だな?」(自問自答、断言)
◆「この2つのあいだになるということでいいな?」(承諾の肯定)
◆「それでおかしくないな?」(承諾の肯定)
◆「RPM[速度]に問題なければ、すべて大丈夫なんだな?」(正解の懇願、承諾の肯定)

これらの言葉は偽りの安心を与えるものであり、部下に職務を続けさせるために発せられている。各自を役割に同化させ、業務を続けさせたいのだ。

大西洋ルートを通るという運命の決断を下した朝、船長は複数の船員に次のように告げた。

◆「だから、今回は耐えるしかないな」
◆「この船は嵐を突っ切ることになる。ほかにどうしようもない」
◆「万事うまくいくはずだ」

これらの発言は、彼自身と船員に対して自らの発言を正当化するためのものだ。船長がブリッジを離れると、船員たちが船長の発言をからかい始める。

「要はこう言いたいのさ。『やれやれ、なにがひどい嵐だ。大したことないじゃないか。＊＊＊風だってそんなに吹いていないし。＊＊＊もっとひどいのを経験した』ってね」

船長の態度は船員たちに影響を及ぼす。それは、のちに彼らが使うたどたどしく曖昧で、何の意味も持たない言葉にはっきりと表れている。最初はひとりの頭のなかで責任感の過熱として始まったものが、船内全体に広がったのだ。

もし、船長が弱さを見せる勇気を持っていたら

そんなふうになる必然はなかった。のちほど詳しく見ていくが、チームの誰もが安心して意見を表明できて、異論や反論を歓迎し、みなで話し合って決断を下せる環境を生み出すことは可能だ。そうした環境が整えば、目標に対する責任感が生まれ、目標達成のためにやり遂げる必要があることは何かと考えるようになる。これが責任感の過熱を抑制してくれるのだ。〈エルファロ〉の船員たちには、フレッドを苦しめている「行動せずにはいられない病」とも呼べる、「なせばなる」の精神が多く見受けられる。だがスーのような一面も併せ持っていて、議論に終始するばかりで安全なルートに舵を切ることができない。

〈エルファロ〉のブリッジで発した船長の言葉が、次にあげるものにもう少し近かったら、船は無事だったかもしれない。

◆「この船なら耐えられるはずだが、どんな状況になるかはわからない。楽観はできない」
◆「大丈夫だとは思うが、状況の変化につねに目を光らせていよう。進路を変える必要性が出てくるかもしれない」
◆「これについてみんなはどう思う？　思うことがあればこの場で言ってくれ」
◆「この航路にとどまることに納得できるか？」

船長が自ら弱さを見せていたら、ほかの船員たちに安心感が生まれて口を挟めていたのではないか。意思決定に感情は欠かせない。職場は感情を持ち込まない領域であるという発想は、プロセスワーク（プロセス指向心理学）に支配されている表れであり、パフォーマンス重視にとらわれている表れだ。そういう発想のもとでは、意思決定は自分の職務ではないという働き方になる。考える仕事や決断する仕事が職務に含まれるようにならないと、労働者の心の健康に気を配り始めることはない。だが、産業革命期に生まれた「役割への同化」が身体に染み込んでいては、垣根を越えてつながることを避けるので、意思決定に思い入れが生まれない。

発言が偏ると意思決定はお粗末になる

ブリッジでの「発言の割合」についても注目してもらいたい。会話のなかで各人の発言が占める

発言の割合	船長	当直責任者	船員
1班	57%	39%	3%
2班	50%	45%	5%
3班	54%	43%	2%

表1

割合は、組織内の権力の勾配を示す優れた指標となる。たとえば4人で会話しているとして、各人がきっかり25パーセントずつ発言していれば、発言の割合は完璧にバランスがとれている。だが、リーダーが100パーセント発言し、ほかの人は一切発言しなければ、発言の割合は大きく偏る。組織で働いていると、発言の割合に敏感になる。どのくらいバランスがとれているか、あるいはバランスが偏っているかが目につくものだ。

〈エルファロ〉の船内における発言の割合は、立場が上の人々に大きく偏っている。たとえばブリッジに3人いれば、話すのは基本的に立場が上の2人だけで、残る1人はほぼ沈黙し、立場がいちばん上の人がその場を去ると、残りの2人で会話を始めるという具合だ。

船長が当直班とブリッジにいたときの発言の割合を上の表にしてみた。当直班のメンバーはみな違う。このような状況では、3人のなかでいちばん立場が低い人は、そこに存在すらしていないような扱いを受けることになる。どんな気持ちになるか想像してみてほしい。そういう扱いをされたうえで、上の立場の人間から、「君の意見が重要だ」や「君には発言する権利がある」などと告げられるのだ。

誤ったプレーブックに従ったせいで生じた惨事

〈エルファロ〉の会話の記録があるおかげで、私たちは船員たちがとった行動から学ぶことができる。すべての発言を吟味し批評することも可能だ。だがそうすると、過ち探しがしたくなり、船員たちが犯した過ちを見つけたい誘惑に駆られる。

私が会話の書き起こし原稿を何度も読むあいだ、彼らと同じく船員として働く人や専門家から、〈エルファロ〉の船員は職務をまっとうしたという意見があがった。誰もが船を救おうと、各自の使命をやり遂げるために最善を尽くしたと彼らは言う。私の前職である海軍の艦長にも同意見の人は多い。彼らもまた、〈エルファロ〉の船長と同じプレーブックに従って職務にあたるリーダーたちだ。私自身にも、〈エルファロ〉の船員たちを擁護する気持ちがあった。

彼らがたどった運命を目の当たりにすると、胸が痛む。彼らは、船員として劣っていたわけでも、悪人だったわけでもない。彼らの命運が尽きたのは、誤ったプレーブックに従っていたせいだ。そのパターンを私は何度も見てきた。優秀な人が正しいと思うことをやり、悲惨な結果に苦しむ。彼らが思う正しいこととは、時計に従い、服従を強要し、役割に同化し、行動することを優先し、パフォーマンスを第一に考えることだ。だがそうすると、結果として粗悪な製品が生まれたり、売上の減少や時間の浪費を招いたりする。役に立つことをしているという実感が得られないこともある。身も蓋もない言い方をすれば、誤ったプレーブックに従っていたら、場合によっては人が死ぬ。

どうか忘れないでほしい。組織は目に見える行為の遂行を第一とするが、その行為は組織の制度の完全なる産物だということを。

組織で働く場合、個々人にはその制度のなかで最善を尽くす責任がある。そして、その制度を個々人がそれぞれのやり方で最善を尽くせるようなものにするのは、リーダーの責任だ。

時代遅れのやり方をいくら上手に実践しても意味がない。私たちに必要なのは、新しいプレーブックだ。別のプレーブックに従っていれば、〈エルファロ〉の乗員はいまも生きているかもしれない。プレーブックが違っていたら、彼らはどのような行動をとっただろうか。それを最終章で想像してみようと思う。

第2章 上の人、下の人という役割に同化しない
――充実感をもたらす新しいプレーブック

とあるグローバル企業でのリーダーシップ研修の場に、管理職に就く人々が座っている。5人掛けのテーブルが11卓。この企業はリーダーシップに優れていると評判で、つねに「最適な職場」ランキングの上位に名を連ね、この10年で莫大な利益をあげている。

上の人が話し、下の人が黙るという構造

私は参加者に、「過大申告」と呼ばれる心理現象について説明した。これは、同じ作業に複数の人が取り組んだときに、成果とみなされる以上の量を行ったと主張する現象を意味する。過大申

告に関する有名な研究は、1970年代にさかのぼる。夫婦を対象に、自分が担っている家事の割合を夫と妻にそれぞれ尋ね、その割合を合算すると、どの夫婦も決まって100パーセントを上回ったという。

過大申告は、自分の努力は他者のそれよりよく見えるから起こる。自分がどれほどの努力（遅くまでの残業や休日出勤など）を費やしたかはよくわかるが、他者がその間に何をしていたかは遠目からしかわからない。過大申告という現象を知ると、同僚より自分のほうが貢献しているのにあまり感謝されていない、とつねづね感じることにも納得がいく。

私は研修を開くと必ず、夫と妻それぞれに家事を請け負っている割合を尋ねた実験で、過大申告の平均はいくつかと問いかけることにしている。各テーブルで相談して答えをひとつ出してもらうのだ。制限時間は90秒。そうすると、彼らの負けん気が顔を出し、時間を守らねばならないというプレッシャーを感じる。実は、この出題には隠された意図がある。各テーブルに座るグループのリーダーが、プレッシャーのもとでどのように決断を下すかを観察することが私の目的だ。

彼らもご多分に漏れず、産業革命期のプレーブックに従う。室内のどのテーブルでも（例にあげた研修に限らず、私がこれまでにこのエクササイズを実施したほぼすべての会場を含む）、会話の流れは基本的に同じだ。問題が発表されたとたん、グループ内で立場が上の参加者が最初に推測を口にする。すると、ほかのメンバーがそれに同調し、その数字に近い推測を口にする。その時点で沈黙を保っているメンバーは、そのまま発言しない可能性が高い。その人の予想が、一気に合意が形成されつつある数字から大きくはずれていれば、まず黙っているだろう。

決断の前にバリエーションを減らしてしまう

これはまさに産業革命時代のやり方だ。意思決定に至る構造（議論してから投票）が、決断を下す前に出る意見のバリエーション（ばらつき、多様性）を減らすものとなっている。

そうした形で下された決断は、「声の大きい人々の英知」と呼んで差し支えないだろう。権威に裏打ちされた最初の数字がそのテーブルに錨を下ろし、それが正解からどれほどかけ離れていても、それに限りなく近い数が最終的な回答となる（ちなみに正解は130パーセント）[1]。最初の数字とは違う意見を思い描いているメンバーは発言を控えるので、有意義な情報を得る機会や分析の機会が奪われる。最初の意見が錨を下ろし、みなで議論し、素早く合意を形成するというやり方は収束的だ。意見のバリエーションを手早く減らしたいという意図が見て取れる。

ここまで読めば、グループで決断を下すときの最善のやり方でないことはおわかりだろう。だが、「グループ」で決断を下すケースのほとんどが、これとまったく同じやり方で下されている。まさに〈エルファロ〉で行われていた、船長が決定してそれを周囲が知るというやり方だ。

よりよい決断を下すには、異なる意見を集めることから始める必要がある。グループ全体の影響はもちろん、とりわけいちばん上の立場の人間が影響を及ぼすよりも先に、各自に意見を発表する機会を与えるのだ。一人ひとりの思いを潰さないようにすれば、多種多様な考えが最大限集まる。それを実現させたいなら、議論を始める前に各自にそれぞれ意見を書かせればいい。それができたら、いよいよ収束だ。集まった意見をグループ全体で見直す。その際は、誰の意見かは明らかにしない。そのうえで、グループ全体で選択肢を狭めていく。

こうして生み出された成果は「集団の英知」だ。条件が整っていれば、グループとしての見識は、そのグループに属するどの一個人のそれよりもつねに優る。これについては、ジェームズ・スロウィッキーの名著『群衆の智慧』[2]に詳しい。

過大申告の平均を問うエクササイズは、これまでに何百回とやってきたが、拡散的思考で回答を導き出そうとしたテーブルは1卓だけだった。次々に研修を行っても、テーブルに座る管理職たちは、立場がいちばん上の人が発した最初の推測に近い範囲の答えしか出さない。

グループで答えを導き出すときに、なぜこのやり方をとるのか？　さまざまな意見を考慮するのは大変な労力を要するからだ。それに対し、権威ある人の意見に的を絞って合意を得ようとすると、深い満足感を味わえる。不確かな状態をできるだけ早く抜け出そうとすることは、人間に備わった性質であり、それに抗うには厳格で秩序だったやり方が必要になる。

理由はほかにもある。私たちの身体には、権威ある人の意見に収束させるやり方が染みついているのだ。〈エルファロ〉の船長や船員もまさにそうだった。

新旧6つのプレーを比較する

〈エルファロ〉の船長と船員の命運が尽きたのは、特定のプレーを実行し、特定のやり方に従い、特定の言葉を使うことが身体に染みついていたからだ。彼らは時代遅れのプレーブックにとらわれて、違うやり方に目を向けることができなかった。たとえ別の選択肢を思い描けたとしても、仕事に就いてから従い続けているパターンから抜け出すことは困難を極めたに違いない。身体に染みついたパターンを壊そうと試みる（そして失敗する）高級船員たちの言葉には、不安が見て取れる。

〈エルファロ〉の船員たちに染みついていたプレーと、彼らを救ったかもしれないプレーの対比を6つ紹介しよう。

● 彼らは時計に従ったが、時計を支配下に置くべきだった。
● 船長は船員たちに服従を強要したが、彼らと連携をとるべきだった。
● 船員たちは服従したが、自分の責任という自覚を持つべきだった。
● 彼らは大西洋ルートをとるという計画をひとつのものとしてとらえ、その遂行を続けたが、バハマ諸島北部を決断ポイント1、ラムケイを決断ポイント2と計画を分割し、決断ポイントごとに区切りをつけるべきだった。
● 彼らは改善モードになるべきときに、証明モードになった。後者のモードに陥ったのは、考えるべきときに「なせばなる」モードだったせいだ。
● 航海中の彼らは自らの役割に同化していたが、立場の垣根を越えたつながりを構築するべきだった。

行動を起こすことは大事だが、思考とのバランスをとる必要がある。「はじめに」で紹介したフレッドとスーを見ればわかるように、考えずに行動ばかりしていれば、無駄な行動や間違った行動を生んでまずい決定を下すようになるし、行動せずに考えてばかりいれば、活動は生まれず苛立ちが募る。

会社として、個人として、学習し成長するには、行動と思考という2つの活動のバランスを正しくとることが重要なカギとなる。何かについて考えても、いや、何かに関する決断を下したとしても、その正否を確かめる行動をとらない限り、学習は生まれない。他者の指示に盲目的に従って行動する場合も同じだ。

行動と思考のバランスをとることが必須である反面、私たちは長きにわたり、行動しなければならないという先入観にとらわれてきた。その先入観は、私たちが使う言葉や組織のあり方に起因する。これからは、組織のトップだけでなくどの階級のどのレベルの人も、すべての行動に思考を伴わせるようにする必要がある。これが本書を通じて伝えたいメッセージだ。

思考モードでは、バリエーションは味方になる

思考にはバリエーションを増やすことでメリットが生まれるが、行動にはバリエーションを減らすことでメリットが生まれる。この違いは重要だ。

考える、あるいは決断を下すとき、バリエーションは味方となる。可能な活動のバリエーションが広がるほど、イノベーションや創造性、選択肢の幅が広がる。アイデアを求めるときは、広範囲に網を投げて、多種多様な意見を数多く集めたい。アイデアを通じて学習するには、古いアイデアを捨て、新しいアイデアを取り入れる必要がある。働き方を改善するには、視野を広げ、他者の視点を歓迎する必要がある。バリエーションは多様性がもたらすメリットのひとつなのだ。

バリエーションが思考にメリットをもたらすことは、次の例からもよくわかる。

- ブレーンストーミングでは、さまざまなアイデアができるだけたくさん出てほしい。
- 意思決定を行うときは、幅広い選択肢があってほしい。
- 真実を見極めるときは、異なる視点を知りたい。

バリエーションを歓迎する状況では、「開かれた」「好奇心をそそる」「可能性がある」「改善に目を向けた」といった言葉が使われる。別の言い方をするなら、「どうすればわかる?」や「どの程度安全なのか?」といった問いかけとなり、好奇心や弱さが言葉に表れる。

誰もが同じことを考えていれば、バリエーションは少ない。そういう状況は、「意見の一致」という言葉で表されることがある。人々の意見が異なるとき、とりわけ反対意見が出るときは、バリエーションが豊富な状況だ。チームで議論する場がまさにそうであり、意見が一致していない状況であるとも言える。

「意見の一致」という言葉は、肯定的な意味で使われるのが一般的だ。これはバリエーションがなくなったことを意味し、人はものを考えるときにバリエーションを望まない。多様な意見を歓迎して意見の一致を避けるべきときでも、リーダーは意見を一致させようとすることが多い。そうしておきながら、チーム内から新たなアイデアが聞こえてこないのはなぜかと首をかしげる。

問題は、リーダーのとる戦略が間違っていることにある。バリエーションを歓迎すべき試合に、バリエーションをなくすためのプレーブックを持ち込んでいるのだ。

人はなぜ、バリエーションを減らしたがるのか？　まず、バリエーションが加わることで選択肢が増えれば、そのぶん認知的なハードルが上がるという点があげられる。要は考慮しなければならないことが増えるのだ。これは大変な作業だ。人の脳は労力を最小限にとどめるように配線されているので、そうした大変な作業を拒む。買い物客に多すぎる選択肢を提示すれば、その客は何も買わない。

行動モードでは、バリエーションは敵になる

だが、それ以上に重要な理由がある。バリエーションは、組織の対処法としてつねに掲げてきた「行動」の敵となるのだ。例をあげよう。

- パーツを製造する場合、どのパーツも可能な限り同じでないといけない。製造業にとって、ばらつき（バリエーション）は過失となる。
- 潜水艦を動かす乗員は、手順に忠実であることが求められる。手順の順序を違えるのは違反行為となる。潜水時は、手順1が「ハッチを閉じる」で、手順2が「潜水する」となっていて、この順序を逆にすれば過失となる。
- ファストフード店で出すハンバーガーは、顧客の要望がない限りはどれも同じでないといけない。質や量にばらつきがあると顧客に混乱を招き、どれを買えばいくらかかるのかがわかりづらくなる。ファストフード店では標準化が勝つ。

バリエーションを減らす言葉は、結果を重視し、ひとつのことに意識を向けさせようとする。つまり、ルールの厳格な順守と手順の固守を徹底させるということだ。そのため、「このやり方で実行しろ」や「間違いない」といった言い方になる。バリエーションを減らす言葉は、制御と服従を促す。

仕事を赤ワークと青ワークに区別する

意思決定（考えること）と実行（行動すること）は種類が異なる仕事であり、バリエーションに対して正反対のアプローチをとる。そのため、それぞれの仕事にはまったく異なる頭の使い方が必要になり、使う言葉の種類も変わる。それを思うと、仕事のやり方に応じた呼び名があると便利だ。そうすれば、自分はいまどちらのモードで仕事を行うべきかがはっきりする。そこで、バリエーションを歓迎する考える仕事や意思決定を行う仕事を「青ワーク」、バリエーションを抑える必要のある実行する仕事を「赤ワーク」と呼ぶことにしよう。

「赤ワーク」と名づけたのは、赤が活力や決意を表す色だからだ。一方、青は冷静さや創造性を表す。[3]

「はじめに」で紹介したフレッドとスーは、赤ワーク、青ワークがそれぞれ抱える問題にとらわれている。赤ワークにとらわれているフレッドは、考えることなく永遠に行動を起こし続けていて、青ワークにとらわれているスーは、考えてばかりでいつまでたっても行動を起こす踏ん切りがつかない。赤ワーク、青ワークのどちらかだけでは不十分だ。どちらも適切な量が必要になる。そのバランスを見つけて両方を効果的に行うには、チームとして意図的に仕事のやり方を変える必要がある。赤（青）ワークから青（赤）ワークへと意識して仕事のモードを切り替えるのだ。

私が艦長を務めていた潜水艦では、バリエーションを歓迎する思考の時間を設けていた。それは「チームによる認定」という名のセッションで、この時間は多種多様な意見が歓迎された。「みんなはどう思うか」「準備はどの程度できているか」「別の見方はできないか」といった質問が飛び、この時間はみなが青ワークに取り組んだ。

そして、行動に移す準備がみなにできたと上官が判断したら、思考モードから行動モードに切り替える。行動に移すと決まったら、バリエーションは敬遠され、正確さが求められた。手順に従うのだ。この時間は赤ワークに相当する。

赤ワークに取り組んでいるときは、できるだけ定められたとおりに行動することが望ましい。魚雷の装填を例にあげよう。魚雷は1本ずつまったく同じように装填されるのが常だった。肉体的にはきつい仕事だが、どの魚雷をどの発射管にいつ装填するかを決めるときに比べれば、頭脳労働はあまり必要とされない。魚雷の装填といった作業の実施には、必然性や達成感が生まれる。そのため、こうした作業に人はのめり込みやすい。「やり遂げた」ことで生まれる高揚感に丸め込まれてしまうのだ。だが、反省とのバランスが正しくとれていないまま何度も業務を完遂させていれば、やり遂げてもしだいに何も感じなくなる。

赤ワークでよく使われる言葉

赤ワーク、青ワークのどちらのモードになるのも人として自然なことだ。仕事の効果を高めたいなら、思考と実行を行き来する必要がある。**ところが、私たちが職場で使っている言葉は行動を促すものばかりで、思考は促さない。**最初から、バリエーションを減らすことが前提となっている。赤ワークから青ワークへの切り替えが十分でないことが多くなるのはそのためだ。それに、考えるモードに切り替えたとしても、バリエーションを減らそうとする言葉に台無しにされてしまう。

このパターンに陥らず、決断する必要があるときに赤から青へと仕事のモードを切り替えるには、不自然に思えることをする必要がある。世間には、決めつける物言い、承諾を促す物言い、反論が認められない物言いが浸透している。たとえば、「確かか？」と尋ねるほうが、「どの程度確信がある？」と尋ねるより自然に感じる人は多い。前者を問うときに、認知能力はほとんど必要ない。「イエス」か「ノー」のどちらかに回答が限定されるからだ。一方、「どの程度確信がある？」と尋ねると、意見を強いているような気持ちになり、違和感を覚える。認知能力的にも苦労が増えるし、回答の幅も広がる。この尋ね方では面倒が生まれる可能性があるが、「確かか？」という質問で面倒は生まれない。

では、「それでいいか？」と「見落としていることは何か？」なら、どちらが自然に感じるだろうか。前者の質問は、話し合いから決定へと進めるもので、私たちが自然に抱く、ものごとを進めたい、時計に従いたいという欲求を満たしてくれる。前者の問いはしょっちゅう耳にする。一方、「見落としていることは何か？」という質問は遅れを生む。時間を無駄にしているような気持ちにさせられるし、このときばかりは時計の制御が求められる。

赤ワークでは、次のような言葉がよく使われる。

◆「やり遂げろ!」
◆「現実にしよう」
◆「これを終わらせよう」
◆「計画どおりに進んでいるか?」

青ワークでよく使われる言葉

青ワークを行うときは、意識を向ける対象を広げ、静かに内省し、他者の視点や考えに興味を持ち、現実的な選択肢を増やすことが有効だ。

青ワークは意思決定をはじめ、認知能力を使う仕事である。それは頭のなかで行われ、目に見えない。そのため、観察や追跡は困難だ。指ひとつ動かさなくていい仕事かもしれないが、精神的な負荷は高い。長時間にわたって青ワークに従事していると、かなり消耗する。

青ワークでは次のような言葉がよく使われる。

◆「君はどう思う?」
◆「これについて、われわれはどの程度準備ができている?」
◆「もっといい方法をとれないか?」
◆「学んだことは何か?」

こうした言葉は、発言の割合にどのような影響を及ぼすのか？　赤ワーク、青ワークそれぞれのケースを見ていこう。赤ワークの例であげた問いかけは、単純に同意するか、「はい／いいえ」で答えるかのどちらかになるので、発言の割合は当然偏る。会話の参加者（立場が低い人）ではぼ発言しない人が、少なくとも1人はいる。発言する必要がほとんどないからだ。

一方、青ワークの例であげた問いかけは、チームのメンバーから長い回答を引き出すものとなっている。その結果、発言の割合が赤ワークに比べて均等に近づくので、会話の偏りは小さくなる。チームが青ワークをうまく取り入れるようになるほど、チーム内の発言のバランスがよくなるだろう。

発言の割合が偏りがちな状況を2つ紹介しよう。ひとつは、リーダーが会話を独占し、エコーチェンバー現象が生じる状況だ。もうひとつは、ほとんど発言しない人がチームに1人いて、その人の意見や思い、アイデアがチームに反映されない状況だ。そういう沈黙を保つ人のうち、革新的な考えを持つ（うえに拡散的思考もできる）人、女性、マイノリティーに属する人など、視点が違うからという理由で、あえてチームに引き入れた人はどのくらいいるだろう？　いずれにせよ、いま紹介した状況では、チームとしての意思決定の質が損なわれるのは容易に想像がつく。

赤ワークと青ワークを分断させた産業革命期

赤ワーク、青ワークという名称を見て、生産的で肉体を伴う仕事を赤ワークと呼んでいるが、それはブルーカラーと呼ばれる労働者が昔から従事してきたことではないか、と思った読者もいるだろう。このミスマッチはわざとだ。ホワイトカラーの労働者による「考える仕事」を「青ワーク」とすることで、悪影響が勝る名称の廃止を促したい。

　青ワークと赤ワークは昔から存在したが、結局のところ、工場の出現が極端に悪質な経営アプローチを招いた。それは、青ワークと赤ワークを階級で分けるというもので、青ワークと赤ワークだけでなく、青ワークに従事する青ワーカー、赤ワークに従事する赤ワーカーまで生み出した。一方のグループ（青ワーカー）が決断を下し、もう一方のグループ（赤ワーカー）がその決断を実行に移す。一方のグループが考え、もう一方が実行するというわけだ。一方がバリエーションを歓迎し、もう一方がバリエーションを減らす努力をする。一方が指揮を執り、もう一方が従う。労働者のグループによって割り当てる仕事の種類を変えれば、経営の仕事は単純になる。この区分けは時代にマッチし、そうして産業革命期の組織構造ができあがっていった。それと同時に経営アプローチも生まれ、職場で当たり前に使われる言葉までもが誕生した。

　その経営アプローチは、フレデリック・ウィンズロー・テイラーが１９１１年に上梓した『科学的管理法』[4]に詳述されている。テイラーは、南北戦争が終わって急速に工業化が進んでいた時代に機械工の見習いとして働き始めた。当時の工場は規模が小さいものがほとんどで、職人個人が必要に応じて独自のやり方で運営していた。だが、産業の規模が大きくなって複雑さが増すと、テイラーはそういうやり方では効率が悪いと気づき、自分で何とかしようと考えた。

　そして、製鋼所で働く人々の動きを研究し、各作業のいちばん効率のいいやり方を見いだした。たとえば、スコップで原料をすくう量は一度に21ポンド（約9・5キログラム）が最適、という具合だ。20ポンドでも22ポンドでもなく、21ポンドがいちばん効率的だという。バリエーション（ばらつき）の削減が彼のオハコだった。大きさの異なるスコップの設計を自ら行い、原料による密度の違いをも把握し、特別な技術がなくても原料に応じて適量をすくえるようにした。労働者は肉体を動かすことがすべてで、決断を下すことは求められない。スコップですくう量についてすら自分で決める必要はない。頭を使うことはすべて経営陣が行う。この方式では、前線で決断を下す必要性は生まれないので、労働者は純粋に肉体作業のためだけに雇われることとなり、彼らの自発性や思考力は無用の長物となる。

労働者に求めるのは命令に従うことだけだ

テイラーの名はどんどん広まり、彼に管理について相談したがる人が増えた。そうして彼は史上初の経営のグルとなり、多くの業界でばらつきと無駄を排除し、品質と効率を改善した。とりわけ、ヘンリー・フォードに雇われた影響は大きかったようだ。

テイラーは、経営の役割を次のように述べている。

> やり方を強制的に標準化し、最適な道具と労働条件を強制的に採用し、スピードアップを可能にする働き方への協力を強制することでしか、経営の役割は果たせない。そして、標準化の採用とそれに対する協力を強制する義務は、経営陣だけが負うものである。

こうしてみると、バリエーション（ばらつき）の削減を何よりも重視しているとわかる。テイラーはそれを「標準化」という言葉で表した。また、職場を2つのグループに分けてもいる。経営陣という事情を理解するグループと、労働者という事情を理解させられるグループだ。一方のグループが決断を下し、もう一方がそれを実行するのだから、強制力は不可欠だ。テイラーは平然と、労働の標準化と様式化の強制が経営には必要だと言ってのけている。

加えて、考える仕事を青ワーカーに割り当てる世界では、赤ワーカーは考える必要がなくなる。これについても、テイラーは次のように明言している。

　この構想では、雇った労働者に自発性は求めない。自発性の類いは一切必要としない。労働者に求めるのは命令に従うことだけだ。言われたことを素早く行えばそれでいい。

テイラーは雇われた労働者に向かって、君たちは肉体労働を行うためだけに雇われたのだと告げ、「考える仕事は別の人がやる」と伝えた。[5] 言葉の明快さについては称賛に値する。テイラーのアプローチは、労働者に独自のやり方を許さないものだった。労働者が自分の好きに仕事を行えば、やり方のバリエーションが増える。だから彼は、すべての労働者にいちばん効率のいい唯一のやり方で各作業にあたらせることで、バリエーションの削減を目指した。ただしその唯一のやり方を決めたのは、実際には作業を行わない別の誰かだ。

工場の所有者は、テイラーの方式を採用して莫大な恩恵にあずかった。教育を受けていない労働者を低賃金で雇ったら、大規模な製造工程のごく一部を担う作業をひとつ教え込めばそれでよかった。その作業が製造全体にどう貢献するのかはおろか、実際に何をつくっているのかすら説明する必要はない。工場という閉じられた仕組みのなかで、独自のやり方はほとんど許されないのだから、労働者はひたすら生産に集中するしかなかった。

青ワークと赤ワークは今日のどの企業にも存在するが、青ワーカーと赤ワーカーが存在する必要はない。とはいえ、産業革命期に人の手によってつくられた構造の名残から、属するグループによって名称や制服を分ける文化はいまも健在だ。リーダーかリーダーに付き従う部下か、固定給制の労働者か時間給制の労働者か、白のヘルメットか青のヘルメットか、白衣かつなぎか、という具合だ。現代になってもなお、人は誰がどのチームに属するかを明確にしたがる。

テイラー方式は、労働者への負荷が大きい

テイラーのやり方は当時には適していたが、現代の組織にとっては問題がある。まず、彼が構築したシステムは脆弱で、現代の組織には適さない。機能的とはいえ、労働者が狭い範囲の状況にしか対応できないからだ。自分の作業をやり遂げることにだけ集中していては、終わらせることへのプレッシャーが強すぎて、世界レベルで変化が起きたり、生産ライン上で何か変化が起きたりしても、気づくことができない。

システムの脆弱性は、〈エルファロ〉の船員が刻々と変わる天候に即して計画を変えられなかったことにも表れている。

次に、テイラーのやり方では、最低限の要求を満たすのに必要な労力しか引き出せない。要求

以上のことを行えば、割り当てられる数字が増えるからだ。一度できると証明すれば、毎日要求されるようになってしまう。よって、彼のやり方では労働者の裁量による努力はゼロとなる。

また、彼のやり方は、そこに組み込まれている人々の命を危険にさらす。何も考えずに赤ワークを黙々と行えば、心ここにあらずで注意力が散漫になる恐れがある。工場という過酷な環境にあって、不注意は命取りになりかねない。テイラーのやり方が提唱されて間もないうちに、ピッツバーグがあるペンシルベニア州アレゲニー郡全域を対象として、職場で起きた事故に関する調査が実施された。1907年に終了するまでの12カ月間にわたって調べたところ、郡で発生した産業事故で526人の労働者が亡くなっていた。[6]

それに、テイラー方式が導入された環境下での生活は、労働者への負荷が大きく彼らを消耗させる。高度に工業化された環境で働く人々は、誠実さ、自己管理能力、人生に対する満足度が低く、寿命が短い傾向にある。こうした傷は、採炭といった重工業が衰退したとしてもずっと残り続ける。かつて重工業の拠点だった郡に暮らす人々は、数世代あとになっても同じ心理的な問題を抱えている。

マーティン・オブスコンカが『ハーバード・ビジネス・レビュー』に寄稿した記事に、労働環境が労働者の価値観に与える影響についての説明がある。[7] その価値観は、親から子へと受け継がれるという。

たとえば、うんざりするほど反復的で肉体を酷使する、自律レベルの低い仕事［つまりは赤ワーク］は、労働者の価値観に影響を与えうる。知性の美徳や批判的思考を軽んじるようになるのだ。その価値観は往々にして、労働者の子供にも受け継がれる。

関係する全員を考える仕事に巻き込めば、誰もが得をする状況が生まれる。企業は適応力、敏捷性、レジリエンスが高まって、より多くの利益を生み出せるようになる。そして企業で働く人々は、仕事に充実感を覚えるほか、手にする対価、人生の充実度、健康状態が改善し、寿命が長くなり、それは彼らの子供たちにも受け継がれる！

21世紀に企業が抱える難題は何か。それは、「赤ワーク、青ワークのどちらかではなく、両方を各自が行う環境をどのように生み出せばいいか」というものだ。意思決定という青ワークに対し、これまで「部下」や「現場の人」と呼ばれていた赤ワーカーをどうすれば巻き込めるのか？

デミングの教え――赤ワーカーを青ワークに巻き込む

テイラーの時代では、クリップボードを手にした青ワーカーが、赤ワーカーの仕事ぶりを観察して作業の配分を決め、指示を与えていた。ところが第二次世界大戦後、テイラーが提唱した厳格なやり方に取って代わるものが現れ始めた。まずは、日本の自動車製造の現場に登場した。それを推進したのは統計学者のW・エドワーズ・デミングで、日本の自動車製造で働くリーダーたちはデミングの教えに従い、労働者をただ観察するのではなく、彼らの考えを尋ねるようになった。

第二次世界大戦が終結した当初、アメリカのメーカーが製造する自動車は高い人気を誇り、競争相手のほとんどいない市場で栄華を極めていた。一方、日本とドイツは製造業界の立て直しに必死だった。唐突に世界の競争相手がいなくなったことで、アメリカの自動車メーカーは品質に無頓着になり、その姿勢はたちまち製品に反映された。

デミングは戦後の日本に腰を据え、日本の再建に協力した。30年にわたって、日本の企業に質の高い製品のつくり方を教授したのだ。統計学者であるデミングは、製造工程でのばらつきが増えれば、コスト増と製品の安っぽさを助長すると気づき、さらにはその逆もまた真ではないかと考えた。製造工程でのばらつきを減らせば、コストは低下し製品の質は高まるに違いない。要するに、デミングは真っ先に、品質はお金がかかるものではなく、お金を節約するものであるという重要な事実に気がついたのだ。彼の提唱するやり方は、のちにＴＱＭ（総合的品質管理）やＴＱＬ（総合的品質をもたらす文化を育むリーダーシップ）として知られるようになる。

デミングは次に、品質を高く保つ方法に目を向けた。当時は、製造後にパーツを検査し、基準に満たないものをすべて排除することで品質を確保するやり方が一般的だった。このやり方にはコスト増の要因が2つある。ひとつは、検査官への報酬が発生すること。もうひとつは、不良品の廃棄や安売りで損失が発生することだ。

そこでデミングは、製造工程に品質の保持を統合し、検査官を一掃してはどうかと助言した。車体の塗装工程を例にあげよう。この工程では、車体を作業区画に入れ、ベースコートから保護コーティングまで数層の塗装が施される。その品質は、塗装された範囲と塗装の均一さで決まる。つまり、車体の表面に隙間なく塗られ、塗られた塗料の厚みが一貫していなければならないということだ。この一貫性を実現するには、塗料の配合、塗装器具の吹き出し口、金属からの距離、焼付温度、次の塗装まで空ける時間などさまざまな要素が関係する。

従来のやり方では、車体に塗装が施されてから、塗装された車体を検査するのが常だった。だがデミングのやり方では、管理する側の人々によって、塗料の配合、吹き出し口、塗装技術、焼付の温度や時間を変えて試す実験が継続的に行われた。この継続的な青ワークはゆっくりとしか進まず、手間もお金もかかったが、そのおかげで赤ワークの一貫性は改善し、ミスが減って検査官を雇う必要がなくなった。それでコストが下がれば、消費者に還元できる。この種の改良を継続して行った結果、現在の平均的な車は、ほんの20年前のものと比べてもはるかに質が高い。

さらにデミングは、組立ラインで働く人々（赤ワーカーに階級分けされていた人々）を青ワークに巻き込むべきだと結論づけた。それがテイラーの意見と大きく異なることは明白だ。テイラーは労働の有効性ではなく効率の重視を推奨し、労働者に彼らの考えを尋ねることで生産を遅らせることがあってはならないと説いた。

青ワークに赤ワーカーを巻き込むにあたり、デミングは赤ワーカーに対し、ばらつき（バリエーション）の削減を意識すべきときと、ばらつきの受け入れを意識すべきときの切り替えが必要だと教えた。工場での工程に誰よりも詳しいのは赤ワーカーたちだ。彼らは、工程の欠点は何で、どうすれば改善できうるかを心得ていた。赤ワーカーを青ワークに引き込んだデミングは、赤ワーカーと青ワーカーの両方にとって学びがあるようにしつつ、ミスが減り仕事への満足度が高まるようにも導いた。

赤ワークと青ワークを融合した日本の自動車会社

日本の自動車メーカーの赤ワークと青ワークを行き来する新たなやり方に磨きがかかるにつれ、作業の精度がどんどん増していった。１９７０年代に原油価格が高騰すると、アメリカの自動車メーカーは燃費のいい小型車の製造に必死で取り組んだ（フォードが発売したピントの悲劇については本書の後半で触れる）。だがそのとき、上質で信頼性が高く機能性に優れた日本のメーカーの車が、じわじわとリードを奪い始めた。

はっきりいって、品質が高いかどうかは、ばらつきが限りなくゼロに近い状態で同じ製造工程を繰り返せるかどうかで決まる。自動車の製造なら、塗装にムラがあったり、ボルトの位置が不揃いだったりすると、その部分が錆びやすくなる。家具の製造なら、穴や釘の位置が不揃いだとガタつきやすくなり、耐久性が下がって壊れやすくなる。

製造工程自体は赤ワークなのでばらつきの減少を重視するが、実際にばらつきを減らすのは、さまざまな意見や異議を歓迎し、バリエーションを奨励する青ワークの仕事となる。

１９８０年、日本の自動車メーカーからの輸入の割合が増え、アメリカの自動車メーカーがフォードのピントに代表される凡庸な車種を発表するなか、デミングの哲学がアメリカの実業界に紹介された。「日本にできてなぜわれわれにできないのか？」というドキュメンタリー番組が放送されたのだ。デミングの影響も手伝って、日本ではトヨタ生産方式などの製造工程が誕生していた。

１９８１年、車の生産台数で日本が初めてアメリカを上回った。[8] 赤ワークと青ワークを融合するほうが優れた結果を出せると実証されたのだ。

デミングは重要な知見をいくつももたらしたが、赤ワーカーと青ワーカーの区別を撤廃するには至らなかった。あくまでも、赤ワーカーを青ワークに巻き込むようにと管理職（青ワーカー）に指導しただけにすぎない。赤ワーカーを実験室のラットのように観察することを青ワーカーに推奨するテイラーに比べれば前進したが、基本的な構造は変わっていない。改善について考えて決断を下す責任を赤ワーカーに委ねるには程遠い。だがこれこそが、いまの私たちに必要なことなのだ。

職場からストレスと無力感が消えない根本理由

デミングの働きにより、ＴＱＬのように赤ワークと青ワークを融合した新たなアプローチが生まれた。統計的な手法を適用し、製造を担う労働者を製造上の問題の解決に巻き込むこのアプローチのおかげで、製造業は目を見張る進歩を遂げた。ＴＱＬやその後誕生したトヨタ生産方式のおかげで、製品の品質は向上し、ばらつきは減少した。

現代の経営・管理手法の多くは、権限の移譲、職務や職場への愛着、当事者意識、独自の思考、声をあげること、心理的安全性の構築、命令ではなく指導、適切な問いかけといったことの推進を全社的な目標に据えている。潜水艦〈サンタフェ〉で生まれた意図にもとづくリーダーシップもそのひとつで、ほかの組織での適用や分析を通じて洗練されていき、先にあげたすべての要素を組み込むことを目指している。

プレーブックが古いままでは問題は解決しない

現代の経営手法が対峙する問題は、基本的に根本は同じだと私は思う。要するに、産業革命から受け継がれてきた、赤ワーカーと青ワーカーに階級分けする構造に根ざしているのだ。

この構造の問題は消えていない。労働力の分断はいまなお深刻で、働く人を軽んじる職場もあれば、職場でストレスや無力感に苛まれている人々もいる。なぜそうなるのか？　現代の経営手法の多くは、もともと破綻している構造、すなわち時代遅れのプレーブックの問題をつぎはぎで解決しようとしており、それには限界があるからだ。どの手法も基本的には、時代遅れのプレーをより賢明に、より効率的に実践しようとするものでしかない。一部のプレーが新しいものに置き換えられているケースもあるが、リーダーシップや使う言葉全体のプレーブックは古いままだ。そのせいで、リーダーたちは図らずも職場環境の改善を妨害している。産業革命の時代に端を発する、身体に染みついた物言いを自動的にとってしまうため、赤ワークと青ワークを真に融合するアプローチが育たないのだ。彼らにそんなことをしているという自覚はなく、彼らの職場でのリーダーとしてのふるまいに、当たり前に使っているプレーが関係するとも気づいていない。

赤ワークと青ワークの切り替えは日常にもある

日常生活を送るなかで、私たちはあまり深く考えずに青ワークと赤ワークの切り替えを定期的に行っている。いくつか例をあげよう。

車で通勤している人を思い浮かべてほしい。仕事を終えたその人物には、帰宅する、ジムへ行く、バーへ行くという選択肢がある。どうするかは簡単に決められるだろうが、決める前にこの3つの魅力をそれぞれ検討することになる。そして検討の末、「帰宅」を選んだ。これでいま、その人物はこの毎日かかさず行うタスクの「決断を下す」という青ワークの部分を完了した。

そうして決断を下して車に向かって歩き出せば、考えることはもう何もない。赤ワークに突入したのだ。その職に就いたばかりで付近の土地勘がない人を除けば、自宅への帰り方はしっかりと頭に入っている。この知識のおかげで、脳は計画を立てるという負担から解放される。運転中に少々ぼんやりすることだってあるかもしれない。自宅に着いたときにはおそらく、どうやって運転してきたかを詳細に思い出すことはできないだろう。これにて赤ワークの部分は終了だ。

今度はスポーツの例を見ていこう。ＯＷＳ（オープンウォータースイミング）では一般に、大きなオレンジ色のブイが泳ぐコースの目印となる。頭を下げ腰を浮かせて泳ぐほうが効率がいいので、競技者はほとんどその姿勢でいる。そのほうが速く進むが、その姿勢では自分がどこに向かって進んでいるかはわからない。だからときどき、水面から顔を上げて自分の位置を確認する。ブイを見つけて進行方向を調整するのだ。その工程は、（１）ブイを目でとらえ（青ワーク）、（２）しばらくそれに向かって泳ぎ（赤ワーク）、（３）顔を上げて自分の進路を確認する、という一定のリズムを生み出す。頭を下げた状態を長く続ければ、総じて泳ぎは速くなるが、コースからはずれる恐れがあり、そうなれば、速く泳いでリードしたぶんが帳消しになる。

この水泳の例は私のお気に入りで、決断を下してからものごとを動かすビジネスもまったく同じだと言っていい。ビジネスは本来、中断や振り返りを生産の邪魔とみなして避けたがるものだ。

水泳の競技者と同じように速く進もうとするが、正しい方向に進んでいるとは限らない。かといって、生産的な活動を止めて青ワークに取り組む頻度が多すぎても、無駄な干渉が増えてパフォーマンスの低下を招く。

どんなビジネスにも最適なバランスがある。ただし、それを見つけるにはスキルと経験が必要だ。OWSに熟達した競技者は、まっすぐに長く泳ぐ方法を習得する。要は顔を上げて位置を確認する青ワークを行う間隔を、泳ぎに支障をきたさず広げられるようになるのだ。熟達すると、自分の左右にあるものや、ときにはほかの競技者で位置を確認し、顔を上げる手間やそれによる遅れを減らす。そうしたことを何度も行ううちに、赤ワークと青ワークの最適なバランスが見つかるというわけだ。

人はなぜ「手順の奴隷」になりやすいのか

〈エルファロ〉での意思決定（青ワーク）には、嵐にさらされる大西洋ルートをとる、進路変更が可能なラムケイ地点を通過しても同じルートを進み続ける、という決断が含まれていた。そして実行（赤ワーク）には、荒海のなかで動力装置に潤滑油を送るシステムを操作する、積荷を守る、船体に生じた荒波の影響に対処する、などが含まれていた。いまとなっては確かなことはわからないが、船員たちが実行の部分でミスを犯した可能性はある。とはいえ言ってしまえば、この貨物船の運命は、最初に下された決断によって定められたも同然だ。彼らの結末は、「どれだけうまく航海できるか」どうかではなく、「大西洋ルートを進み続けるか」どうかにかかっていたのだから。

〈エルファロ〉の船長も船員も、この2つを別々に決断するものだととらえていなかった。その証拠に、船長は嵐にさらされる大西洋ルートをとると宣言している（この発言には、目的地のプエルトリコまでルートを変えないという意味合いが暗に含まれていた）。これは言わば、ブイを一度見たら水中に潜って泳ぎ出し、その後二度とブイを見ないのと同じだ。

最初から決断ポイントが複数あると認識していたら、赤ワークと青ワークのバランスはもっとよくなっただろう。まずは出港の時点で、航行ルートについて大西洋ルートにするかどうかの決断を下す。その後ラムケイを通過するときに、大西洋ルート、オールドバハマ海峡のどちらにするかの決断を下す。そうすれば、ラムケイという決断ポイントに到達するまでのあいだは、赤ワークに専念できる。

組織、それも発電所や病院、製造工場など、工程が非常に重視される組織ではとくに、赤ワークで起きるミスにばかり注目し、青ワークでのミスをあまり問題視しない傾向が見受けられる。さらに深刻なことに、赤ワークと青ワークのバランスの構造的な誤りに目を向けようとしない。

なぜそうなるかというと、実作業上のミスはすぐに明らかになるからだ。機長が自動操縦機器の操作を誤る、患者に間違った薬が処置される、発電所の操作員が切るブレーカーを間違うといったことは、ミスが起きたとわかる。実作業上のミスは、方針や手順の違反、もしくは技術的なミスとみなされるものが多く、検査官や監督責任者はこの手のミスを見つけると喜ぶ。なぜなら、事前に手を洗ったか、潤滑油を送るポンプを動かしたのは、ディーゼルエンジンを動かす前と後のどちらだったか、翼のフラップを点検したか、などと尋ねれば、反論も言い訳もできないからだ。実にわかりやすい。

そうやって、人は手順の奴隷と化す。たとえば、より安全なフライトを実現したいと思えば、どうすればより安全になるかと運航業務を担う人々に尋ねて意見を募る。その結果、地上での翼のフラップの点検漏れと、飛行中に生じた予期せぬ問題とのあいだに関連性があると気づく。そうなれば、地上でのフラップの動作確認が手順に明記され、検査官がその手順にもとづいて検査を行うようになる。

青ワークのミスは明らかになりにくく、評価も困難

一方、意思決定における間違いは明らかになりづらく、評価するのも難しい。〈エルファロ〉の船員は、船が沈む間際になるまで、嵐にさらされる大西洋ルートをとったこと（48時間前に下した決断）は間違いだったという確信が持てなかった。これはどんなビジネスでも同じだ。では、宝くじを買うと決めたのはよい決断だろうか？　大学への進学、結婚、スタートアップで職を得てその会社の株を買う、といった決断についてはどうか？　人は、こうしたことをどうすべきかそれぞれ考えたうえで決断するが、その決断がどう出るかはしばらく時間がたたないことにはわからない。

トラック運送会社では、管理職（青ワーカー）が積載量、時間、場所に関する決断を下す。トラックのメンテナンスについてもそうだ。トラック運転手（赤ワーカー）は、事前に決められたルートを走り、事前に決められた場所から事前に決められた荷を積んで運ぶだけの仕事に追いやられている。これぞまさに、青ワークは青ワーカーに属する人々に、赤ワークは赤ワーカーに属す

る人々に割り当てる典型だ。

では、トラックが道路で故障したらどうなるか？　責めを負うのは運転手だ。故障は現場のオペレーションで起きるものだが、突き詰めれば、トラックのメンテナンス計画や積載量が原因である可能性が高い。

次に会社で問題が起きたときは、こんなふうに考えてみてほしい。それは単に実作業上の問題なのか、それとも過去（おそらくはそれなりに時間がたっている過去）に、その問題を起こりやすくする決断が下されていたのではないかと。

青ワークを怠ったせいで問題が生じた場合は、原因の特定がもっと厄介になる。誰が何をする（しない）と決断したのかがはっきりしなければ、評価のしようがない。産業革命の時代から、人は何も考えずに目の前の作業をやり続けるようになった。これは「続行」というプレーであり、このプレーが問題の根源となることもある。だが、なかなかそうと気づけない。

脳は怠惰で、青ワークをやりたがらない

大きな霊長類の脳が発達しようと、母なる自然の適応的変異の原則は変わらない。多種多様な種を創造し、有益な種と有害な種を見極める。その決め手となるのは、再生産年齢に達して種を継続できる能力だ。

自然の力は本当に効率がいい。それを思うと、人間の脳が一日の消費カロリーの20〜25パーセントを占めるという事実は、意思決定を行う力には生存価があると物語っていることになる。ほ

とんどの動物の脳は、身体の大きさにほぼ比例するが、人間の脳は異例で、身体に対して3倍大きい。

考えて決断するという能力が人間に備わっていることはありがたかった。大昔の人類は、食料を狩る必要があったからだ。ほかの肉食動物のように大きな歯や爪を持たない人間は、深く考える力に頼って捕食した。脳のおかげで、人間どうしでコミュニケーションをとって連携し、自分たちよりはるかに大きな動物を仕留めることができたのだ。そうした連携から言語のような革新的なツールが誕生し、狩猟でのチームワークや粘り強さが生まれた。

この、考える、想像する、反芻（はんすう）する能力を備えた大きな脳があるからこそ、青ワークは人間だけが行う活動であり、だからこそ青ワークが活動から除外されれば、人は非常に不満を抱えた状態となる。

その類いまれな力と複雑さを別にすれば、人間の脳もほかの自然の力と同じく効率的であろうとする。別の言い方をするなら、脳は怠惰で、最低限の仕事しかしたがらない。

たとえば、考えるときはできるだけ早く思考を終わらせようとする。そしてそのために、脳は際限なくパターンを探す。パターンの兆し程度でも見つかれば、関連する経験則としてとらえ、追加的に行う思考を最小限にとどめる。[*1] この認知のショートカットができれば、その問題についてそれ以上考えなくてもよくなる。特定の赤い木の実を食べて気分が悪くなったら、次からはその

＊1　意外にも深く考えるときのほうが、経験則をたどるときほどカロリーを消費しないのだが、脳はとにかく重労働を避けるようにできている。

赤い木の実を避けるようになり、それで問題は解決するというわけだ。

カーネマン『ファスト&スロー』が教えてくれること

私たちの脳は経験則というショートカットづくりに長けていて、人はそれを鵜呑みにする。そういう実体験を奪うルールは、思考を歪ませる厄介なバイアスとなって、ものごとの本当の姿を見えづらくする恐れがある。

ノーベル経済学賞を受賞したダニエル・カーネマンの著書『ファスト&スロー』に、そういうバイアスがたくさん紹介されている。軽快な語り口で展開される説明は、納得のいくものばかりだ。「アンカリング」と呼ばれるバイアスもそのひとつで、人には最初に得た情報を過剰に信頼して決断を下すところがあるという。たとえば、集団に向かって数字を推測して発表するようにと告げれば、正解かどうかにかかわらず、最初に声をあげた人の回答に近い数字に推測が集中する。アンカリングバイアスを知っていたとしても、本能的に近い数字を答えてしまうのだ。意識して回避しない限り、このバイアスは避けられない。この種のバイアスはほかにもたくさんある。

この章の冒頭で紹介した、過大申告について尋ねるエクササイズもアンカリングバイアスの一例だ。夫と妻がそれぞれ自分が担当する家事の割合を答えた合計を推測するにあたり、あるテーブルで誰かが最初に「125」と言った。するとあっという間にそのテーブルの回答は「125」でまとまり、さらには近隣のテーブルの回答も「125」に落ち着いた。

最初に声をあげたのが、その会社の創業者でCEOを務める人物だったことから、アンカリングバイアスはとりわけ強力に作用したが、その人物に公的な権威がなかったとしても、アンカリングバイアスはグループが出す結論に影響を及ぼす。

アンカリング効果がバリエーションの減少を促すのだから、それがひいては、青ワーク中にバリエーションを歓迎する意欲を徐々に衰退させるのではないか。誰かが数字を口にすれば、そこから大きくはずれた数字を口にする人はいなくなり、狭い範囲の考えに群がるのだから、アンカリングは赤ワークにとって、必然的に味方となる。だが、決断を下すための会議では必ずと言っていいほど、最初に議論してから投票するというパターンが見受けられる。議論は思考の範囲を狭める役割を果たすので、規格外の意見を抑え込み、大して違いのない選択肢が2、3生まれて終わる。

そういう会議は青ワークで成り立つのだから、バリエーションを歓迎するべきだ。したがって、自発的にアンカリング効果を避けなければならない。それには会議の進め方を大幅に変える必要がある。要は、「投票してから議論する」形にするのだ。この順序なら、アイデアやアイデアを出す人の幅が広がり、よりよい決断が期待できる。

青ワークでは「システム2」の思考を使おう

カーネマンは、脳には2種類の思考があると語り、その2つをシステム1、システム2と名づけた。システム1の思考は原始的で、感情、本能、緊急性、ときには衝動によって行われる。これには効率的で速いというメリットがあり、脳内のリソースはあまり減らない。一方、システム2

の思考は合理的で深く、バイアスの影響を受けづらいが、そのスピードは遅い。こちらの思考の本分は、システム1の監視だ。脳の期待どおりにものごとが進まないとき、脳はシステム2の思考に切り替える。ただし、こちらの思考はつねに、自らの働きは最低限にとどめて自動的に考えるシステム1の思考に戻ろうとする。おそらく想像がつくと思うが、赤ワークではシステム1の思考、青ワークではシステム2の思考を使うのが理想的だ。

青ワークに取り組むときは、視野を広げ、前提を疑い、あらゆるバイアスを意図的に回避する必要がある。要は、「目の前の仕事に集中する」と意識的に決断するのだ。たとえその仕事が、メリットとデメリットをリストアップする、得られる成果について同僚と話し合うといった単純なものであっても例外ではない。

思うに、〈エルファロ〉の船長による大西洋ルートを進むという「決断」は、システム1の速い思考で下されたのではないか。この決断にあたってシステム2の思考を意図して使った証拠は記録にない。

システム1の思考という認知のショートカットは、「自信過剰バイアス」をもたらす恐れもある。このバイアスは、どんな試みも必ず成功すると脳が信じ込み、大きな見返りを求めてリスクをとらせようとするものだ。種の観点からすると、これは人間にとってありがたいバイアスだと思う。というのは、社会、科学、テクノロジーにおける進歩の多くは、成功の見込みがほとんどないにもかかわらず、リスクをとったからこそ起きたからだ。とはいえ、自信過剰バイアスは、衝動的に誤った判断を下すことを助長しかねない。

「システム2」の思考モードのときに浮かぶ疑問

バイアスのかかっていない明敏な頭で費用と便益について調べるには、システム2の思考を意図的に呼び起こす必要がある。システム2を呼び起こせば青ワークの時間となり、実行に移す前に視野が広がる。システム2の思考のときは、次のような疑問が生まれる。

●「これをやって事態が悪化した場合、いちばん問題となりそうなことは何か？」。
●「どのような失敗が考えられるか？」。
●「見落としていることはないか？」。

〈エルファロ〉の船長は、このバイアスの影響も受けていたと思う。彼は大西洋ルートでうまくいくと思いたがっていたから、脳がそのルートを実際よりも安全だと信じ込ませたのではないか。大西洋ルートにさっさと決めたからといって、船長がいいかげんな人間であることにはならない。人間に自然に生じるバイアスの軽減を意識する必要のない環境にいれば、どんな人もどんなリーダーもそういう行動をとる。

青ワークに没頭するのは簡単ではない。やる気のないシステム2の思考を計画的に呼び起こし、ゆっくりと自由に思いを巡らせなければならないからだ。それをするのは骨が折れるし、間違ったことをしているような居心地の悪さも覚えるだろう。認知的な負荷も当然かかる。だが、よりよい決断と学習の時間短縮が約束されているのだから、やらないわけにはいかない。

システム1の思考とシステム2の思考、赤ワークと青ワークは、いずれも会議に取り入れることができる。意見のばらつきを減らしやすくなるアプローチ、意見のバリエーションを奨励しやすくなるアプローチに分かれるので、たとえば会議で意見のばらつきを抑えたいときは、アンカリングバイアスを呼び起こし、議論をしてから投票すればいい。できれば、リーダーはばらつきを抑えたい旨をその場で告げて、議論からはずれるのが望ましい。

反対にバリエーションを増やしたいときは、投票を先に行ってアンカリングバイアスを避ける。投票は無記名で一斉に行い、それから議論に進む。このアプローチなら、バリエーションの幅が最大に広がり、バラエティに富む人々の協力を得られるようになる。

ただし、どのアプローチを選ぶにせよ、リーダーはそれがどちらのモードの仕事を誘発（または抑圧）するかを理解したうえで、それによって生じた結果を進んで受け入れなければならない。

ストレスは赤ワークに効くが、青ワークにはマイナス

赤ワークに認知的な負荷はかからないが、青ワークにはかかる。そのため、ストレスの影響はそれぞれまったく異なる。赤ワークにとっては、締切や刺激策といった外的な圧力となるものがプラスに働く。プラスとまで言えなくても、少なくともマイナスの影響は生まれない。

ところが青ワークに同じ要素が加わると、あっという間に悪影響が生まれかねない。ストレスは、青ワークに求められるのと同じ認知能力を消耗させる。熟慮の思考をつかさどる前頭前皮質が酷使され、爬虫類脳と呼ばれる脳の原始的な部位の活動が活発になるのだ。

1908年、心理学者のロバート・ヤーキーズとジョン・ドッドソンが、ストレスと学習の関係を調べる実験を考案した。[9] ふたりは複数のラットに個別にあてがう家をつくったうえで、好きな家に入るようにとラットを促した。そして、あてがったのと違う家に入ったラットには、「正解の家」を教える目的で「不快なショック」を与えた。さらにはショックの強度を変えて、強度の違いが学習に及ぼす影響についても調べた。

彼らの期待どおり、ショックを強くしたほうが学習スピードが上がったが、上昇には限界があった。ショックの「不快度」があまりにも強いと、ラットは恐怖心から興奮状態になり、正しい習慣の習得をまともに行えなくなったのだ。つまり、過度なストレスは、学習過程を一気に台無しにするということだ。

この現象から、ひとりで繰り返し行う単純な肉体作業（例：組立ラインの仕事）に従事していると、ストレス過多によって作業が滞ることはほぼありえないとわかった。ストレスが増えれば、ある程度パフォーマンスが改善し、その状態が続くことはあっても、パフォーマンスが低下することはない。

産業革命期は、ひとりで反復して行う肉体作業に労働者の仕事を落とし込むことがすべてだったので、経営者は労働者のモチベーションを上げる一環として、ストレスを与えるようになった。慢性的にストレスがかかる状態が長く続けば、やはり心身の健康が損なわれるが、作業を終わらせることしか頭にない経営者にとっては、短期的に効果の高いテクニックのひとつとなる。

残念なことに、経営者たちは、ストレスを与えても効果がない青ワークを行う労働者にもストレスを与える。複雑な難題に認知能力を使って集団で挑む場合、ストレスはパフォーマンスに多大な悪影響を及ぼす。ストレスは前頭前皮質の働きを阻害する。カロリーを消費する大きな灰色の外皮は、ストレスによって重荷と化す。脳の活動は、脳内でもっとも古い部位である爬虫類脳に支配され、原始的な本能しか働かなくなる。

爬虫類脳は、逃走、闘争、静止を使って自らを守ろうとする。自己防衛を重視するのだ。非常にストレスの多い環境にいる人は、リラックスできる環境にいる人に比べてかなり自衛的になる。厄介な問題を抱えているチームにリーダーがストレスを与えると、チームのメンバーは爬虫類化する。そして、輪を乱す言動をとったり、他者の立場を汲もうとしなかったり、独創的な意見が出なくなったりする。

だがリーダーは、なぜそうなるかを理解できない。そういうふるまいをとらせたのも、そういうふるまいに通じる気持ちにさせたのも、まさにリーダーだというのに！

証明、自衛、改善の3つの思考心理

ストレスに打ちのめされると、助けを求めることに抵抗を覚える恐れがある。そうなると、パフォーマンスの足を引っ張りかねない「自衛」の思考心理が生じる。

パフォーマンス（何かを実行するとき）の思考心理には2つの側面がある。ひとつは自分の能力をまわりに証明したいという思考心理（「自分にならできる」）、そしてもうひとつが、自分の無能さが露呈することから自分を守りたいという思考心理（「自分の能力のなさを誰にも知られたくない」）だ。この2種類の心理をそれぞれ、「証明の思考心理」「自衛の思考心理」と呼ぶことにしよう。

証明の思考心理はいい部分を知らしめたいという動機から生まれ、自衛の思考心理はダメな部分を隠したいという動機から生まれる。

どちらも感じ方はよく似ている。人は自分の殻に閉じこもって身構えるものだ。フィードバックに傷ついたり、批判が胸に突き刺さったりすることは誰にでもある。

証明の思考心理を言葉で表すとこうなる。

◆「やったぞ！」
◆「できると見せつけてやるんだ！」
◆「決まったな」

一方、自衛の思考心理は次のようになる。

◆「あれは自分らしくなかった」
◆「いや、自分は大丈夫」
◆「時間の許す限り精一杯やった」

短時間で赤ワークに一気に取り組むとき、証明の思考心理はパフォーマンスの向上を促す。この思考心理になると、最終目標に集中し、気が削がれることをシャットアウトし、「やり遂げる」ことに認知能力を捧げようとするからだ。1回限りの作業やひと区切りとなるタスクを短期間で行う場合、証明の思考心理は最強のパフォーマンスと相関関係を示す。だが、ミスを避け能力のなさを隠す動機から生じる自衛の思考心理は、同じように機能しない。ミスをしない最善の方法は何もしないことなのだから当然だ。

ストレスから社員が自衛の思考心理に陥っている組織には、何もしないでおこうとする姿勢が表れる。つまり、職務の改善ではなくパフォーマンスを何より重視する「なせばなる」状態のときにふさわしいのは、（自衛ではなく）証明の思考心理ということだ。

証明の思考心理は「証明と実行の思考心理」と呼んで差し支えないので、こちらの名称をパフォーマンスの思考心理のひとつとして覚えておくといい。

一方、赤ワークの対極にある青ワークの目的は、学習し成果を改善することにある。よって、青ワークを行うときのパフォーマンスは「改善の思考心理」と相関関係を示す。改善の思考心理は、批判やフィードバックを歓迎し、広く求める。その開放性によって、過去の働きにしばられることなく改善に向かうことができるのだ。

改善の思考心理を言葉で表すとこうなる。
◆「どうすればもっとよくなるか？」
◆「どうすればもっとうまくできるようになるか？」
◆「何を学んだか？」

仕事をするときは、その作業に適した思考心理を働かせられるようになることが肝要だ。まず、どんな仕事のときも、自衛の思考心理になることは避ける。そして、赤ワークに従事するときは証明の思考心理、青ワークに従事するときは改善の思考心理にならないといけない。そうなるために必要となる言葉はそれぞれ違う。証明と改善の違いをきちんと理解することは、仕事の効果を高めるうえで不可欠であり、だからこそ「改善」を新たなプレーブックのひとつに含めた。改善については第7章で詳しく取り上げる。

赤ワークと青ワークを融合した新しいプレーブック

青ワークと赤ワークでは脳の使い方が異なる。リーダーとしてのふるまいや思考心理も明確に異なるほか、なんといっても使う言葉が変わる。使う言葉の種類や職場でのものの言い方に目を向けると、現状使われている言葉は赤ワークに向けられるべきものがほとんどを占めている。例をあげよう。

- 知識産業の企業でも「オールハンズ（全員参加）ミーティング」が行われている。[*2]
- 企業に属する社員が、「リーダーと部下」「ホワイトカラーとブルーカラー」「経営陣と労働者」「非組合員と組合員」というように二分されている。
- 「イノベーションを推進するためのブレーンストーミング」を特別に計画し、イノベーションや創造性を「通常業務」とは違うとほのめかしている。
- 「なせばなる」という精神をチームに求めている。

＊2　「オールハンズ（all hands）」は古い海事用語で、重い綱を引っ張るときに全船員を駆り出すことを指し、文字どおり、全員の手を使うという意味であった。

●上司が命令し、部下が報告する仕組みができあがっている（「直属の部下」という言葉まで存在する）。

あなたにとって自然に聞こえる言葉は、赤ワークに最適な言い方として生まれたものだと思う。そういう物言いに、私たちはすっかり慣れてしまっている。だが、青ワークに正しく取り組むには、必要に応じてコミュニケーションのとり方を変えられるようになる必要がある。赤ワークに適した言葉を青ワークで使おうとすれば、青ワークが果たすべき役割、すなわち、バリエーションを歓迎し、改善の思考心理を育むことができない。

〈エルファロ〉の悲劇に話を戻すと、すべての行動、すべての会話が赤ワークに根ざしていた。天候が悪化したとき、船内は赤ワークから青ワークに切り替える必要があった。具体的には、「大西洋ルートでサンファンへ向かう」から「どのルートでサンファンへ向かうべきか」、もっと言えば、「このままサンファンへ向かうべきか」と考えるモードに切り替えるべきだった。

高級船員たちは船長にハリケーンについて報告し、ラムケイで迂回路に入ることを勧めたが、その青ワークで彼らが使った言葉は要領を得ないもので、「あの」「えー」といったつなぎの言葉や、自分の意見を否定するような語句を多用した。聞くに堪えないたどたどしい物言いで、言いたいことが相手に伝わらなかった。

青ワークとしてなすべきプレーを何もしなかったのだから、伝わらないのは当然だ。なぜ彼らは何もしなかったのか？　青ワークのプレーブックがなかったからだ。彼らは赤ワークのプレーしか知らなかった。

青ワークのプレーができなかったのは船長も同じで、船員たちが明らかに懸念や猜疑心を抱いているにもかかわらず、赤ワークのプレーにとらわれた。そして彼もまた、自分が唯一知っている赤ワークに効果的な物言いだけを使って対応にあたった。

そうなった原因は、船長や高級船員にあるのではない。問題は時代遅れのプレーブックにある。問題解決どころか日常的な業務にすら、赤ワークと青ワークを融合したアプローチを取り入れられていないことが問題なのだ。時代遅れのプレーブックはどの業界にも見受けられるが、幸い、歴史の浅い業界は柔軟に対応する傾向にあるようだ。

アジャイル手法に学ぶ、赤と青のワークの切り替え

たとえばコンピューターソフトウェア業界では、「アジャイル」と呼ばれる開発手法が多くの企業で採用されている。アジャイル手法は2001年に発表された「アジャイル宣言」に端を発する。[10]この宣言は、ソフトウェアを開発するチームに対してより効果の高い方法を指南する目的で発表された。当時のソフトウェアプログラムは、そのほとんどに産業革命期に生まれたプロジェクト管理手法が適用されていた。それは事前に計画を立てることを重視する手法で、場合によっては開発期間が年単位で延びることもあった。変化のペースが加速するにつれ、その手法は高くつくようになり、無駄や苦痛も増加した。

アジャイル開発は、もっとも基本的な製品を実装可能にすることから始めて、それをテストしたうえで次にすべきことを決められるようになることを目指す。そのやり方は、産業革命期のも

のとはまったく違う。まず、開発中の製品をできるだけ頻繁に納品する。多いときで2週間おきに納品することもある。そうした短いスパンで行う作業を「スプリント」と呼ぶ。早い段階で頻繁にユーザーに試してもらうことで、早い段階から頻繁に修正を施すことが可能になるのだ。

また、アジャイル開発では、次のスプリントに含める機能を製品の所有者と一緒に決める。産業革命期のように、実行者と決断者に分けることなく、実行者が決断者にもなる。

ソフトウェア企業は規模の大小にかかわらず、「アジャイル宣言」に掲げられている教義を採用し、アジャイル開発手法に即してチームと工程を見直すようになった。この手法で生じる赤ワークと青ワークのリズム、そしてこの手法に含まれるプレーは、どんなレベルのリーダーも取り入れることができるはずだ。

新しいプレーブックの6つの行動様式

本章の冒頭で提示した質問に話を戻そう。研修に参加するほぼすべての管理職が、バリエーション（意見のばらつき）を減らすという認知能力的に満足度の高い作業に飛びつくのはなぜか？産業革命という背景に照らせば、理由はすぐにわかる。その当時からずっと、「バリエーションを減らすこと」が仕事の目的になっているのだ。時間制限によって研修の場にストレスが生じると、参加者はまわりの知見を理解するよりも先に、早く答えを見つけたいという気持ちに駆られる。産業革命で生まれた物言いや構造によって、そうなるように条件づけされているのだ。この状況を変えるには、古い条件づけに取って代わる新たな条件づけが必要だ。

その新たな条件づけとなるのが、新しいプレーブックだ。そこには、主軸となる6つの行動様式が含まれる。

①時計を支配する（旧：時計に従う）
②連携をとる（旧：強要する）
③責任感を自覚する（旧：服従する）
④区切りをつける（旧：やみくもに続ける）
⑤改善する（旧：証明する）
⑥垣根を越えてつながる（旧：同化する）

いずれにせよ、ただ状況に対処するのではなく、状況に応じたプレーを自ら判断できるようになるよりも先に、まずは「時計を支配する」ことを身につけてほしい。すべてはここから始まる。

赤ワークと青ワーク

赤ワークは実行することであり、時計のような正確さが求められる。効率の追求と仕事の完了は、つねに時計との闘いだ。だからこそ、労働者は出退勤時にタイムカードを押し、その多くが「時間給」で給与を支払われている。

赤ワークを実行していると、人は時計というプレッシャーをストレスに感じ、赤ワークに「支配される」。どうしてもそうなってしまうのだ。

赤ワーク	青ワーク
バリエーションを避ける	バリエーションを歓迎する
証明する	改善する
行動する	決断する
同じことの繰り返し	同じことは発生しない
ブルーカラー	ホワイトカラー
肉体を使う	認知能力を使う
個人プレー	チームプレー
均一性が高い	均一性が低い
生産的	反芻的
実行する	計画する
工程の一部を担う	工程を予測する
指示に従う	独創的になる
調和を重視	多様性を重視
単純	複雑
時給労働	固定給労働
視野が狭い	視野が広い
序列が厳しい	序列がない

表2　赤ワークと青ワークの違い

赤ワークを行っているときは、証明と実行の思考心理になる。自衛の思考心理はここでは役に立たないので避ける。

バリエーション（ばらつき）は赤ワークの敵である。

青ワークは考えることであり、認知能力を使うことが求められる。赤ワークと違い、費やした時間は評価基準になりづらい。青ワークでは創造力の活用と意思決定を行い、赤ワークへの貢献を目的とする。

青ワークに取り組むとき、ストレスは強い負荷となる。

青ワークを行っているときは、改善と学習の心理になる。

バリエーション（ばらつき）は青ワークで歓迎される。

赤ワークと青ワークでは、必要とされる言葉が異なる。

産業革命期の企業は、青ワークと赤ワークに従事する人を階級で分け、そこから青ワーカーと赤ワーカーが生まれた。そしていまなお、「リーダーと部下」「固定給と時間給」「ホワイトカラーとブルーカラー」「白衣とつなぎ」といったものを通じて、階級の違いが区別されている。

世の中が動くスピードが加速し、未来までの距離が短くとらえられるようになったことから、赤ワークに従事する時間を短くして青ワークをもっと投入する必要性が高まっている。

自分たちが使う言葉、自分たちが属する組織の構造を理解し、それらを気にかけないことには、言葉も組織も赤ワークの実施を重視するものに偏る。

新しいプレーブックにもとづくプレー①

第3章 現場からのアラートが出やすくなる言葉

——赤ワークに固執せず、時計を支配する4つの方法

2017年2月26日。アカデミー賞授賞式がいよいよ終盤を迎え、プレゼンターを務めるフェイ・ダナウェイとウォーレン・ベイティは、その夜の最高の栄誉を発表する準備に入った。視聴者がもっとも待ち望んでいた、アカデミー作品賞の発表だ。ここまでのところ、すべて順調に進んでいた。

アカデミー賞授賞式で生じたありえないミス

アカデミー作品賞の前に、主演女優賞が発表された。プレゼンターはレオナルド・ディカプリ

オで、赤い封筒を開け、「エマ・ストーン、『ラ・ラ・ランド』！」と高らかに発表した。

いよいよ、クライマックスの作品賞の発表だ。ダナウェイとベイティがステージに上がった。このふたりがプレゼンターに選ばれた理由は、それぞれがボニーとクライドを演じた映画『俺たちに明日はない』の50周年を記念してのことだった。

ダナウェイとベイティは所定の位置に立って、『ムーンライト』や『ラ・ラ・ランド』などのノミネート作品名が読み上げられるのを聞いた。それらの映像が5分ほど上映されているあいだに、自分が持っている封筒が正しいものかどうか、ベイティが確認することはなかった。

ベイティが手にしていた封筒は、実は間違ったものだった。なぜそんなことが起きたのか。

アカデミー賞では、各受賞者名が書かれた24の封筒が用意される。それを用意するのは、集計作業を担当する大手会計事務所プライスウォーターハウスクーパースの2名のパートナーだ。彼らはそれぞれ24通の封筒を手にして、舞台の右袖と左袖に立つ。プレゼンターが右と左のどちらから登壇しても対応できるようにするためだ。[1]

プレゼンターが右袖から現れる場合は、右袖にいるパートナーがプレゼンターに封筒を渡し、左袖にいるパートナーは、その賞の封筒を取り除く。

主演女優賞のプレゼンターであるディカプリオは、左袖からステージに登場した。規定の手順では、左袖にいるパートナーがディカプリオに封筒を渡し、一方で右袖にいるパートナーは、主演女優賞の封筒を取り除くはずだった。

ところが、受賞者のエマ・ストーンが右袖に向かって退場すると、右袖にいた彼は彼女の写真を撮ってツイートすることに気を取られ、主演女優賞の封筒を取り除くのを忘れてしまった。そ

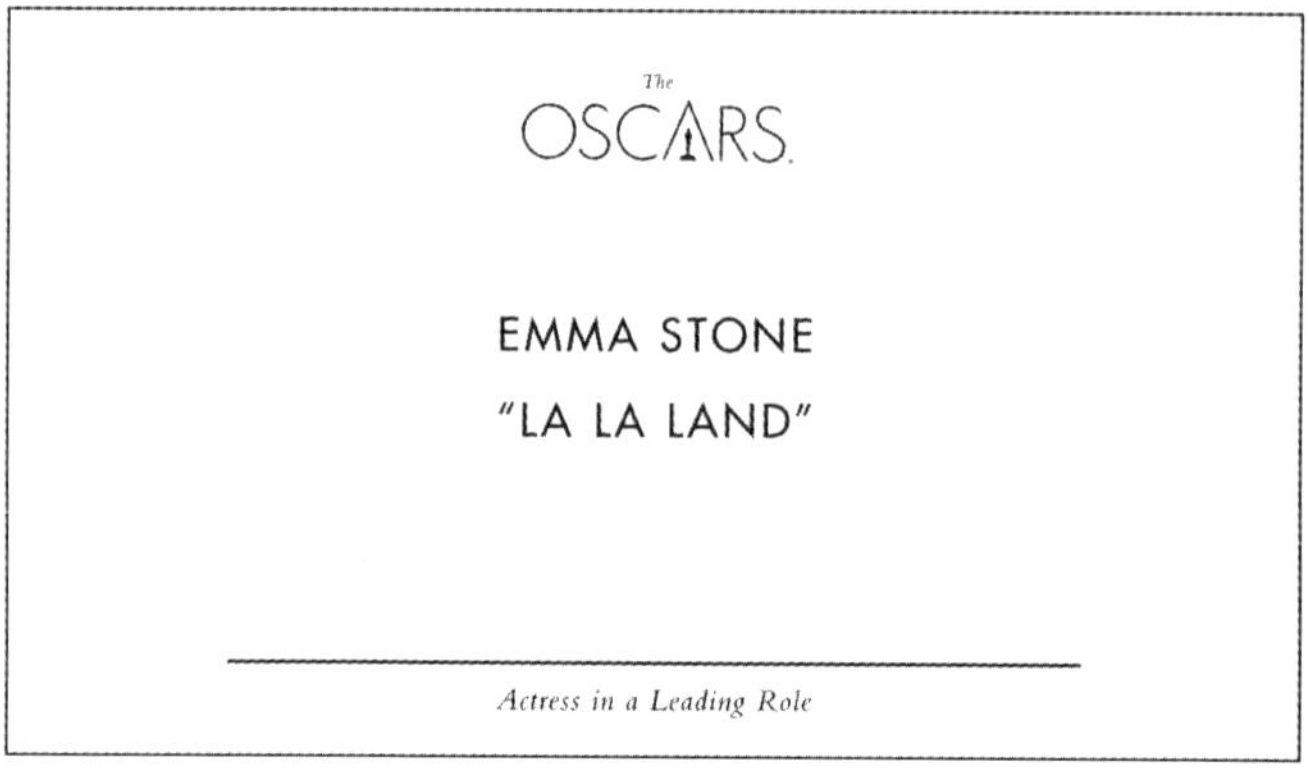

The
OSCARS
EMMA STONE
"LA LA LAND"
Actress in a Leading Role

図2　受賞者カードのレイアウトが混乱を招いた

して不幸にも、取り除くはずだったその封筒を、ベイティに渡してしまう。

ノミネート作品の映像が終わり、作品賞を発表するときがきた。予定どおり、ベイティが封筒を開けてなかのカードに目を落とす。すると、「エマ・ストーン、『ラ・ラ・ランド』」と書いてあった。

ベイティは顔をしかめながら、ほかにカードがないか封筒のなかを見た。彼はきっと、「なぜ作品賞のカードに、女優の名前まで書いてあるんだ？」と自問したに違いない。実際は、カードの下のほうに「主演女優部門」と書いてあったのだが、この年、カードのデザイン変更があり、部門名の文字が小さくなって目にとまりづらくなった。そこまで読もうとすればさらに進行を遅らせることになり、ますます時間が過ぎていく。

ためらったのちに、ベイティは予定されたセリフを切り出した。「では優秀作品賞は……」と告げたところで、言葉がとまった。険しい表情で眉間にシワを寄せている。とまどいながら封筒の中身をもう一度確認したが、どうしていいかわからず動けない。

もうひとりのプレゼンターであるダナウェイは、ベイティがやけに時間をかけていることに苛立ちを覚えていた。実はふたりは事前リハーサルのときに、どちらが受賞作を読み上げるかで揉めていた。[2]結局、ベイティが封筒を開けて発表の言葉を切り出し、ダナウェイが受賞作を宣言する、ということで落ち着いたのだが、ふたりのあいだに信頼や協力関係は生まれていなかった。

受賞作を読み上げるはずのダナウェイはもう限界だった。唇を尖らせてベイティに蔑むような視線を送り、彼の腕に手を置いて「いいかげんにして！」と言った。

ここでベイティは、ステージの袖に視線を送り、助けを求めた。何か合図があればと思ったが何もない。ベイティはひとりぼっちだった。ダナウェイがベイティを小突き、「早く！」と急かした。ベイティがダナウェイにカードを見せると、ダナウェイはすぐさま「『ラ・ラ・ランド』」と読み上げた。間違った作品名が発表された瞬間だった。

「時計に従う」プレーをし続けたベイティ

ベイティは、思いがけない文言がカードに書いてあったのに、なぜ進行をとめなかったのか？手をあげて「これは違うやつなんじゃないか？」と言えばすむのに、なぜあれほどとまどったのか？

もしかすると、リハーサルでダナウェイと揉めて信頼関係を築けなかったために、彼女を陥れようと企んだのかもしれない。

あるいは、作品名の読み上げは自分の仕事ではないのだから、ダナウェイに任せてしまおうと考えたのかもしれない。たしかに、カードを見てどうするかは彼女しだいだ。

ほかにも、どうでもいいと思っていた可能性もある。

私はどの仮説も正解だとは思わない。信頼の欠如や悪意を持ち出さなくても、もっと明快な説明がある。ベイティは赤ワークにとらわれて、そこから抜け出せなかったのだ。彼（とアカデミー賞授賞式の演出にかかわったすべての人）は、産業革命期に誕生した「時計に従う」というプレーを実行していた。実際に必要だったのは「時計を支配する」プレーなのだが、彼らのプレーブックにはそれが存在しなかったのだ。

私なりの考えを披露しよう。

ベイティとダナウェイの身体には、自らの職務を赤ワークととらえ、手順に従うことが染みついている。今回の手順は、素敵な衣装を身にまとい、ステージにあがり、封筒を開け、カードを読み上げるというものだ。思考や決断が必要になるとは思っておらず、この仕事をやり遂げる能力を証明したいと思っている。青ワーク、つまりはカードに書いてある内容を読み上げるべきかどうかの決断が職務に含まれているとは予想もしていない。

それに、手順を疑う理由がどこにある？　カードは信頼できる管理元のパートナーが持参したものだし、『俺たちに明日はない』が銀幕で上映されてから50年のあいだに、間違ったカードがプレゼンターに手渡されたことは一度もない。

ところがベイティが封筒を開けると、予期せぬことが書かれている。「作品賞」のカードに女優の名前があるのだ。なぜこんなことになる？　彼は正しいカードだろうかと自問する。思慮深い決断を下さねばならない。

不要な中断に「間違い」のレッテルを貼ってはいけない

この決断は青ワークなので、問題解決に最適な脳の部位である前頭前皮質を働かせる必要がある。だが、彼の前頭前皮質はストレスによる妨害を受けている。何しろ彼の前には、テレビで生中継を観ている視聴者がいる。それに、時計に従わなければならないという感情に執拗にとらわれている。そうしたストレスが生まれると、母なる自然が多大な労力を注ぎ込んで生まれた大脳が活動しなくなってしまう。

ストレスは脳の最古の部位の活動を活発にする。この部位は脊椎からまっすぐのぼったところに位置し、人類に最初から備わっていた。この爬虫類脳の関心の矛先はただひとつ、自分を守ることだ（アカデミー賞の式典、『ラ・ラ・ランド』と『ムーンライト』の制作関係者、ダナウェイを守ることには関心がない）。その爬虫類脳で、素早く決断を下さねばならない。

予定どおりに進めなければ、授賞式はとまる。だが、ベイティには中断を要求するツールも隠語もない。守る対象が自分だけになると、人は自分のことしか見えなくなる。そして孤独を感じる。この時点でベイティの脳は、彼自身に関することにしか機能しなくなっている。

ベイティの爬虫類脳は不安になっている。なぜなら、「式典をとめたあとにカードが正しいと判明したら、間違えた自分が恥をかく」と考えているからだ。なぜ「間違える」ことを気にするのか？　ベイティのエピソードについて私と一緒に分析した人は、ほぼ全員が「彼は間違えることを恐れている」と答えている。

この発想が、発言を妨げる理由のひとつだ。確認のためだけにとった中断が不要だったと判明したときに「間違い」のレッテルを貼ると、口を開くことにためらいが生じる。名前をつけるなら、「レジリエンス」「検証」「探求姿勢」などのほうがいい。

ベイティにはそのまま進行を続けるという選択肢もある。爬虫類脳にとっては、こちらのほうが安全に思える。カードが間違っていたことは過去に一度もなく、カードは権威ある機関が作成したものだ。そもそも、カードの真偽を尋ねることはベイティの仕事ではないし、最終的にはダナウェイにカードを渡すので、読み上げるのは彼女だ。このような思考が瞬きする間に起こる。爬虫類脳は、あくまでも自分を守ろうとする。

そうして決断は下された。進行を続ける。

この決断が下されたとたん、カードを最初に見たときに生じたストレスがベイティの表情から消え、彼の前頭前皮質は息を吹き返した。さっそく、爬虫類脳がすでに下した決断を評価する。その内容は基本的に、「いい仕事をしたな。式典を中断するのは恐ろしすぎる。そもそも、カードの真偽を問うのは自分の仕事じゃないのだし」というものだ。

ただし、審議はまだ完全に終わったわけではない。カードが間違っている可能性がベイティに重くのしかかっている。だから彼は再び沈黙し、どうすれば進行を中断できるかと思案する。しかし彼には、ここで使う適切なプレーが身についていない。

なぜベイティは赤ワークにとらわれてしまったのか

ミスを捕捉するチャンスはまだ2回ある。1回目は、彼がステージ袖に目をやるとき。アカデミー賞の受賞に関する情報は、構造的に式典運営から切り離されている。ステージ袖にいる式典の責任者に、カードの内容は見えない。見えているのはベイティだけだ。だが情報を手にできるべイティは、式典を中断させる権利は自分になく、その決断ができるのは式典の責任者だけだと感じている。ベイティはその乖離（かいり）を埋めたくて、自分が発している困惑のサインに気づいてほしいと願う。だが誰も気づかない。

そして最後のチャンスとなるのが、カードを見たダナウェイがその不自然さに気づいたときだ。彼女もおかしいと思えば、ベイティと協力して対処できるだろう。だがカードを見せても、ダナウェイはベイティが沈黙で時間をとった理由を誤解していた。そしてすぐさま「『ラ・ラ・ランド』」と発表する……。

ベイティに必要だったのは、カードの下のほうに書いてある小さな文字を確認する瞬間だ。ほかの誰か、このケースではダナウェイになると思うが、彼女にも注意を促したうえでカードを見てもらうべきだった。その瞬間があれば、「このカードを正確に読み上げなければならない」から「このカードは正しいのか」に方向転換するチャンスが生まれたのではないか。職務をやり遂げるという赤ワークにとらわれた頭を、カードを読み上げるべきかどうかを判断するという青ワークに切り替えることができただろう。

だが、ベイティもまた例のフレッドと同じく、赤ワークにとらわれた。

産業革命期に生まれた労働の配分は、青ワークに就く人はごく少数で、大半の人が赤ワークに従事するというものだ。誤解しないでもらいたいのは、赤ワークがトラブルを招くのではない。問題は労働の配分にある。この配分によって、赤ワークだけを行うことを期待される赤ワーカーが生まれることが問題なのだ。この労働戦略の弱点は、カードの手渡しや読み上げの技術が高くなったからといって、ミスが防げるようにはならないという点にある。中断してカードに再度目を通すことでしか、間違った作品を発表するというミスは防げない。赤ワークは融通が利かないが、青ワークは状況への適応を可能にする。ただし、時計を支配できるようにならない限り、青ワークを行う機会は生まれない。

よって、ここで生まれる疑問は、「悪いのは誰か?」ではなく、「悪いのは何か?」となるのが正しい。

そしてその答えは、産業革命期に生まれた「時計に従う」プレーを身体に組み込むこと、となる。

そのせいで〈エルファロ〉は沈んだ。

時計を支配するための4つの方法

組織は昔から、社員に声をあげることを後押ししている。そのために、講義やポスター、自己主張の研修などに投資もしている。だが、いまあげた対策はどれも、声をあげづらくしている根本原因の解決にはならない。障害に立ち向かわせる後押しをしているだけだ。本当に必要なのは、障害を取り除くことである。リーダーとしてそれを成し遂げるには、時計に従うのをやめて時計を支配し、そうなるためのツールをチームのメンバーにも提供する必要がある。
時計を支配するというプレーには4つの方法がある。

時計を支配できるようになるためにリーダーがすべきこと

1. 中断を阻止するのではなく、中断できる環境をつくる
2. 言いたいことがあれば口にするはずだと期待するのではなく、中断に名前をつける
3. 赤ワークの続行を推し進めるのではなく、自ら中断を呼びかける
4. 誰かが中断の合図を出すまで待つのではなく、中断するタイミングを事前に決めておく

それではひとつずつ見ていこう。

方法1　中断できる環境をつくる

産業革命のやり方に則したリーダーは、中断せずに働き続けるように人々を条件づけする。経営的によかれと思って始めるのだが、それは悪い結果をもたらす。「中断」によって生産が進まなければ、それは遅れとなる。よって、工程表上では「無駄」となり、排除すべきものとみなされる。ほとんどの組織では、自発的に動く人、すなわち素早く決断し、すぐさま実行に移す人が出世する。私もそういうタイプなので、海軍で昇進した。周囲を急き立てたり、丸め込んだり、やる気にさせたりしてものごとを終わらせることが得意だったおかげだ。私は自然と、そういうこと

をするのがリーダーとしての役割であり、ものごとを終わらせるのがほかの人より自分はうまいと感じていた。遅れを最小限に抑える一環として、チーム全体としてやらなくてはいけないことがどのくらいあり、各自にどれほどの貢献を期待し、チームの外からどれほど頼りにされているかを口頭で伝えるようにしていた。つまり、中断の声をあえてあげづらくしていたのだ。まさに中断を阻止していた。

「阻止」という言葉を使っているが、これは何かが起こることを防ぐために事前に何らかの措置をとるという意味だ。私の場合は、チームを赤ワークに専念させ、赤ワークから抜け出すハードルを高くする目的で、先の内容を口頭で伝えていた。

〈エルファロ〉の船長は、次のような言葉で中断を阻止している。

◆「今回は耐えるしかないな」
◆「あらゆる天候のパターンから逃れるなど不可能だ」と言い、「大変だ、大変だ」と取り乱した船員のモノマネを続けた。
◆「嵐に突っ込むのですか?」と尋ねた船員への返答が、「ほかにどうしようもない」だった。

いずれも、船長の決断に対する疑問に壁となって立ちふさがるので、中断を阻止する言葉である。船員に発言させまいとする意図はなかったかもしれないが、阻止する効果は十分ある。

中断する時間はある、と示す言い方

1986年1月のある寒い朝、スペースシャトル「チャレンジャー」が発射されて爆発する74秒前、NASA幹部らは中断を阻止する行動をとった。7名の乗組員のなかには、宇宙授業計画の最初の教師に選ばれたクリスタ・マコーリフもいた。この宇宙飛行は、NASAの一大プロジェクトだった。レーガン大統領はその晩に一般教書演説を行う予定だった。だが、爆発を受けて演説は1週間延期された。大統領はおそらく、その偉業について語るつもりだったのだろう。

1986年は「スペースシャトルの年」となるはずで、毎月シャトルを発射する予定だった。だが、その年の最初の月から、NASAはすでに目標達成の危機にあった。1月の発射が計画より遅れて28日になり、危うく2月にずれ込むところだったのだ。

ロケットブースターを製造するモートン・サイオコール社の技術者から、寒波のため再度発射を遅らせてはどうかとの提案があった。それを聞いたNASAの幹部は肝をつぶした。「何だって！　いつにしろというんだ。4月か！」[3]と叫んだ人もいたという。

大げさな感情表現、非現実的な喩え、憤慨。NASAの幹部たちは、時計に従うことで頭がいっぱいだった。そして、中断を阻止しようとした。

だが、リーダーという立場にある人は、意思決定、新規事業の立ち上げ、飛行、手術を控えたミーティングといった場において、チームのメンバーに対して「中断する時間はある」と念を押すべきだ。たとえばこんな具合だ。

◆「これを正しく行うための時間は十分にある」

◆「これが重要な節目になると思う。たしかにそれは事実だが、安全に行えない可能性があるなら、延期したほうがいいと思っている。その責任は私がとる」

◆「必要だと思ったら、いつでも中断を呼びかけてくれ」

◆「スピードを遅らせる必要があるという警告は、誰が発してもいい」

建設現場の監督の言い方を評価する（仮想例1）

それでは、よくある職場環境に当てはめて見ていくとしよう。

建設現場で作業交代前の打ち合わせが終わり、天候が悪化すると予報された日から作業を開始することが決定した。作業チームはいつもどおり、上層部から言い渡されている期日に間に合わせるプレッシャーを抱えている。敷地造成で遅れが出たため、すでに予定より遅れていると誰もが自覚している。そんななか、現場監督は次のような言葉をチームに投げかけた。

a.「今日も安全にいこう」
b.「今日のノルマをこなすぞ」
c.「12時に確認にくるからな」
d.「少しの雪ぐらいでひるむなよ」
e.「危険につながる変化に気づいたら、メールで知らせてくれ」
f.「嵐がちょっと気がかりだな。いまから作業を始めるが、12時にあらためて検討する。それに先駆けて、11時30分に現場の状況を確認したい」

いまあげた言葉を順に検証し、チームのメンバーから中断の声をあがりやすくするものかどうかを5段階評価で採点してみよう。

a.「今日も安全にいこう」 3点

曖昧すぎて何の意味も持たない。それに、安全な環境づくりの責任を、作業する人々に転嫁しているとも言える。現場の作業員に、基本的な安全対策をどうにかする権限があるとは思えない。よく言ってもせいぜい、赤ワークから脱する難易度を上げる効果は生まないというものでしかない。

b.「今日のノルマをこなすぞ」 1点

これは中断を阻止する言葉だ。チームは生産モードに追いやられ、証明の思考心理に陥るので、意見のばらつきが減る。このように言われたら、中断の呼びかけはいっそう難しくなる。

c.「12時に確認にくるからな」 3点

これは「確認」の意味による。進捗具合を確かめるという意味なら、作業員たちは審判を下されるように感じ、赤ワークモードにいっそう追いやられる。一方、作業員の満足度や赤ワークを脱する必要性を確かめるという意味なら、中断を口にしやすくなる。

d.「少しの雪ぐらいでひるむなよ」 1点

この警告は、作業を中止すべきほどに天候が悪化しても、中止を言い出しづらくさせるものだ。〈エルファロ〉の船長が、「ちょっとの天候の荒れ」で迂回路をとるのかと船員をからかった言葉に相当する。

e.「危険につながる変化に気づいたら、メールで知らせてくれ」 4点

この言葉なら、懸念の共有をチームに促せる。中断が必要だという合図を送るハードルを

下げるだけでなく、合図を送る手段も提示している。また、状況の変化に気づいたら知らせてほしいとしているので、安全でない状況になるまで待たなくてもよい。

f.「嵐がちょっと気がかりだな。いまから作業を始めるが、12時にあらためて検討する。それに先駆けて、11時30分に現場の状況を確認したい」　5点

責任者が率先して弱さを見せれば、チームのメンバーは抱えている不安を言い出しやすくなる。加えて、正午という次の決断ポイントを設定し、11時30分に予備評価を下すことも伝えている。これにより、作業員たちは天候について自ら考え、のちの判断に役立つ情報を集めようとする。計画の対象となる期間を短くすれば、赤ワークに取り組む時間も短くなるということを忘れないでほしい。

石油採掘現場の監督の言い方を評価する（仮想例2）

別のシナリオについても見ていこう。深海の石油採掘現場で、油井(ゆせい)を生産モードに切り替えることが決まったのち、現場監督が作業員たちに向かって次のように言った。

a.「この装置で稼ぐときがきたぞ」
b.「さあ、お宝を掘り出す時間だ」
c.「いつもと違う状況に気を配っていこう」
d.「生産に切り替える準備はどのくらいできている？」
e.「ではポンプを動かしてみて、2時間後に一度確認しよう」

f.「これまでと違う操作になる。不安な数値や兆候は、どんなことでも知らせてくれ」
g.「気づいたことがあれば言ってくれ」
h.「疑問に思うことをあげてくれ」
i.「ここまできたなんてすごいぞ。準備は万端だ！」

これらもやはり、順に検証して5段階で評価してみよう。

a.「この装置で稼ぐときがきたぞ」 1点

お金を生まない部分への投資を不快に思っていることの表れであり、お金を生む作業に進むように作業員を急かしている。

b.「さあ、お宝を掘り出す時間だ」 1点

生産は決定事項であり、議論の余地はないというメッセージを含んでいる。

c.「いつもと違う状況に気を配っていこう」 4点

これから取り組む作業はこれまでの作業とは違うので、おかしいと感じるものに目を配るようにと強調している。それに、生産への切り替えは中断が可能であるというメッセージも含んでいる。いつもの状況がどういうものかを具体的に描写していたら、5をつけていた。

d.「生産に切り替える準備はどのくらいできている？」 5点

現場監督は、「準備ができているかいないか」の二択を突きつけるのではなく、準備ができ

ている度合いを尋ねている。これはストレスを軽減させる言い方だ。「どのくらい」という言葉を使うことで、どんな些細な違和感も発信しやすくなる。

e.「ではポンプを動かしてみて、2時間後に一度確認しよう」 5点

明確な終着地点と次の決断ポイントを設定することで、作業について意見を持つ意識をチームに高め、中断を呼びかけやすくしている。

f.「これまでと違う操作になる。不安な数値や兆候は、どんなことでも知らせてくれ」 4点

今日の作業は昨日とは違うと強調し、自分の意見を持つことを歓迎している。現場監督への具体的な知らせ方も含まれていたら、5をつけていた。

g.「気づいたことがあれば言ってくれ」 3点

これは一般的な注意でしかない。チームのメンバーが意見を口にしない責任はリーダーにあることを忘れないでほしい。

h.「疑問に思うことをあげてくれ」 3点

「はい/いいえ」の二択の答えを招く言い方(「質問はあるか?」)よりはマシだが、「すっきりしない点はどこだ?」や「私が見落としていることをあげてくれ」と異議を歓迎する言い方にするとなおよい。ベストな言い方は、リーダーとチームの溝を埋めることを強調する後者だ。前者の言い方には、チームのメンバーが監督の説明を理解できていないという意味合いが含まれてしまう。

i.「ここまできたなんてすごいぞ。準備は万端だ!」 2点

これは議論を閉ざす言い方であり、失敗はありえないという意味合いが含まれる。

方法2　中断に名前をつける

赤ワークの時間になると、人はパフォーマンス（証明または自衛）の思考心理に陥りやすくなる。赤ワークの実行という目標を達成すべく、フォーカスを絞って視野を狭め、「頭を水中に沈めた状態」で進む。時間がないという切迫した感情や、やり遂げることへのプレッシャーも感じているかもしれない。アカデミー賞授賞式のベイティのように、自分の任務をやり遂げることで頭がいっぱいになるのだ。ベイティはきっと、パフォーマンスの思考心理の役に立たないほう（自衛の思考心理）に陥ったのだと思う。そのせいで、間違いを避けたいという動機に突き動かされて行動した。皮肉にも、それが間違いを生じさせる可能性を高めることになったのだが。

赤ワークに着手する前の段階から、「赤ワークに取りつかれた状態」にならないように気を配る必要がある。それには、作業の中断を提案したいときに誰でも使える言い回しや合図を事前に決めておくとよい。言い方が決まっていれば、チームのメンバー、リーダーのどちらからでも、赤ワークから脱する必要があると発信できる。

事前に取り決めた作業の中断を呼びかける合図の例をいくつか紹介しよう。

- ●「タイム」と言う。
- ●「ハンズオフ」と言う。
- ●イエローカードを掲げる。
- ●手をあげる。

中断は「レジリエンスの実践」

原子力潜水艦〈サンタフェ〉では、「ハンズオフ」というフレーズを使っていた。最初のうちは、同じ班のメンバーに「ハンズオフ」と呼びかけることにためらいがあり、声をかけられた乗員は身構えることが多かったが、練習を通じてそれらを克服した。練習の目的は、乗員がその言い回しに慣れて、中断を呼びかける行為を恥だと思わなくなることと、中断を呼びかけられたときの対処の仕方を身につけることだった。

練習の一環として、たまに中断する必要がないときに呼びかけさせた。必要がなくても、誰かが中断を呼びかけたら、リーダーはそれを受け入れなければならない。艦長だった私は、作戦行動中でもときどき中断を呼びかけて、チームの反応を確かめた。「不必要な中断」をなくす唯一の方法は、問題が存在すると100パーセントの確証がない限り呼びかけないことだ。不必要な中断だった（差し迫った問題はなかった）と判明したときに、呼びかけた人をからかう、「間違った」と責めるなどすれば、今後誰もが中断を呼びかけづらくなる。

〈サンタフェ〉では中断のことを「レジリエンスの実践」と呼び、中断によって問題が見つかろうが、問題はなかったと判明しようがどちらでもかまわないとしている。本当のところ、不必要な中断というものは存在しない。中断が正しかったかどうかは関係ないのだ。100パーセントの確証が持てなくても、いつでも誰もが安心して手をあげられる文化を構築するためには、呼びかけられた中断はすべて必要な中断である。

特定の合図を使う練習を繰り返せば、その合図への対処の仕方がリーダーに身につく。練習を通じて、中断を呼びかけられたときの不安がなくなっていく。

中断する必要がないのに中断してしまったら

では、あなたの職場で誰かが手をあげて、基本となる前提に疑問を抱いてプロジェクトや業務の流れをとめたとしよう。そして調査の結果、その前提は実際に正しく、何ひとつ変えずに続行できると判明した。

この中断に対し、あなたやあなたの職場の人たちはどのような反応を示し、その中断のことを何と呼ぶだろうか？　また、中断を呼びかけた人に対してどのような態度をとるだろうか？

私のワークショップでこの質問を投げかけると、どのグループも一様に、その中断は「不要なものだ」と答える。そして呼びかけた人については、「間違っていた」または「ミスを犯した」と描写する。こうしたものの見方こそ文化的な弊害であり、「何かに気づいた人が何か言う」ことを難しくする。こういう見方をする必要はない。文化は人がつくるものだ。「安全第一」をスローガンに掲げるなら、安全のために中断は必要だ。

中断を間違いやミスと呼ぶのはやめるべきだ。中断は中断でいい。欲を言えば、レジリエンス活動やバックアップと呼ぶのはどうか。疑問を提示する姿勢に価値を見いだす名称で呼ぶ人には、心からの称賛を贈りたい。

方法3　自ら中断を呼びかける

チームでの活動中に、（封筒を開けたときのベイティのように）予期せぬことが目に入った人には、中断を呼びかける責任が生じる。だが、実際に行うのは難しい。

理由はいくつかある。

1. 時間のプレッシャーを感じているせいで、赤ワークにとらわれている。
2. ほかのことが目に入らないせいで、赤ワークにとらわれている。
3. 時計に従わなければならないというプレッシャーを何よりも強く感じている。
4. 中断を呼びかけると、問題（問題になりうる事象）に注目を集めることになる。

理由1　時間のプレッシャーを感じている

理由1はストレスの影響が関係する。すでにご承知のとおり、ストレスは高次の思考をつかさどる前頭前皮質の働きを阻害する。青ワークは高次の思考を伴うというのが赤ワークとの決定的な違いのひとつであり、ストレスは青ワークに多大な悪影響を及ぼす。

100メートル走に出場しているところを想像してほしい。これは短い時間に肉体を使ってひとりで行うタスクの一種だ。競技場にいる誰もがあなたに声援を送っている。声援はストレス要因となる。これはあなたの走りにどのような影響を及ぼすか？　マイナスの影響はおそらく生まれない。それどころか、走るスピードが上がる可能性すらある。さあ、スタートの号砲が鳴り、あなたは走り始めた。

ここからは、複雑な決断が必要になると思ってほしい。自分の置かれている状況を何回かにわたって評価し、何が起こるかわからない状況の舵を取り、未来の姿を予測しなければならない。競技場はやはりあなたに声援を送っている。このストレス要因はマイナスの影響を及ぼすか？

及ぼさないわけがない。
ストレスは赤ワークから脱する必要性を自覚する能力を抑制する。だから危険なのだ。そういうわけで、赤ワークに従事している個人やチームに中断の呼びかけを委ねるのはアンフェアであり、委ねてもあてにできない。

理由2　ほかのことが目に入らない

理由2は、赤ワークが人を作業に没頭させることが関係する。生産モードにどっぷり入り込み、時間を忘れて何かに夢中になったという経験は、誰にでもあるだろう。そうした精神状態のことを、心理学者のミハイ・チクセントミハイが1975年に「フロー」と名づけた。仕事に完全に没頭している感覚を指すと思えばいい。そうなったらどんなに素晴らしいことか！　ただしそれは、その仕事がそのときにやるべき仕事であればの話である。没頭する対象が間違っていれば、そうと気づかせる合図が必要だ。

人は赤ワークにのめり込むと、フォーカスの対象が絞り込まれて視野が狭くなる。この集中力がタスクの達成を助けてくれるのは事実だが、自己管理の機能が限定的になる。時間の感覚を失うのもその一例で、食事を忘れることだってある。手をとめて別の選択肢を検討したほうが賢明なときであっても、頑なに続けようとする。

だが、時計を見張りながら中断を呼びかける人がいるとわかっていれば、赤ワークに深く入り込むことが可能になる。邪魔が入らないかと心配する必要がないので、目の前の作業に完全に没頭でき、より効果の高い成果、創造性に富む成果、生産性の高い成果がもたらされることだろう。

それに、仕事の充実度も高まる。

理由3　時計に従うというプレッシャーを感じている

何かを生産する赤ワークに取り組むときに、時計を支配できるようになれと人々を促すだけでは、組織は大して変わらない。赤ワークに最適な思考心理（証明の思考心理）でいるとき、人は遅れを「悪」とみなす。よって、日々仕事を要求される立場から離れていられるリーダーだけが、時計を支配する必要性を見極める精神状態を保ちやすいということになる。チームに中断を呼びかけるのは、やはりリーダーの責任なのだ。

加えて、チームのメンバーからの中断の呼びかけを歓迎し受け入れる文化を構築し、中断を呼びかける仕組みを提供することもリーダーの務めとなる。

理由4　問題があると知りたくない人がいる

中断を呼びかけづらくしている原因のひとつに、問題を見つけたと呼びかけても、問題について知りたくない人が一定数いることもあげられる。ロンドンのシティで233年の歴史を誇ったベアリングス銀行は、声をあげることへの恐怖が社内に定着していたことが直接の原因となって破綻した。同行のトレーダーとして働いていたニック・リーソンは、シンガポールで活躍する花形社員だったが、チームのひとりがミスを犯すと、報告せず隠蔽することを選んだ。88888という番号（中国で8はラッキーナンバーとされている）の架空口座を使ってミスを隠し、それで難を逃れると、彼自身が出した損失もその口座に隠すようになり、最終的に損失額は8億2700万ポンドにも及んだ。これは銀行の自己資本金の2倍に相当する額で、ベアリングス銀行全体が崩壊した。

リーダーは、中断を呼びかけるチーム内からの合図に敏感でいなければならない。定められたとおりの合図を使っていなくても、中断の必要性を察するのがリーダーだ。アカデミー賞授賞式のベイティは、言葉を詰まらせ、カードを2回確認し、眉をひそめてうつむいた。他者の気持ちを汲み取れるリーダーなら、そうした苦悩の兆候に気づいて中断を呼びかけるはずだ。〈エルファロ〉の高級船員たちは、明確な言葉を使わずに明確に伝えようとして、たどたどしい物言いになった。他者の気持ちを汲み取れるリーダーなら、こうした苦悩の兆候にも気づいて中断を呼びかけるはずだ。

現場からの中断の兆候をちゃんと受け止める

中断の合図として取り決めた言葉は使われていなくても、中断を求められている状況はある。いくつか例をあげよう。

- 建設現場で基礎工事を担当する労働者が、「本当にコンクリートを打ち始めていいんですか？」と尋ねてきた。
現場監督はどのように中断を呼びかければいいか？
- ソフトウェア開発チームのプログラマーのひとりが、「この機能をつけるとテストの工程が相当複雑になります」と言った。

チームのリーダーはどのように中断を呼びかければいいか?

●新技術を使った電気車両を製造するチームの若きエンジニアが、監督者の耳に届く大きさの声で、「この新しいバッテリーはどうなんだろう。実績値は期待したより低い」と言った。

監督者はどのように中断を呼びかければいいか?

●燃えさかるビルにホースを持って入った消防チームのひとりが、「この火災は何かおかしい。何が変かはわからないが」と叫んだ。

チームリーダーはどのように中断を呼びかければいいか?

●担当患者の様子を見てきた看護師が、シフトチームの責任者の看護師に「あの患者さんの診断が正しいか気になるんです」と言った。

責任者はどのように中断を呼びかければいいか?

●殺菌剤を製造する施設で、新たに1万ガロン(約3万8000リットル)ぶんの生産が開始されたとき、若手の製造ライン担当者が監督者に向かって「ここに並ぶバルブはいつもと違うものに見えるのですが」と言った。

監督者はどのように中断を呼びかければいいか?

いずれのケースも、中断を呼びかけてみなの手をとめさせ、赤ワークから脱するための言葉が必要とされている。その言葉が出れば、決断モードの青ワークに移行できる。

現場からの呼びかけに対するリーダーの答え方の例

呼びかけの例を紹介しよう。

◆「早すぎると感じているようだな。君の考えを聞かせてくれ」
◆「みんなを集めて決定事項をもう一度見直そう」
◆「サプライヤーを見直す必要があるかもしれないな。実績値を示す数字はどれだ？」
◆「ここで待機して様子を見よう。みんなはどう思う？」
◆「よくわからないって顔だね。何が気になったか教えてくれる？」
◆「何が引っかかるか教えてくれないか」
◆「ほかにも何か気になることはない？」

いまあげた例では、中断の必要性に気づいて呼びかける責任が、チームのメンバーからリーダーに移っている。では、リーダーが中断の必要性に気づかなかったときはどうなる？　大丈夫。策はもうひとつある。

方法4　中断するタイミングを事前に決めておく

人には赤ワークに夢中になる傾向があるので、次の中断を事前に決めておくことが予防策となる。たとえば、「45分のタイマーをセットして休憩を忘れないようにする」という単純なことでもいいし、もっと正式に、プロジェクトを中断する日を2週間おきに設定してもいい。戦略の再検討を年に一度行う、という具合に頻度を抑えて中断の機会を組み込むのもひとつの手だ。

心理学に「メタ認知」という概念がある。これは、自分の思考について考えることを指す。次に中断するタイミングを事前に決めておけば、過程の観察という認知行為のためのリソースを保存する必要がなくなり、すべてのリソースが自由に使えるようになる。要するに、中断の時間があるとわかっていれば、目の前の仕事にチーム全員が100パーセントの力を注げるようになり、リーダーは「いいアイデアを囁く妖精」にならずにすむ。この妖精に変身すると、ふいに現れて頼まれもしないのにこうしたほうがいいと助言し、残されたチームがそのアイデアを実現する方法を思案するハメになる。

中断のためにアジャイル手法を活用する

そうした事態を避けるには、アジャイル手法が有効だ。多くのソフトウェア開発チームで採用されているこの手法では、「スプリント」と呼ばれる作業を通じてチームワークが構築される。期間は2週間が一般的だが、内容によっては長くも短くもできる。スプリントは、青ワークで始まって青ワークで終わる。最初は次の生産時に何を増加するかをみなで研究し、最後には制作したものをテストして振り返る。期間が事前に決まっているので、赤ワークから脱するタイミングも決まっている。そのおかげで、チームが制作に取りかかれば、次の段階に進むまで作業に深く没頭できるというわけだ。

制作、設計、コーディングなどの作業に取り組み始めたら、リーダーは決して方向転換を指示したり、作業に干渉したりしてはいけない。新しいアイデアが浮かんだときは、次に予定されているミーティングの議題に付け加えればいい。

スプリントは青ワークで幕を閉じる。成し遂げたことを発表し、みなで労うのだ。このときに、前回のスプリントやこれまでにもらったフィードバックに照らして自分たちの実施状況を振り返る。そのうえで、次のスプリントで何をするかを決める。これが青ワークだ。スプリントは「青－赤－青」とも表せるので、スプリントを継続して行うサイクルは、「青－赤－青」－「青－赤－青」－「青－赤－青」－「青－赤－青」のように続く。

次の青ワークを予定に入れる機会ならいくらでもある。何かを始めたい、またはプロジェクトの次の段階に進みたいという申し入れがチームからあったときに、「次に中断して現状を確認するのはいつにするか?」と考えるようにすればいいのだ。誤解のないように言っておくが、中断は「情報の更新」とは違う。更新は赤ワークの一環として行い、作業の経過に関する情報を共有する。責任者が優先事項や範囲、スケジュールの変更に干渉することはない。

それでは、復習の意味で次の状況について考えてみよう。

●発電所のポンプの修理に新たな方法を取り入れることが決まった。その方法に従って修理を行うにあたり、修理チームのリーダーは何と言って事前に中断を組み込めばいいか?
●開発中のソフトウェアに、2週間かけて複数の機能を追加することが決まった。開発チームのリーダーは、何と言って事前に中断を組み込めばいいか?
●運送会社で広告予算の撤廃が決まった。リーダーは何と言って事前に中断を組み込めばいいか?

●パイプラインのポンプ場で、テスト後にポンプを作動させることが決まった。現場のリーダーは、何と言って事前に中断を組み込めばいいか？

まとめ　時計を支配する

1. 中断を阻止するのではなく、中断できる環境をつくる
2. 言いたいことがあれば口にするはずだと期待するのではなく、中断に名前をつける
3. 赤ワークの続行を推し進めるのではなく、自ら中断を呼びかける
4. 誰かが中断の合図を出すまで待つのではなく、中断するタイミングを事前に決めておく

時計を支配できるようになれば、前頭前皮質が解放される。また、100パーセントの確証がなくても、アイデアや意見を共有しても大丈夫だと思えるようにもなる。これにて連携をとる準備が整った。連携は、次に身につけるべき新たなプレーだ。

時計を支配する

時計の支配はスタート地点だ。具体的には、赤ワークから脱して青ワークに移行することを意味する。産業革命によって、私たちの身体には時計に従うことが染みついた。そのせいで、時間をプレッシャーに感じながら赤ワークをひたすら続けることが当たり前になってしまったのだ。

時計を支配することは、中断の力を活用するという意味だ。時計に従うのではなく、時計

を支配できるようにならないといけない。そうすれば、自らの行動について意識し、考えるようになり、視野も広がる。

赤ワークに取り組み始めてしまえば、そのまま作業を続けたくなるのがふつうだ。

赤ワークに取り組んでいると、パフォーマンス（証明または自衛）の思考心理になりやすいので、自分から中断を呼びかけるのは難しい。最後までやり遂げたいという気持ちや、遅れたらペナルティが発生するといった理由から、作業の邪魔となるものを避けたがるのだ。よって、中断の機会をつくる責任はリーダーが担う。

リーダーは、赤ワークに取り組む期間と赤ワークから脱するタイミングを事前に決める。または、必要に応じて全員に聞こえるように、中断を呼びかける。

過去に上司がチームに仕事を強要しなければならなかったのは、チームがする必要のあることを決めるのが上司だったという事実が根底にある。決断する者と実行する者を分けるのは、産業革命時代の組織のすることだ。

時計を支配できるようになったら、次は連携だ。

新しいプレーブックにもとづくプレー②

第4章 全員で仮説の構築・検証を行う言葉
——上からの強要をやめ、連携をとる4つの方法

産業革命期に生まれた「時計に従う」というプレーには、チームを前に進める力がある。ただし、決める者（青ワーカー）と実行する者（赤ワーカー）が分かれていたため、ほぼ選択の余地のない仕事に赤ワーカーを取り組ませるには、彼らを説得する、丸め込む、賄賂を渡す、恥をかかせる、脅すといったことが必要になる。

これらを表すのにふさわしい言葉は「強要」だ。先の章で、フェイ・ダナウェイがウォーレン・ベイティに「いいかげんにして！」と怒り、彼の腕に手を置いて「早く」と急かしたのも強要にあたる。

礼儀を重んじる社会では、この言葉はめったに使われない。実に見苦しい言葉だ。よって、動

機づけを行う、刺激を与える、協力して連携するといった別の表現で覆い隠す。「連携」という言葉が使われるとき、実際には強要であることが往々にしてある。私も例外ではない。あなたもきっとあるのではないか。

「みんなはどう思う?」と「私の意見はこうだ」の違い

その根本的な原因は、赤ワーカーと青ワーカーに役割が分担されているせいだ。この問題の解決策は、ひと言で表すなら「実行する者に決めさせる」に尽きる。

先の章でも説明したように、リーダーがチームと協力して何かを決めようとすると、幅を広げる(「みんなはどう思う?」と尋ねる)部分を飛ばして収束する(「私の意見はこうだ。みんなそれでいいか?」と尋ねる)部分に急行する。

それは、ブレーンストーミングや意思決定を行う会議でよく使われている言葉を見れば明らかだ。そういう場ではたいてい、上司が意見を提示して、周囲はその意見に同調する。上司は同意を強要するばかりで、他者の意見に関心を示そうとしない。望む答えに誘導する質問や自分を肯定するための質問しかせず、異議が出れば抑えつけ、強引に合意に持ち込む。そんなものは連携ではない。連携の名を語った強要だ。赤ワークをやり遂げることばかり考えているフレッドがひどく消耗するのはそのためだ。彼はほとんどの時間を、人に何かを強要することに費やしているのだから。

私がここで用いる「強要」という言葉は、影響力や権力や肩書きを使う、最初に口火を切る、ほかの人より多く話す、ほかの人より大きな声で話すなどして、自分の考えに周囲を同調させることを意味する。

意思決定を行うときに避けたいのが、上司が決めてから周囲にそれでいいかと確認するやり方だ。こういうことを行う会議はただ単に、上司があとから「みんなあの場にいたんだから、そのときに言えばよかっただろう」と言えるようにするものでしかない。

〈エルファロ〉の船長は、大西洋ルートを進むと決めたのち、あらゆる天候の話を持ち出した船員をからかった。要は、大西洋ルートをとるという決断に疑問を投げかけたらこうなるぞと、先手を打って恥をかかせたのだ。

スペースシャトル「チャレンジャー」の悲劇が起きたときのＮＡＳＡの上層部の人間も、船長と同じだった。低温という条件下で打ち上げるのは危険だと訴えた技術者に対し、それは間違いだと切り捨てた。「技術者の帽子を脱いで経営者の帽子をかぶったらどうだ」と言い放った幹部もいたという。

「全員を参加させろ」「意見をまとめろ」は強要となる

上司による「全員を参加させろ」や「意見をまとめろ」といった言葉は強要だ。それらを通じて、「私が正しいのだから考えを改めなさい」と説得を試みているにすぎない。

チームに属する人々の考えを変えさせる必要はない。会議で決まったことをチームの一員として支持するという態度である限り、個々が違う意見を持っていてもリーダーとしてはまったく問題ない。そうでなかったら、チームはエコーチェンバー化するだけだ。素晴らしい力やレジリエンスは、多様なアイデアのなかに潜んでいる。

私にこう言われて、あなたは信じるだろうか？　本当にそうだと心から信じられるだろうか？　そういう人がいるなら、歴史的に見て実に稀有（けう）な人だ。

人は、自分のことは自分の意図を踏まえて判断するが、他者のことは相手の言動を通じて判断する。よって、自分が何かを達成できなかったときは、外的な理由を見つけて、そのせいで自分の思うような行動ができなかったと言い訳する。ところが他者が達成できなかった場合は、その人自身のことを責める傾向がある。彼らの前に立ちふさがったかもしれない外的な障害は考慮に入れない。

自分の場合は、「協力できなかったが協力したいと思っただけで十分だ」となるが、他者の場合は、協力したいと思っているかどうかはわからない。わかるのは、協力しなかったという彼らの行動だけだ。だからそれを見て判断する。

このバイアスは連携をとる邪魔となる。というのは、連携の根底には、相手には何かを提供する用意があると信じる気持ちが必要になるからだ。

強要をやめて連携をとる４つの方法

「連携をとる」というプレーの目的は、視野を広げ、バリエーションを歓迎し、グループ内に存在するさまざまな知識、思い、アイデアを可視化することにある。

このプレーには4つの方法がある。

強要をやめて連携をとるには
1. 投票をしてから議論をする
2. 自分の考えを押しつけず、周囲の考えに関心を持つ
3. 合意を推し進めず異論を歓迎する
4. 指示ではなく情報を与える

方法1　投票をしてから議論をする

スロウィッキーの『群衆の智慧』に、フランシス・ゴールトンのエピソードが掲載されている。ゴールトンは1800年代にイギリスで生まれた博識な学者だ。彼は郡のお祭りで開かれた雄牛の重さを当てる大会に興味をひかれた。正解にいちばん近い数字を予想した人が、賞品としてその雄牛をもらえる。大会が終わると、ゴールトンは予想が書かれた紙を集め、各自の予想を分類した。すると、集団（さまざまな個人の集合）より正解に近い数字を予想した個人は、ほんのひと握りであると判明した。ゴールトンは何度かこの実験を繰り返し行った。だが何度やっても、集団の平均値よりも正確な予想を立てられる人はごくわずかだった。

多様な思考や思考のバリエーションに最大限に触れるには、集団で議論を始める前に、その場にいる人の意見を個々に表明してもらえばいい。

この原理を実行に移すやり方はいくつかある。

意見表明の方法① 無記名での電子投票

ひとつは、**無記名で行う電子投票**。人数が多い、あるいはグループの心理的安全性[*1]が低いかどうかはっきりしない場合は、無記名で電子投票を行うといい。この方法なら、社会や組織の上層部から圧力を受けることなく自分の思いを表明できるし、人の選別なしに大勢から意見を集められる。投票結果は発表してはいけない。発表すると、時期尚早に結論が固まる恐れがある。さまざまな反応を得られても、投票結果を明らかにしたとたん、それと同じ意見になる人が増えることはよくある。無記名の投票であっても関係ない。集団に同調したいという欲求は、それほどまでに強力なのだ。

意見表明の方法② 二択でなく程度を尋ねる

次に、**二択ではなく程度を尋ねる**という方法もある。「それは安全か?」や「それでうまくいくのか?」など「はい/いいえ」でしか答えられない質問ではなく、「どのくらい安全だ?」や「どの程度うまくいくと思っている?」という尋ね方をするのだ。そうすれば、尋ねられたほうは、

＊1 心理的安全性とは、職場など特定の環境において、自分の考えや感情を共有しても批判や評価を受けないと感じる度合いのことである。心理的に安全だと感じていると、仮定の話や中途半端な段階のアイデア、プロジェクトに対する不安を口にしやすくなる。心理的に安全だと感じる場では、人は弱さを見せることもできる。これについて詳しく知りたい人は、ハーバード・ビジネススクール教授のエイミー・エドモンドソンの著作や研究成果を参照するとよい。

「起こる／起こらない」の二択ではなく、その先に起こることについてさまざまな想定を巡らせる。つまり、尋ねるときは「どのくらい」という言葉を使うということだ。感情や評価に関する質問はもちろん、何かを描写させたいときなど、ほぼどんな質問にも適用しようと思えばできる。たとえば、「あの映画はよかったか」や「スペイン語を話せるか」と尋ねたいときでも、「あの映画はどのくらいよかった？」や「スペイン語をどのくらい話せる？」という尋ね方ができないかと考えるのだ。「はい」や「いいえ」と単純に答えるのではなく、程度で答えることをまわりに促せば、議論の材料となる情報が増え、より細かいことを話し合えるようになる。

会議の場に「パーセントカード」を用意すれば、程度を表しやすくなる。1、5、20、50、80、95、99[*2]と書かれたカードをひと組として人数分用意するのだ。会議の場で注目すべきは、極端な意見を持つ「異端児」だ。誰よりも肯定的、または否定的な感情を持つメンバーに焦点をあててほしい。

あなたはいま、ソフトウェア製品を発表するか、さらなるテストのために発表を遅らせるかを決める会議に出席している。プロジェクトであなたが担当する部分についてはよくわかっているが、プロジェクト全体や、会社の戦略としてこのプロジェクトが担う役割については、そこまで理解が追いついていない。会議にはあなたのほかに12人が出席していて、「スケジュールどおりに発表すべきだと思う気持ちは何パーセントか？」という質問に対し、各自がパーセントカードで投票することになった。1の投票は心から反対し、発表を遅らせることは不可欠であるという考えを意味し、99は心から賛成し、予定どおりの発表は不可欠であるという考えを意味する。

出席者全員の手元に、7枚ひと組のパーセントカードがある。各自がカードを1枚選び、裏返した状態でテーブルの中央に置く。全員が投票を終えたら、カードを表に返す。そして極端な数字を出した人（1か99を選んだ人）に意見を尋ね、全員で共有する。私が彼らに意見を尋ねるとすれば、「われわれが気づいていない点は何か？」や「どういう意図でその数字を投票したのか？」という尋ね方をする。

私が以前、提案にあがった行動を支持するかどうかを投票で尋ねる会議に参加したときのことだ。投票が終わると、反対に投票した人は（わずか2人だった）、「どうすれば賛成に変わるか教えてほしい」とまわりから詰め寄られた。この尋ね方では、2人は孤立して議論を妨害する立場に追いやられ、彼らが同調することを誰もが期待するようになるのでいただけない。「君の言う方向に進むべきなのか？」という本当に尋ねたいことではなく、「こちらに進むというわれわれの意見に反対する君たちをやり込めるにはどうすればいい？」というメッセージしか伝わらない。

心理的な安全性が中程度以下の状況では、異端児の立場を正当化する質問を投げかけたほうがいいだろう。そうすれば、彼らが孤立することはなくなるし、他者の視点からものごとをとらえる練習にもなる。自分は孤立することになると思えば、人は極端な立場をとりたがらなくなる。

弱さをさらけ出せるほどの高い信頼を要するデリケートな質問をしたいが、電子投票をするほ

＊2　このカードには、0と100は含めない。カードを使う目的は、程度を考えさせることであり、傲慢な決めつけをさせないことにあるからだ。そのためには、0と100を答えられないようにしたほうがいい。このカードは、「スペイン語の知識はどのくらいあるか？」など自分を評価させる質問にも有効だ。「サルサ」や「シエスタ」などの単語なら誰でも知っているが、完璧な知識を持つ人はいない。各自に1～99のあいだの数字を書かせることもできるが、事前に数字が書かれたカードを準備したほうが時間の節約になる。1、2回カードを使えば、みなすぐに慣れる。数字を紙に書かせると、「60と65のどちらにするか」というように、あまり違いのないことに悩んで時間をとられる。

図3　パーセントカード

どの人数ではない（8〜10人未満）という場合は、付箋紙やA6サイズくらいのカードを用意する。それに各自が回答を書き、裏にしてテーブルの中央に置くのだ。こうすれば、誰が何を書いたか推測できないので、正直な意見を表明しやすくなる。

意見表明の方法③　パーセントカードを同時に見せる

それから、**パーセントカードを同時に見せる**という使い方もある（この使用は心理的安全性が十分な場合に限る）。テーブルの中央にみなのカードを集めるのではなく、全員が一斉に自分の思うカードを見せるのだ。そのうえで議論を開始し、異端児に意見を尋ねる。

意見表明の方法④　複数の項目に投票する

投票には**複数の項目に投票する**という方法もある（これも心理的安全性が十分な場合に限る）。複数の選択肢からひとつを選ぶとなると、パーセントカードは役に立たない。選択肢を狭める必要があるからだ。こういうときは、各自が好ましいと思う選択肢に投票すればいい。具体的には、各自に選択肢の3分の1の票数を与える。たとえば選択肢が10あるときは、各自に3票ずつ与えて投票させる。それを集計すれば、いちばん票を集めた選択肢がわかる。この投票は、記名式、無記名式のどちらでもできるほか、電子メールを使ってもいい。

意見表明の方法⑤　指を使って投票する

指を使う投票もある（これも心理的安全性が十分な場合に限る）。要は、0〜5本の指だけを使って投票するのだ。手は身体の一部なので、全員で一斉に投票したければすぐにできる。指を1〜5本使う投票もあるが、私は0〜5本のほうをお勧めする。大人数になると、1本と2本の判別に手間取るからだ。0本は実にわかりやすいので、0も忘れずに加えてもらいたい。それにより、肯定・否定にかかわらず、いちばん強い感情が可視化される。

指を使った投票の活用例

指というシンプルなツールを使った投票は、次の2つの条件が満たされていれば活用できる。ひとつは、長い議論が必要となる大きな決断でないこと。そしてもうひとつは、各自が自らの意見、アイデア、考えを心おきなく表明できるだけの心理的安全性が確保されていることだ。

たとえば、建設現場でのミーティング、朝の打ち合わせ、手術に向けた事前打ち合わせ、設備を稼働させる前などに手早く確認したいときに有効だ。このときの問いかけもやはり、二択（「それは安全か?」や「準備はいいか?」)ではなく、程度を問う質問(「どの程度安全か?」や「準備はどの程度できている?」)にすべきだ。

0~5本の指を使う投票は、グループの気持ちを手早く確認したいとき(「休憩をとる用意はどの程度できている?」)、青ワークから赤ワークへ切り替える前の最終確認(「準備はどの程度できている?」)に使われることが多い。例をいくつか紹介しよう。

- 建設現場で仕事にとりかかる前の作業員
- 病院で手術を始める前の手術チーム
- 飛行機が離陸する前の乗務員
- 発電所でタービンを動かす前の作業チーム
- 出港する前の船の乗員

ほかにも、プロジェクトの進捗状況を更新するときや、プロジェクトを完了するときにも活用できる。ある独創的なスコットランドの企業は、プロジェクトの状況を総括するのに両手を使う。一方の手でプロジェクトの健全性を評価し、もう一方の手でプロジェクトに対する各自の満足度を評価するのだ。同社の経営者によると、指を使う投票時に生まれる会話は、投票に先んじて長々と行われる状況説明よりはるかに価値があるという。

会議を始めるときの問いかけ方の例

会議や打ち合わせを行うときは、次のような問いかけから始めるようにしてはどうか。

●「全員の考えをまとめる前に、みなさんはどんな数字であるべきだと思っていますか？　各自、手元にあるカードに書いてください」

●「議論を始める前に、みんながどう思っているか知りたい。製品の初出荷はいつにするべきだと思うか、最適だと思う日付をミーティングアプリに各自が入力してほしい」

●「おかしいと思うことをできるだけ口にしやすくしたいと思っています。この提案を支持する気持ちはどの程度ありますか？　手元にあるカードの数字で表してください」

●「この計画は以下の重要な前提にもとづいています。計画を進める前に、この前提は正しいとどの程度思うか教えてください」

●「みなさんがやるべきだと私が思うことを伝える前に、私がここにいなかったら、みなさんは何をするか教えてください」

異論のある人とふたりきりで話すべきだろうか？

先日、アメリカのとあるグローバル企業で開かれたリーダー会議の場で、ＣＥＯが新たなビジョンを提示した。そしてそのビジョンを支持し、実現に向けて関与したいという気持ちの程度を測定することになった。ＣＥＯは当初、０～５本の指を使って測定するつもりだった。だが、その質問は会社にとって重要なものであり、リーダーがチームとして集まるのはその会議が初めてだっ

図4 「程度」を尋ねられてパーセントカードを手にするチーム

た。はたしてリーダーチームの面々は、安心して本心を吐露できると感じているだろうか？

CEOはすぐさま考えを少し変え、1〜99の数字でビジョンを支持する気持ちを表してほしいと伝え（無記名で裏返してパーセントカードを提出するようなものだ）、みなが数字を書いた紙を集めて結果を分析した。すると、ほとんどの人が高い支持を表明したが、ビジョンにあまり納得していない人が少数いた。彼らを見過ごすわけにはいかない。そこでCEOは、支持しない人は会議が終わったら自分のところへきてほしいと伝えた。こうして彼は、支持するリーダーがほとんどだが、チーム全員の視点に耳を傾けて認識する必要があると理解した状態で前に進んだ。

異論や反論のある人に対し、リーダーが自分とふたりきりで話すように促すことにはメリットとデメリットがある。メリットとしては、大勢の前では安心して話せないと感じている人が話しやすくなる、グループにとって時間の節約になる、などがあげられる。一方、意思決定を行うリーダーは立場が上だと強調される、リーダーが明らかにしない限りほかのメンバーに異論が伝わらない、といったデメリットがある。

また、CEOが異論のある人とつねにふたりで話すようにしていた企業でこんなことがあった。あるひとりの社員が、定期的にCEOのところへ意見をしにいくのだ。しばらくすると、その社員はただ単に、自分に注目してもらいたいがために、CEOとふたりで話す理由をこじつけていただけだと判明した。リーダーはこうしたデメリットに気を配り、間違った使われ方を正す必要がある。

とはいえ総合的に判断すると、リーダーが異論のある人とふたりで話すというアプローチは、肯定を促す質問（「みんな納得しているか?」）を投げかけたり、異論を封じ込めたりするよりよほどいい。異論を封じ込めれば、重要かもしれない情報を聞き逃すことになるほか、異論がある人が話を聞いてもらえないと感じて、故意に妨害するようになるかもしれない。

意見の多様性を確保するための投票の活用例

それでは、投票の有効な使い方を、例をあげて見ていこう。ある企業が、製品の発表を遅らせるかどうかの決断を迫られている。5日後の公開をすでに発表ずみで、スケジュールどおりの公開を支持する人々は、「約束を守るべきだ」「早期に市場で試してフィードバックをもらうのがいい」「終わらせて祝杯をあげたい」などと主張する。遅らせたほうがいいと考える人々は、重要な機能の実装が完全ではないし、小さなバグがいくつか残っていると主張する。

決断は二択（スケジュールどおりに公開するかしないか）だが、決断に至るまでの意見は二択ではない。ここでパーセントカードの出番だ。公開を支持する気持ちをカードの数字で投票してもらえばいい（支持する気持ちが強いほど大きな数字とする）。投票には10人が参加した。強く支持するが6票、強く反対するが4票だ。ではここから何をすればいいか？
異端児の意見に耳を傾けるのだ。少数派のほうのグループ、この場合は公開に反対票を投じた4人から、まずは話を聞く。多数派が話したあとでは、少数派は意見を言いづらくなるからだ。グループで話し合うときに、異端児の意見を歓迎し、みなで耳を傾けることが習慣づくと、心理的安全性が十分に確保される。そういう環境下なら、みながいる前で直接、「1票だけになった人の意見を聞かせてもらえますか？」と問いかけられるだろう。

投票に参加した人々は、結果を見て初めて自分が異端児だと知る。だから、彼らに意見を求めるときは、言いたいことをまとめてもらう時間が少々必要になるかもしれないと心にとめておいてほしい。また、1か99を投票するたびに「呼び出し」を受ければ、しだいにその2つの数字を誰も選ばなくなる。異端児の意見や彼らが持つ情報に心から関心を示し、彼らが安心して話せる環境が整っている限り、バリエーション豊富な意見が集まり続ける。

少数派が多数派に比べて極端に少ない、たとえば10人中に1人か2人だけになると、意見を言えなくなる恐れがある。そんなときは、チーム全体に向けて次のような尋ね方をするといい。


「こういう票が入った理由として、どういうことが考えられると思う？」

「この票が正しいと思える根拠は何か、みんなで考えてみよう」

「なぜこの票が入ったと思う？」

「この票を入れた人に見えていて、ほかの人に見えていないことは何だろう？」

こういう尋ね方をすれば、票と票を入れた人は切り離され、全員で違う視点から考えることになる。このアプローチをとれば、自分が正しいという驕りを防止できる。

方法2　自分の考えを押しつけず、周囲の考えに関心を持つ

会議の場で自分とは違うものの見方をする人がいるとわかったら、次に必要となるプレーは「関心を示す」だ。その人に見えていて自分には見えていないものや、自分とは違う考えに対して関心を持つのだ。産業革命期に人々の身体に組み込まれたのは、自分の立場を守るという反応だった。時と場合によってはそれをする必要があるが、リーダーの思考心理としては、好奇心が優位に立つべきだ。

『7つの習慣』の著者スティーブン・R・コヴィーも「好奇心が第一」という考えを重視していて、「まず理解に徹し、そして理解される」を第5の習慣に掲げている。

リーダーは最後に口を開く

考えを押しつけず関心を示すという姿勢には、自分の発言は後回しにすることも含まれる。社員は立場が上の人と意見を合わせようとするものなので、社内での立場が高い人ほど、この姿勢を忘れてはならない。最後に口を開くのは、リーダーの威厳を証明するためではない。ほかの人々に自由に発言させるためである。

異端児の話に耳を傾ける

会議で反対に投票した人がいれば、彼らに発言の機会を与えよう。少人数のグループに分けて、自分と反対の意見に票を投じた人にその理由を語ってもらうのだ。それが、意見を押しつけずに

関心を示す練習になる。また、自分が関心を持っていると相手に伝わる尋ね方や、自由な形式で相手に答えさせる質問をする練習にもなる。この機会を設けることで、批判的になったり身構えたりすることなく、違う視点に注意深く耳を傾ける構造が生まれる。

このエクササイズを活用すると、リーダーが意思決定者とならなくても、グループ内で合意を形成したり、妥協案を生み出せたりするようになるようだ。自分とは違う発想についてじっくりと考える訓練になるので、現実にありうる可能性に対する視野が広がる。

それに、このエクササイズを行うと、自分の話を聞いてもらえたという実感が異端児に生まれる。最終的に合意に至らなかったとしても、聞いてもらえたという実感があれば、最終決定を妨害したい気持ちはかなり収まる。

やってはいけない7つの質問

いい質問は、他者の考えに興味を持つことから生まれる。質問には「悪い質問」というものがある。それは、相手のことを知りたいという気持ち以外の何かを優先する質問だ。ここからは、やってはいけない7つの質問を順に紹介しよう。

①くどい質問

例：「テストはどのくらい終わった？　バグは本当にぜんぶ特定できたのか？　いやあ、ちゃんと知っておきたいからさ。本当に発表して大丈夫かどうかを」

「くどい質問」をする人は、言い方を変えて同じ質問を何度も繰り返したり、問題点だと思っている部分を何度も掘り下げたりする。質問は一度にひとつとし、質問したら口を閉ざすこと。

ある会議の場で、質問がくどくなりやすい重役を目の当たりにした。たとえばこんな具合だ。「このサービスを買ってもらえない理由を何としても明らかにしなくては。チームがどんな対策をとっているのかも重要だ。クライアントとのコミュニケーションのとり方に問題があるからか、サービスを使いこなせるスキルがクライアントに欠けているからか、それともサービスに魅力を感じないからか。クライアントに理由を尋ねたら、彼らは何と答えるだろう？　そもそも、このサービスの成功の定義は何だ？　誰が中心となっている？」。2つ目か3つ目の質問あたりで誰もが聞く気をなくしていて、この重役は何の反応もないことに心底腹を立てていた。

質問を投げかけたら、沈黙を保つ。これができるようになるには練習が必要だ。何を尋ねるかを考えてから口を開き、その後2秒は、話したい気持ちを抑え込めるようにならないといけない。質問したあとは、落ち着いて静かに返事を待とう。

②誘導尋問

例：「そのクライアントのニーズについて考えたことはあるのか？」

誘導尋問は、相手が間違っている、あるいは自分は正解を知っているという思いから生まれる。実際、正解を知っているが自分からは言いたくないという理由から、「相手に学ばせる」目的でソクラテス式問答を持ち出す場面を私は何度も耳にしている。これは不快で傲慢な行為だ。

そんなことはやめて、自分自身が学べる時間を生み出してほしい。自分ではなく相手が正しいかもしれないという前提にもとづいて、質問を投げかけるのだ。そのためにはまず、「それについて教えてほしい」という中立的な尋ね方から始めるといい。意見の成否を判断するのは脇に置き、自分にない視点や発想に関心を持つのだ。一時的になら、自分にない考えに浸ることはできるし、それをしたからといって、相手の意見に同意する必要や、相手の行動を認める必要はない。

また、「どう」という言葉を使った尋ね方をしてもいい。「それはどう機能するの?」や「自分たちの目標とどう合致するのか?」という具合だ。ここで使う「どう」という言葉には、相手への好奇心が含まれる。この言葉を使えば、相手がどう思っているのか、どう見ているのかを知りたがっていると伝わる。

③「理由」を問う質問

例:「なぜそれをしたいと思う?」

この尋ね方では、相手は身構える。また、あなたが「それ」を悪い考えだと思っていることも相手に伝わる。こういう場合は、相手の考えに対する判断はひとまず保留にし、シンプルに「それについてもっと詳しく聞かせてほしい」と言うのがいちばんだ。あるいは、「そう決めた経緯は?」や「その問題についてどう考えている?」と尋ねてもよい。

④ダーティな質問

ダーティな質問は誘導尋問に似ているが、「君は間違っている」とあからさまには伝えない点が異なる。ただし、無意識な偏見が微妙に含まれていて、特定の回答を期待して投げかけられることが多い。「ダーティな質問」という表現は、クリーン・ランゲージ（クリーン言語）で使われたのが始まりだ。クリーン・ランゲージは、心理カウンセリングを行うカウンセラーが、自身の偏見を排除した話し方や質問の仕方を活用する手法を指し、カウンセラーの偏見を取り除くと、患者が独自の反応を示すようになるという。

クリーン・ランゲージは1980年代にデイヴィッド・グローブによって考案され、その後世界に広まった。詳しく知りたいなら、2008年に刊行されたウェンディ・サリヴァンとジュディ・リーズの共著『クリーン・ランゲージ入門』[1]がお薦めだ。

ダーティな質問の例をあげよう。あなたの同僚が別の同僚と一緒になって苛立ちを露わにし、「プロジェクトを左右する作業を○○に任せたら大変なことになる」と言ったとしよう。それを聞いて、**「君たちに正面から抵抗する勇気はないのか？」**と尋ねる。これがダーティな質問だ。

なぜ「ダーティ」かというと、面と向かって抵抗することが善であるという前提で、「正面から」という比喩を使い、質問という形を通じて勇気が足りないと主張しているからだ。おまけに、その○○に仕事をやり遂げさせる責任はその同僚にある、という意味合いも含んでいる。

そうした偏見を排除したのがクリーンな質問だ。たとえば、「大変なことになる、ってどういう意味？」や「どうなってほしいと思っているの？」などがそれにあたる。クリーンな質問は、偏見や先入観を取り除いて組み立てる。

そもそもこの手法は、セラピーで活用する目的で生まれた。セラピーには、十分な時間と献身的に耳を傾けてくれる存在の両方が揃っている。職場でどちらも揃うことはめったにないが、自分が投げかけた質問に偏見は含まれていないだろうかと注意を払えば、日々の問いかけが連携を意識したものになる。私の場合は、自分が投げかける質問に耳を傾けて、一度しか聞いていない相手の発言（と、その発言を受けての提案）をどのくらい描写できているかを確かめるようにしている。

⑤二択の質問

例：「発表していいのか？」や「それでうまくいくのか？」

二択の質問は、相手の反応を「はい」「いいえ」のどちらかに限定する。尋ねるほうにとっては便利だが、答えるほうは困る。ある意味、「はい」という返事を引き出すことで、答えた側に成功の責任を負わせているとも言える。この手の質問はしょっちゅう耳にする。「それで大丈夫なのか？」も同じだ。

二択の質問はやめて、「何」や「どう」という言葉を使って質問しよう。これらの言葉を使うと、二択の答えを求めることは絶対にできない。たとえば、「どう大丈夫なのか？」や「発表の準備はどのくらいできている？」。「何」を使うなら、「失敗するかもしれないものは何だ？」や「発表の準備が整うには何が必要だ？」という具合だ。

「何」や「どう」を使って質問するというシンプルなルールを用いると、質問の内容と答える側から提供される情報の質が大幅に向上することがわかっている。

このように使う「どう」という言葉は、程度や確率を尋ねていると思えばいい。この言葉によって、「はい」や「いいえ」という確定的な返答ではなく、確率の観点から未来を見据えた答えが返ってくる。

今度は発言の割合について考えてみよう。以下の会話で、発言の割合はどのように変わっているだろうか。

〈会話1〉

上司：「それは大丈夫なのか？」

チームのひとり：「はい」

上司の発言に対し、チームのひとりの発言はたったの1語だ。

〈会話2〉

上司：「どの程度大丈夫だと言える？」

チームのひとり「5段階評価の4といったところでしょうか」

こちらの会話では、上司が発する言葉のほうが少ない。典型的なパターンがひっくり返っているのだ。会話1と比較すると、発言の割合がより均等に近づいている。

⑥自分を肯定する質問

自分を肯定する質問は二択の形を取ることが多く、同意を無理にでも得たい、すでに下された決断が正しかったと実感したいという特殊な動機が潜んでいる。たとえば、**「発売していいんだよね？」**という具合だ。

先に紹介したように、〈エルファロ〉の船長も何度かこうした質問を投げかけている。

◆「言いたいことはわかるな？」
◆「この2つのあいだになるということでいいな？」
◆「それでおかしくないな？」
◆「RPM［速度］に問題なければ、すべて大丈夫なんだな？」

自分を肯定する質問は、こうなってほしいという自分の思いが正しいと証明するものを求めている。その目的は、現状を明らかにすることではなく、自分がいい気分になることだ。

◆「そうでしょ？」
◆「納得できた？」
◆「必要なものは揃っているよね？」
◆「すべて問題ない？」
◆「どれも美味しい？」
◆「泊まって楽しかった？」

自分を肯定するのではなく、質問を通じて自分を高めることを目指すようにすれば、受け入れがたいと感じる情報を話題に持ち出しやすくなる。私はそうした類いの質問を、「自分を肯定する」ならぬ「自分を教育する」質問と名づけた。いくつか例をあげよう。

◆「私が見落としていることは何？」
◆「何についてもっと知りたい？」

◆「うまくいかないかもしれないと思うことは何?」
◆「何をすればもっとよくなると思う?」

⑦攻撃的な質問

例:何か言われたとたんに「では何をすべきだ?」と問う

このような尋ね方では、準備が整わないうちに未来についての決断を下させることになるので、責めていると受け止められる恐れがある。発言を促したいときは、相手が安心感を得られるところから話を始め、徐々に不確かなことや弱点に話題を移していくといい。それには、「停止、巻き戻し、早送り」のテクニックを覚えておくと便利だ。

まずは「停止」から。これはシンプルに現状を把握するという意味で、「状況は?」や「君の目にはどう映っている?」などと尋ねる。この質問に答えるときには感情がかかわらないので、安心して状況を描写できる。また、尋ねられたときに「これなら自分にわかる」という実感もわく。

その人の目に映る状況を聞かせてもらったら、次は「巻き戻し」だ。要は、現状に至った経緯を振り返るのだ。よって、「どう現状に至ったのか?」や「こうなる前に何が起きたか?」などと尋ねる。過去は現在に比べて不確かな要素は多いとはいえ、限定的だ。

そして最後が「早送り」だ。次に何が起こるか、みなが何をすべきかという未来に目を向ける。早送りをするには、いちばん理解が足りない部分について評価する必要があり、理解が足りないのだから間違っている可能性が高い。つまり、ここではもっとも弱い部分をさらけ出すことが求められる。いきなり「何をすべきか?」と問い詰めても、「わからない」という答えしか返ってこないだろう。

だからこそ、停止、巻き戻し、早送りという過程を通じて、弱みに感じない部分から徐々に弱みに感じる部分へと話を移していくようにしたい。

質問上手になるための7つのコツ

1. 同じような質問を繰り返さず、質問はひとつに絞る
2. 相手を諭すのではなく、自分が学ぶ時間にする
3. 理由を問いただすのではなく、詳しく教えてほしいと頼む
4. ダーティな質問ではなく、クリーンな質問を心がける
5. 二択の質問はやめて、「何」や「どう」を使って尋ねる
6. 自分を肯定するのではなく、自分を教育するための質問をする
7. いきなり未来に飛ばず、現在、過去、未来の順に尋ねる

方法3　合意を推し進めず異論を歓迎する

仮に、意見を尋ねるべき異端児がいなかった場合はどうすればいいのか？　グループがつねに一致団結したらどうなる？　そんなときに必要となるプレーが、「合意を推し進めず異論を歓迎する」だ。

集団の英知がつねに優れた結果を出すとは限らない。たとえば、アンカリングや同調圧力が働

く恐れがある。

先ほど、望むと望まざるとにかかわらず、最初に誰かが口にした数字がグループの意見を固定させる例を紹介した。それとは違う数字に修正しようとする人も出てくるかもしれないが、基準はつねに最初に発された数字となる。グループの意見から大きくはずれた数字を思い浮かべた人は、多数派に近い数字に自らの意見を変えるか何も言わないので、グループから多様な思考が失われてしまう。

あえて異論を持ち込み、安心して反対できるようにする

グループの大多数によって意見が形成されると、少数派が異論を唱えるのはとても難しくなる。心理学者のソロモン・アッシュは、ある画期的な実験を行うために大学生に声をかけて「視覚テスト」を受けてもらった。学生を複数のグループに分け、1本の線が描かれたカードを見せたのち、さまざまな長さの線が複数描かれた別のカードを見せた。そして、最初のカードに描かれていた線と同じ長さの線はどれかと尋ね、ひとりずつ答えさせた。

実はこの実験は、各グループの最後の回答者だけが調査の対象で、ほかの学生は同じ間違いをする仕掛け人だった。アッシュの目的は、同調がどれくらい起こるかを調べることだったのだ。誰が見ても正解が明らかな問題を前にして、最後の回答者はほかの人と同じように間違った答えを述べるのか、それともひとり正解を述べるのか。はたして、3分の1の観察眼は大勢の意見に打ち負かされた。

自分の思いとは違う回答をした理由を尋ねると、「自分の答えは間違っていると思ったから」や

「ほかの参加者たちには自分にはない知識があると思ったから」などと答えた。このような理屈づけは会議の場でも起こる。どんなイノベーションも最初は異端児の発想なので、合意を推し進めるとイノベーションが抑圧されてしまう。

アッシュは次のような興味深い実験も行った。今度は仕掛け人が同じ間違いをするなかで、ひとりの仕掛け人だけ別の間違った答えを選ぶように仕向けた。そうすると、参加者にかけられた魔法が解けた。観察の対象である最後の回答者のほぼ全員が、グループに同調しなくなったのだ。つまり、重要なのは他者が正解を選んだかどうかではなく、グループ内で平然と異論を口にする人がいるかどうかなのだ。大勢と異なる意見が出たとたん、最後の回答者は自分が正解だと思う答えを口にしやすいと感じた。みなと違う答えでも大丈夫だと思えたのだ。

この実験から、安心して異論を口にしやすくするにはどうすればいいかがわかる。ときには、積極的に異論を持ち込まねばならないこともあるのだ。誰かに反対意見を述べるように促して、グループの大多数が間違っているかもしれない理由を共有してもいいし、ひとつの答えにまとめあげようとする様子が見受けられたら反対を提唱するようにと、事前に指示してもいい。

「異議カード」を使って議論のあり方を変える

私の組織では、黒と赤のカードを使う。それは異議カードと呼ばれていて、カードの割合は5対1。黒が5枚なら、赤は1枚となる。この6枚のカードを切って各自に1枚ずつ引かせる。そして赤を引いた人は、**異議を唱えなければならない**。これがルールなのだから、異議を唱える必要性が生まれ、安心して他者と違う意見を口にできるようになる。カードのせいで異議を唱えるのだから、和を乱すことにはならない。

黒を引いた人でも異議を唱えたければそうしてもいいが、それは義務ではない。黒のカードは、赤を引いた反論役の発言に対する態度を思い起こさせるためのものだ。反論役の意見を抑え込もうとせず、積極的に関心を示すことが求められる。

異議カードは、グループの議論のあり方を変えるためのツールだ。心理的な安全性が低く「異議を唱えづらい」状況を、心理的な安全性が高く「異議を唱えやすい」状況に変えるときに使う。異議を唱える時間が会議の一部となり、異議を抑えつけずに関心を持って耳を傾けることが当たり前になれば、カードを使う必要はなくなる。

異議についてもっと詳しく知りたいと示す言い方

異議を提唱すれば不和を招く人物とみなされる、と恐れる気持ちがあると、人は異議を唱えないでおこうとする。とはいえ、異議をうまく活用している組織もある。組織にとっての最善を思って異議を唱え、その意見に積極的に耳を傾ける人々がいる組織では、異議が出ても和を乱されたという感情は生まれない。それどころか、ある種の興奮や活力が生まれる。「さあ、面白くて新しいことが始まるぞ」と、前のめりに両手をこすり合わせるような感覚になるのだ。

反論役に対するほかのメンバーの態度は、異議の導入を続けていくうえで重要な意味を持つ。異議が出たときに備えて、異議についてもっと詳しく知りたいという態度を示す練習をしたほうがいい。抑え込もうとするのは厳禁だ。反論役と口論したり、その意見が間違いだと諭したりするのではなく、興味を持って質問してほしい。

例をいくつかあげよう。

◆「その意見が生まれた経緯を教えてくれないか?」

◆「もっと詳しく聞かせてほしい」

◆「そう考えるようになったきっかけは何だったの?」

ほかにも、方法2の「自分の考えを押しつけず、周囲の考えに関心を持つ」の項目で紹介した質問はどれも活用できる。練習を重ねていけば、いずれ習慣としてグループに定着し、グループ内の文化が変わる。これまで以上に柔軟に考えられるようになるほか、結束が強まり、よりよい決断を下せるようになる。そして、命を救えるようにもなる。

黙っている人に意見を求めるときの言い方

リーダーという立場の人は、どんな会議や打ち合わせでも、全体を見回して沈黙を保っている人に気を配らねばならない。黙っている人はみなとは違う意見を抱えているもので、言い出しづらいと感じている。そんなときは、リーダーシップを発揮して次のような言葉をかけてほしい。

◆「リズ、まだ何も発言していないが、みんなと違う視点をあげるとしたら、君は何をあげる?」

こう声をかけたうえで、彼女が言いづらそうにしているなら、会議が終わってから彼女と個別に話をするといい。

◆「ポール、君の話はよくわかった。では誰か、ポールの意見に異議を唱えてくれないか」

◆「どうやらみんなして、こうすべきだとの思いにとらわれているようだ。一度その思いは忘れて、実は悪いアイデアだと仮定してみよう。そうすると、何が見えてくる?」

要するに、会議を適切に進行しても発想が広がらないときは、発想を広げる道を探すことがリーダーの務めなのだ。異議が出ないからといって、正しい方向に進んでいるという保証にはならない。決断に対して抱く自信は、そこに至るまでに広がった発想の幅に比例するべきだ。そのためには、全員の声に耳を傾けることがカギとなる。より多くの情報、より多くの視点、より多くのアイデアに耳を傾けると、よりよい決断を下せるようになる。

ただし、やりたいと望んでいることをとりやめたり、異議を唱えた人の言うとおりにしたりする必要はない。そんなことを許せば、異議を唱える人の権力が強くなりすぎてしまう。ほぼどんな場面でも、大勢とは違うものの見方をする人や、決断を気に入らない人は必ず出てくる。それは当然のことだし、むしろ好ましい。決断が意に沿わない人々に、彼らが間違っていたと認めさせる必要はない。チームとして決まったことを、彼らが行動や態度を通じて支持すればそれでいい。

方法4　指示ではなく情報を与える

私たちのまわりには、「手を洗いましょう」や「ドアを閉めて!」といった指示があふれている。何かをやれと命じる行為は、連携を生むのにほとんど役立たない。ここまで読み進めたなら、それは産業革命期に誕生した「強要」という名のプレーだとお気づきだろう。

その行動をとったらこうなる、と本人に体験させる

では、代わりに何をすればいいのか？　情報を提供すればいい。行動がもたらす結果を伝えて、どうするかは本人に選ばせるのだ。その効果を最大限に高めるには、実際にその結果を体験させるのがいちばんだ。やってはいけないことをやった人がどうなったかを目の当たりにすれば、それ以上の情報は必要なくなる。

私は毎週土曜日の朝8時に、グループでサイクリングに出かける。出発は午前8時と決まっていて、8時2分でも8時1分でもいけない。仲間の誰かが8時ちょうどに自転車を積んだ車を駐車場に停めても、決して待たない。その人物は、必死に自転車を漕いでグループに追いつくしかない。心が狭い？　とんでもない。時間どおりに必ず出発するとみな知っているので、遅刻する人はまずいない。遅れた人を待つという行為は、その場では思いやりがあることのように思えるが、長い目で見れば酷なことだと言える。時間どおりに集まった人に対して極めて失礼でもある。遅刻者をいつも待てば、遅刻者はどんどん増え、待つ回数や待つ時間もどんどん増えていく。こうした悪循環が生まれることを「悪行に対する報酬」と呼ぶ。

いまでは、指示を与えることがあまりにも当たり前になりすぎた。そのため、次のようなことを口にしても、「指示を与えた」と思う人はほとんどいない。

◆「そこに停めて」
◆「その案のまま提出して」
◆「ここにあるユーザー体験談を付け加えて」
◆「その数字をもう一度チェックして」

◆「午前10時に戻ってください」

最後の例は私の言葉だ。私が開催したワークショップで休憩をとるときに、私は参加者に向かってごく当たり前に「午前10時に戻ってください」と指示を与えた。この行為はまさに、意識すらすることなく日頃からいかに人に指示を与えているかを物語っている。だが、この言葉が引っかかった参加者が少なくともひとりいた。その男性は私のところへやってきて、私のことを「とんでもない偽善者」だと言った（この時点ではまだ、フィードバックについては一切学んでいない）。

そう言われて私は最初身構えたが、努めて冷静に「どういう意味です？」と尋ねた。

「30分かけて、指示ではなく情報を与えることが大事だと学んだのに、あなたはいま指示を与えたじゃないですか。ワークショップで提唱していることを実践してください」

このときから私は「午前10時に再開します」と言うようになり、言葉どおりにしている。

指示ではなく情報を与える具体的な言い方

その後、コロンビア共和国のメデジンでセミナーを行うことになった。その際に主催者から、時間に関してあまり「軍隊的、アメリカ人的にならないほうがいい」と釘を刺された。「参加者は時間にルーズ」なのだという。

だが私は自分のやり方を試した。そしてうまくいった。最初の休憩をとったときは、時間になってもコーヒーポットのまわりを数人がうろうろしていたが、私は宣言どおり10時きっかりにワークショップを再開した。遅れた人に苦言を呈したり、警告したりは一切しなかったが、その後のワークショップはすべて予定どおりに進んだ。主催者は目を丸くしていた。そんなことは初めてだという。

指示ではなく情報を与えるとはどういうことか。いくつか具体例をあげよう。

◆「そこに停めて」→「そこに駐車場があるよ」

◆「その案のまま提出して」→「私ならもう変えるところはないかな」

◆「ここにあるユーザー体験談を付け加えて」→「製品のユーザーが新たに体験談をアップしたね」

◆「その数字をもう一度チェックして」→「その数字は絶対に間違えられないのに、どこかおかしい点がある」

情報を与える練習を日々楽しく行いたいなら、車を駐車する人を手伝えばいい。駐車を手伝うというと、手を振って前後を誘導し、タイミングが来たら「ストップ！」と言って停止させるのが一般的だが、これは指示だ。動くか止まるかの二択しか与えず、警告は一切ない。それでは駐車スペースに近づいても減速できず、枠内に収まらないかもしれない。こうなると、運転手はもはやロボットだ。考える必要も集中する必要もない。

この場面で、指示ではなく情報を与えるにはどうすればいいか？　車から障害物までの距離を手を広げて表し、距離が近づくにつれて手の幅を狭めていけばいい。それで自然に情報を与え続けることになるので、ドライバーは停めたいところで車を停止する。ちなみに、飛行機を停めるときや軍で重量車の停め方を教えるときも、このやり方で行う。運転する人と情報を与える人が連携し、一緒に作業を進めるのだ。そうすれば、ドライバーは自分で考えて行動する。

指示ではなく情報を与えることが大切なのだ。

連携をとることの4つの目的

連携をとるというプレーを行う目的はいくつかある。

目的① 現実の理解を深める

現実の理解を深めることもそのひとつで、この理解は動画の一時停止ボタンのような役割を担う。たとえば、いまはどういう状況か、ハリケーンはどこにいるのか、潤滑油システムはどういう状態か、といったことをほかの人と一緒に確認する。

目的② 経緯を互いに確認する

また、現状に至った経緯を理解するときにも連携は必要になる。要は、いま起きていることの前に起きたことを互いに確認し合うのだ。これは因果関係の理解に役立つ。

目的③ よりよい決断を下す

それに、よりよい決断を下すうえでも有効だ。決断を下すことで、何を信じるかが決まり、それに伴う行動に専念できるようになる。大西洋ルートとオールドバハマ海峡のどちらをとるべきか。こうした決断を下すときは、連携をとる必要がある。

目的④　適切な仮説を立てる

だが何といっても、次の赤ワークにとりかかる前に仮説を立てること。これこそが、連携をとることの重要な目的である。

青ワーク－赤ワーク－青ワークのサイクルは、組織に学習と成長を促す。下した決断は、「やるべきこと」ととらえるのではなく、「試すべきこと」ととらえるほうがいい。つまり、決断を仮説と認識するのだ。

赤ワークは仮説の検証、青ワークは仮説の構築

赤ワークに関しては、すべての過程が実験だ。実験は学習と改善を生む。実験とはそもそも、「直感から始まってそれを確かめること」である。この直感が「仮説」だ。青ワークのどの過程でも、仮説の構築がいちばんの目的となり、赤ワークのどの過程でも、仮説の検証がいちばんの目的となる。また、よく考えられた実験は、必ず次の条件を満たす。

- 学んだことを振り返る区切りが設けてある。
- 完全に文書化され、誰でも結果の検証や応用が可能である。
- 条件をコントロールしたうえで実施される（例：変える要素を一度にひとつと決めて、結果に複数の要素が影響を与えることを避ける）。

純粋に科学的な実験には、当然ながら実験結果以上のものは求められないが、仕事の実験の場合は、結果だけでなく生産的な何かを生み出すことも求められる。〈エルファロ〉を例に見てみよう。船内の赤ワークに対して実験的なアプローチがとられていたら、どんな成果が生まれていただろうか？

もしエルファロが、正しく仮説を立てていたら

出港後、船はバハマ諸島の北で最初の重要な決断を迫られた。遮るものが何もない大西洋ルートをとるか、それとも、島々が防護壁となるオールドバハマ海峡をとるか。通常ならこれは大して考えることではない。大西洋ルートのほうが距離が短く、効率的に進めるので、検討の余地はない。だが今回は、大西洋ルートをハリケーンが脅かしていた。よって、次のような仮説を立てられたのではないか。

大西洋ルートをとるつもりだ。この決断は、嵐がきているが、そのせいでスピードが落ちたり航行に悪影響が生じたりすることはなく、船を脅かすほど強力な嵐にはならないという仮説にもとづいている。これはあくまでも仮説なので、赤ワークに従事するなかで、波の大きさ、風速、縦揺れの度合いなど、仮説の裏づけあるいは反証となる情報を全員が集めてほしい。それらの情報をもとに、ラムケイの分岐点であらためて判断したい。

決断ポイントを設けるだけでは仮説とは呼べない。論理的な理由（嵐はそれほど強くならないという思い）にもとづいて、決断を下して（大西洋ルートをとると決めて）終点（ラムケイ）を決め、結果（波の大きさや船体が受ける影響の度合いなど、嵐の強度の尺度となるもの）を評価する方法を定める。ここまでやって仮説だ。実験をしているあいだは、現状と予測した状況を終始比較する。比較するからこそ、実験を始める前に測定基準を決めておくことが重要になる。それが事前に決まっていれば、意思決定からサンクコストが排除され、責任感の過熱に陥らずにすむ。

いま述べたような仮説を立てたことで、〈エルファロ〉の船員は改善の思考心理になり、学習と成長を求めるようになった。もっとも効率よく目的地に早く着ける大西洋ルートを進むという業務をただこなすのではなく、そのルートがまだ適切かどうかと考えるようにもなり、のちの決断を左右する、風、海、気圧の変化にもっと目を光らせるようにもなるだろう。

それに、当初の仮説を再評価する終点（ラムケイ）が事前に設定してあるので、船長の決断が間違いだったと責めることなく、ルートについて疑問を投げかけることができる。終点の設定により、船員は自分の目に入るものになおいっそう注意を払うようになり、自分が見たことや思っていることを積極的に周囲と共有したいと思うようになる。その結果、ルートを変える必要性に関係する情報が適宜集まるようになる。そして船長にとっては、一度決めたことに執着しないための予防線を張ったことになるので、実験の結果に耳を傾けるようになり、ひいてはルートの変更を厭わなくなる。

強要を通じて望むことができるのは、服従が関の山だ。服従する人は言われたことはやるが、それ以上のことを自分で考えようとはしない。だが、連携は前に進むことに対する責任感を生む。責任感の自覚が青ワーク（バリエーションの歓迎）の終わりを告げる合図であり、そこから赤ワーク（バリエーションの削減）が始まる。

強要をやめて連携をとるには

1. 投票をしてから議論をする
2. 自分の考えを押しつけず、周囲の考えに関心を持つ
3. 合意を推し進めず異論を歓迎する
4. 指示ではなく情報を与える

連携をとる

連携をとるというプレーは、時計を支配できるようになってから実行に移す。

産業革命期の組織は、頭脳労働を行う青ワーカーと、肉体労働を行う赤ワーカーに人員を分けていた。青ワーカー（管理職）は彼らが下した決断に赤ワーカーを従わせる必要があり、彼らは強要して従わせた。

強要という言葉を使うと見苦しいので、「説得する」「駆り立てる」「促す」「感化させる」「やる気にさせる」「刺激を与える」などに置き換えられた。強要というプレーでは、リーダーの発言の割合が非常に大きくなる傾向が見受けられる。

連携をとるためには、実行する人々を決断に巻き込む必要がある。青ワークと赤ワークはやはり両方とも必要だが、青ワーカーと赤ワーカーに分ける必要はない。

連携をとるには、アイデアを共有し、不安をさらけ出し、他者の意見を尊重することが求められる。連携は質問を通じて構築されるので、全体像は誰もわかっていないという認識を全員で共有しなければならない。そして心の底では、自分の考えやものの見方に、他者の意見が役に立つこともあると信じる気持ちを持つことも忘れてはならない。

連携をとるときは、「何」や「どう」という言葉を使って質問する。そして異論を歓迎する。練習すれば、異論が出ても抑えつけずに関心を持って耳を傾けられるようになる。

異議を唱える人の話を聞くのはリーダーの務めであり、新たに決まった方向性に各自が納得するまで結論を固めないこと。かといって、異議が出るたびに活動をとめるのはやりすぎで、異議の提唱者にパワーバランスが偏りすぎる。そんなことをすれば、活動の邪魔をする人が増えるほか、大胆な決断ができなくなり、活動に遅れが生じる。

「連携をとる」というプレーを取り入れると、発言の機会がチーム全体に均等に広がる。

連携は青ワークの要となるプレーだ。強要は相手を服従させるだけだが、しっかりと連携をとれば、責任感を自覚して取り組むようになる。そして次章では、責任感を自覚して取り組むとはどういうことかを見ていく。

新しいプレーブックにもとづくプレー③

第5章 本物の責任感と行動を引き出す言葉
——思考の青ワークから、実行の赤ワークへの移行

さて、いよいよ青ワークにとらわれているスーを救出するときがきた。そのためには、考える時間から行動を起こす時間への移行を難しくしている障害を取り除く必要がある。この移行は、青ワークから赤ワークへの移行を意味する。正しく連携をとれば、実行に移すことへの責任感が生まれる。強要では服従しか生まれない。

責任感を貫きたいなら「～しない」と言おう

責任感は人の内側から生まれるが、服従は外的な要因に強制されて生まれる。どちらが強力か

といえば、各自の内側からやる気が生まれる責任感のほうが強力だ。責任感は、完全なる参加、思い入れ、自発的な努力を誘発する。一方の服従は、その場を切り抜ける、あるいは指示されたことをやり遂げることしか生まない。

その違いは自分のなかのひとり言にまで表れる。たとえば、もう甘いものは食べないと決意したのに、長い一日の終わりにお菓子がたくさん入った容器が目の前にあるとしよう。そうすると、あなたは次のどちらかの言葉を自分に言い聞かせることになる。ひとつは「甘いものは食べてはいけない」。そしてもうひとつは、「甘いものは食べない」だ。

この場合、「甘いものは食べない」と言い聞かせるほうが強い効果を発揮する。「〜してはいけない」より「〜しない」と言い聞かせるほうが、お菓子に手を出す回数は少なくなる。後者の言葉を使うと、自分の内面から動機が生じるからだ。「〜しない」という言い方は、自分に対して「甘いものを食べない人間」であるという認識を生む。この認識が実行力をもたらす。

一方、「〜してはいけない」という言い方をすると、外的な要因によって強制されることになる。つまり、本当は甘いものを食べるが、外的な圧力によって、(たとえ心から欲しても)食べることができない人間となるのだ。外的な圧力にもとづく言い分は、内面から生まれる力より弱い。弱いほうの言い分では、長い一日が終わり、疲れてお腹が空いているときに避けたい行動をとめるには不十分だ。

自分の責任感を貫きたいなら、「〜してはいけない」ではなく「〜しない」という言葉を使うように心がけてほしい。例を紹介しよう。

●「製品保証はつけてはいけない」ではなく「製品保証はつけない」
●「締切を破ってはいけない」ではなく「締切は破らない」
●「そういうことには時間を使えない」ではなく「そういうことには時間を使わない」

責任感は青ワークを赤ワークに変える

実行することに対する責任感が生まれる瞬間は、その行動に時間とエネルギーを注ぐことを選んだ瞬間だ。責任感を持って取り組むという意味の英語の「commit」は、ラテン語の「com（〜を携えて）」と「mittere（解放する、向かわせる）」に由来する。「mittere」は「使命」を意味する英語の「mission」の語源でもある。つまり「commit」という言葉には、「使命のようなものを携えて旅立つ」という意味が含まれるのだ。愛着や思い入れの測定値が低い人には、使命感が欠けている。そういう人は、やっている体裁を整えることしかしない。会社の方針やプロジェクトに口先だけで賛同しているにすぎないからだ。

責任感を持つことは、単なる決断とは違う。あちらよりこちらのほうがいいと決断しても、そのまま行動を起こさずに終わってしまうことはある。だが責任感が生まれると、行動が伴う。つまり、責任感は青ワークを赤ワークに変えるのだ。

ビジネスは、ものごとを成し遂げないことには始まらない。私のもとには、独自の企業文化を生み出したがっている人から頻繁に連絡がくる。行動を起こすことに積極的であると同時に、しっかりと考えたうえでリスクが伴う行動に自発的に取り組む文化を育みたい、と彼らは言う。

吟味して意思決定を行い、行動を起こすことに積極的で、ミスの回避より優れた成果を優先し、仕事に対して当事者意識を持ち、結果に責任を持つ文化を思い描いているのだ。そのためには、思考（青ワーク）から脱して実行（赤ワーク）に移る際の障害を取り除く必要がある。

責任感は個々人の内側からしか生まれない

ここでカギとなるのが選択の有無だ。選択の自由がなければ責任感は生まれない。「イエス」と答えるしかない状況に置かれれば、人は服従するしかない。「やる気に刺激を」や「権限の移譲」といったスローガンを掲げている職場は多いが、それらを通じて社員に行動や責任を促し、会社の目標を達成させたいと雇い主がいくら期待をかけても、社員に選択の余地がなければ、社内に生まれるのは服従が関の山だ。

ただし、服従が求められる場面もある。ニューヨークの高層ビル建設現場で、職人が亡くなるという悲劇が起きた。その職人は、エレベーターの昇降路付近でハーネスを着けずに作業をしていて、床板の一部が破損していたために落下したのだ。現場監督は、その職人がハーネスを着けていない姿を目にしていた。安全規則違反だが、監督はハーネスを着けろと命じなかった。

なぜ命じなかったのかはわからないが、命令するのはよくないと感じることは誰にでもある。それは事実だが、命令が必要な場面もある。「手順に従って行動しろ」と命じるべきときもあれば、「君はどう思う?」と意見を尋ねるべきときもあるということだ。これについては、「赤ワークと青ワークに分ける」という発想が身につけば、自然と理解できるようになる。建設現場の職人は、ルールに服従していれば命を落とすことはなかったかもしれない。車のシートベルトも同じだ。運転するときは装着しよう。ルールに服従してほしい。

責任感を持つのは個人であり、グループで持つものではない。責任感は個々人の内側からしか生まれない。

服従させると人の思考は停止する

産業革命期に定着した構造では、作業を実行する人に、どんな仕事をいつどのように行うかを選ぶことはできない。そのため、彼らに責任感は生まれず、あるのは服従だけだ。服従は、職場に損失をもたらす。調査会社のギャラップは、アメリカの労働者を対象に仕事への「思い入れ」の度合いを測定する調査を毎年実施している。思い入れの強い労働者とは、ギャラップの定義によると、仕事や職場への関心が高く、積極的にかかわろうとし、責任感を持って職務に取り組む人だという。

この調査は２０００年から始まり、２０１８年に最高レベルの「思い入れ」を記録した。思い入れのある労働者の割合が34パーセントに達したのだ。[1] これは逆に言えば、66パーセントの労働者には思い入れがない、あるいは自発的に動こうとしないという意味でもある。労働者の思い入れが低いと、結果として服従の文化を招く。

服従は人々に考えることをやめさせる。別の誰かが決めたルール、指示、行動内容に従うことしか求められないからだ。思考や意思決定という厄介なプロセスから解放されるのだから、服従すればラクができる。おまけに責任まで回避できるときている。会社で業務上のミスがあると、「言われたとおりにやっただけです」という返答がよく聞かれる。これはつまり、自分に責任はないと言っているのも同然だ。ほかの誰かが決めたことに、ただ従ったにすぎない。

相手を従わせるのに多くの言葉は要らない。

「これをやって」

「なぜですか？」

「やってほしいから」

「わかりました」

このようなやりとりですむ。上司の立場にある人は、現状説明という厄介で時間のかかる仕事から解放されるというわけだ。しかし、詳しい説明がなければ脆弱（ぜいじゃく）な状態を生む。

服従の姿勢が表れている言葉

私はそれを、原子力潜水艦〈サンタフェ〉の艦長に就いて早々に実感した。あるとき、私は深夜の当直班に、翌朝に潜水艦がいるべき位置を伝えた。なぜそこにいる必要があるのかも、翌朝その位置にいなかったらどうなるかも説明しなかった。つまり、服従を求めたのだ。

翌朝起きて位置を確認すると、指示した位置にいないとわかり、私は呆然とした。なぜこんなことになったのか？　さまざまなことが重なったのだ。まずは、漁船に進路を邪魔された。その次は商船が進路に現れた。このように、次から次へと事件が起きたのだ。当直士官は指示に従うべく最善を尽くしたが、指示が持つ意味を知らなかったので、彼自身の責任で行うという意識は生まれなかった。

服従は、手順に従うことがすべてとなる。一方、責任感を持った取り組みは、その手順に隠された目標を成し遂げることがすべてとなる。アカデミー賞授賞式でウォーレン・ベイティがカードを読み上げたのは、まさに服従だ。

そういう姿勢が表れている言葉を例にあげよう。

◆〈エルファロ〉の一般船員が漏らした言葉：「こんなところにいるバカは俺たちだけですね」

◆〈エルファロ〉の三等航海士が一般船員に言った言葉：「あの人の言葉を信じるよ。20マイル先に風速100ノットの嵐がいるだけだ。まあ、だけって話ではないとは思うけど」

また、次のような言葉もよく耳にするのではないか。

◆「命令されたからです」

◆「そう書いてあるので」

◆「命令されたことをやっているだけです」

◆「考えることは私の仕事ではありません」

人が責任感を持つことで生じる3つの変化

決断する人と実行する人を分けていた産業革命期では、服従が生まれるのは自然な成り行きだが、いまの時代に求められているのは「責任感を持った取り組み」だ。ひとりで繰り返し肉体を使って行う単純な作業には、服従が効果的かもしれない。だが、認知能力が必要となる複雑な作業をチームで行う場合、服従は機能しない。服従では、要求される最低限のことしか行おうとしない。一方、責任感を持って取り組むと、自発的な努力が生まれる。

「責任感を持って取り組む」というプレーには、次の3つがある。

責任感を自覚して取り組むとどうなるか

1. ただ（何も考えずに）実行するのではなく、何かを学ぼうとする
2. 自分の信念よりも、自分のやるべきことを優先する
3. 作業を小さくしたうえですべてやり遂げる

変化1　ただ（何も考えずに）実行するのではなく、何かを学ぼうとする

先の章の最後で、実行を決断することではなく仮説を立てて試すことが大切だと述べた。仮説を立てるには、何をするかに加えて何を学ぶかも決める必要がある。仮説を立てるとなれば、人の思考心理は学習や改善に向かう。それにより、次にくる赤ワークの時間を、単に作業をこなす時間ではなく、何かを学ぶ時間としても受け止めるようになる。

学ぼうとするメリット① 赤ワークへの関心が強くなる

青ワークを終えて赤ワークに戻るタイミングで学習の機会を設定すると、将来的にさまざまなメリットがある。まず、赤ワークそのものへの関心が強くなる。〈エルファロ〉の高級船員たちは、ルートの変更について自分にできることはほとんどないと感じていたから、風や海の監視にそれほど関心を向けなかった。船の細かな位置取りに影響を及ぼすことができたかもしれないのに、未来の決断にとって重要な情報提供者になろうとしなかった。先のことを意識する感覚は、先のことを自分の手でコントロールできるという感覚によって強化される。自分が感じ取ったことがカギを握ると思うからだ。

学ぼうとするメリット② 証明より改善を強く望むようになる

次に、最初から学習と改善の思考心理になっていれば、証明より改善の実行を強く望むので、赤ワークから青ワークへ戻ろうとする意識が強くなる。産業革命期のプレーブックでは、赤ワークは自らの働きを証明するものとされている。自分が行っている作業を理解していること、自分が生み出したものは正常に機能することを証明せよという。だが、機敏で適応力や柔軟性に優れた組織にしたいなら、求めるべきは「改善」だ。ただし、改善は証明と相容れない。だからこそ、青－赤－青のサイクルの始まりで学習を目的に掲げる。そうすれば、いざ改善を実行するときの効果が高まる。

学ぼうとするメリット③　失敗や遠回りへの嫌悪感が和らぐ

ほかにも、学習を目的に掲げれば、失敗や遠回りへの嫌悪感が和らぐというメリットがある。

要するに、学習という目的に集中すると、青ワークから赤ワークへ移行しやすくなるのだ。皮肉な話だが、成果目標を掲げると、意外にも赤ワークにとりかかりづらくなる。

青ワークにとらわれたスーを思い出してほしい。彼女は話の蒸し返しや議論は率先して行うが、何かを始める責任はなかなか引き受けようとしない。それは、次に続く赤ワークの時間で何かを証明しなければならないと思っているからだ。「彼女の決断は正しかった」「彼女のチームにはやり遂げられる」といったことを証明しなければならないとの思いが、彼女を尻込みさせている。

だが、その赤ワークの時間を、学習する（予測を立て、起きたことを観察して検証し、予測を検証結果に照らして反省する）サイクルの一環だととらえるようにすれば、話を蒸し返すことから行動を起こすことへ移行しやすくなるはずだ。

人は、学習モードになると行動を起こしやすくなり、挫折に遭うと耐性が鍛えられる。なぜそうなるかというと、脳がそのように配線されているからだ。人間をはじめとする哺乳類の動物は一般に、新しいことを探ったり、発見したり、学んだりすることを好む。角を曲がった先や尾根の向こう側に目新しいものを見つけると、脳は肯定的な反応を示すようにできているのだ。こうした脳の機能を、心理学者たちは「探求システム」と呼ぶ。次に何が起こるだろうかと無邪気な好奇心を抱きながら何かを行っていると、その探求システムが活性化し、ひいては人生がより楽しく味わい深くなる。

つまり、話し合いという青ワークの最後には、「これから何をするのか?」だけではなく、「これから何を学ぶのか?」も問う必要があるということだ。

変化2　自分の信念よりも、自分のやるべきことを優先する

取り組む責任を自分が引き受けるとき、あるいは、ほかのメンバーの責任感を確かめるときに、全員を「同じ思い」にしようとするのは間違いだ。行動の足並みを揃えるのはいいが、考え方まで変えようとしてはいけない。決まったことを実行に移させるだけのほうがいい。

大きな決断をすれば、それとは違う道を選んだかもしれない人は必ずいるものだ。組織に必要なのは、組織として下した決断を支持する行動に組織全体で取り組むことであり、社員一人ひとりの考え方まで変えようとすれば、その邪魔になる。前に進むことが遅れるし、誰かの考え方を変えるには、「自分が間違っていた」とその相手に認めさせなければならない。

そもそも行動を起こすのは決断が下されたあとなので、たとえ間違った考えの人がいたとしても、決断を下した時点では、それが誰かは誰にもわからない。

メンバーの考え方まで変えようとしてはいけない

仮に、同僚の提案について決断を下さねばならないとしよう。その同僚は、広告キャンペーンのやり方を変えたいと提案してきた。そのアイデアを聞いたとたん、あなたはよくない印象を持った。個人的な経験から、ダメな案に思えたのだ。売上は下がり、リソースも無駄になるに違いな

い。倫理的に問題はないし、誰かが死ぬわけでもないが、組織にとって最善の策ではない。とはいえ、どの決断もそうだが、実際に展開して失敗するという100パーセントの保証はない。

こういうときは、同僚の決断を支持すると行動で示し、様子を見るといい。いいアイデアだと自分に言い聞かせる必要はないが、実際にやってみたら、限られたリソースを投入するに値する優れたアイデアだったと判明する可能性は十分にある。それから、その同僚と組織が何を学べるかを重視する。リーダーがこうした行動に出れば、会社としてはそれで十分だ。

立場が逆であっても原理は変わらない。リーダーであるあなたが、決まったことを実行に移すようにとチームに伝えたときに、その行為が最善だと思っていないメンバーがチーム内にいても、そのメンバーに考えを改めるようにと説得する必要はない。むしろ、変えさせないようにするべきだ。行動を通じてチームとしての決断を支持すると約束する限り、組織の目的は達成される。

決まったからといって、それに反対や異論を唱えた人に間違いを認めさせようとしてはいけない。その決断が正しいとは限らないからだ。少なくとも赤ワークの時間が終わるまでは、決断の正否は誰にもわからない。赤ワークの時間に、決断の根拠となった仮説を検証することになる。

変化3　作業を小さくしたうえですべてやり遂げる

あなたの目の前に、メキシコ料理でおなじみの7層ディップがある。そして、(なぜかわからないが)それを全部責任を持って食べると心にきめた。さて、どうやって食べる?

ひと口ずつ食べるにせよ、食べ進め方は2通りある。ひとつは、層の上から順に、オリーブ、チーズ、サルサソースと層ごとに攻略する食べ方だ。だがこれでは、せっかくの7層ディップを1層ずつ7回に分けて食べることになる。7層ディップを見れば、1層ずつではなく、スプーンを底まで入れて7層すべてを一度にすくうほうが、ディップのよさを満喫できると直感的にわかるので、そうやってひと口で7層すべてを味わおうとする。

これが、「作業を小さくしたうえですべてやり遂げる」のイメージだ。

もしエルファロに、この原則を適用したら

〈エルファロ〉でどのように適用できたか考えてみよう。

ご存じのとおり、船長はフロリダのジャクソンビルを発つ前からすでに、壁となるものがない大西洋ルートでプエルトリコに向かうと決めていた。彼のなかでは、今回の航海が、いくつかの決断ポイント（青ワーク）を挟んだ赤ワークの積み重ねになるという認識はなかった。

ジャクソンビルからプエルトリコまでの航行のような作戦行動を実施すれば、地理的条件、自然の法則、タイミング、ほかの組織との関係性などによって、決断ポイントが自然に発生するものだ。〈エルファロ〉の場合は、バハマ諸島の東部という地理的条件のもとで、青ワークを行うべき決断ポイントが自然に誕生した。決断ポイントと決断ポイントのあいだは赤ワークの時間で、計画どおりに船を動かし続ける。

この航海を、プエルトリコまでのひと続きの長い航行だととらえると、「思いとどまらせるものがない限りは、壁となるものがない大西洋ルートを進む」という初期設定にとっては、どんな決断ポイントも障害になってしまう。それに、オールドバハマ海峡のルートにすると決めるには、変え

るだけの正当な理由が必要だと感じてしまう。

これほどの重要な決断を下すときは、両方の選択肢について平等に議論したほうがいい。そうすれば、人が頭のなかで予想する状況ではなく、海の現状と今後予想される海の状況をできるだけ踏まえた決断を下せるようになる。この方法は、責任感の過熱という精神状態に陥るのを防ぐ役割も果たす。

小さな作業の積み重ねを意識することのメリット

イノベーション、新製品開発、製造工程の改善などでは、作戦行動を行うときのように、青ワークのために立ち止まるポイントが自然に発生することはないだろう。よって、意図的に分割する必要がある。取り組みやすい小さなサイズに作業を分けるのだ。ただし、どの作業でも成果物は完成させる。製品なら、どの段階の作業でも市場に出せるレベルに仕上げるべきだ。

青-赤-青のサイクルの長さを決めるときは、次のように覚えておいてほしい。赤ワークの時間は、短くするほど学びは増えるが成果は減り、逆もまた同じである。よって、不透明で予測を立てられない状況下では、赤ワークの時間は短くする。成果物に関することや外的な条件がはっきりしてきたら、長くすればいい。

小さな作業の積み重ねを意識して取り組めば、短い時間とはいえ、目の前の作業に完全に没頭できるようにもなる。事前に設定した中断の時間がもうすぐくるとわかっていれば、自分のやっていることが適切かどうかを確認することに脳を使う必要がなくなる。

短時間に集中して活動する（赤ワークを行う）ときは、この時間で何かを学び取るという強い気持ちで取り組む。一つひとつの作業は小さくても、そのすべてをやり遂げることに責任感を持って取り組んでほしい。

私はときどき、赤ワークには有効期限があるような感覚になる。赤ワークに取り組んでいる時間は作業に没頭するが、その働きが有効なのはその時間内だけで、期限が過ぎたらその働きの有効性を検証する必要がある。

責任感を持った人の言い方はどうなるか

責任感を持って取り組む人の言葉には、赤ワークを実行するという決意に加えて、一定条件を満たした場合や一定の赤ワークを行ったあとに青ワークに戻るタイミングが含まれる。

◆「プロジェクトの次の段階を始めようと思う。次の青ワークのための中断は10日後を予定している」

◆「選択肢1で進める予定です。15日したら一度中断して振り返ります」

◆「次の生産ラインを稼働させます。1万ユニット生産したら、会議を開いてデータを検証します」

また、チームのメンバーに責任感が生まれたかどうかを確かめるときは、次のように問いかけるとよい。

◆「実行についての計画はどういうものになっている?」

◆「赤ワークに戻る予定はいつ?」

◆「次に中断して進捗を確認する前に、赤ワークにどのくらいの時間をかけるの?」
◆「このプロジェクトでは、何をきっかけにして次の中断をとるつもりだ?」
◆「その仮説を実行に移すときはどうやって周知する?」
◆「この活動はいつまで有効?」

赤ワークに取り組む決意を促すための言い方

「連携をとる」プレーについて説明したときに、「何」や「どう」を使った質問が効果的であると述べた。「どう」という言葉には、程度を尋ねる場合と具体的な内容を尋ねる場合の2種類の使い方がある。程度を尋ねるときは、「どの程度確信している?」や「その前提が正しい確率はどのくらいある?」といった使い方をする。

一方、具体的な内容を尋ねる場合の「どう」は、批評することなく中立的な立場で説明を求めるときに役に立つ。たとえば、「○○はXXにどう影響する?」や「君はどう考える?」という具合だ。

実は、「どう」にはもうひとつの使い方がある。青ワークで決まったことに責任感を持って取り組むと決意させることもできるのだ。

◆「どう始めようか?」
◆「素早く安く試すにはどうすればいい?」

このように尋ねると、尋ねられた側は障害や限界について心配するのをやめて、限られた時間とリソースで何ができるかと考えるようになる。つまり、できないことからできることへフォーカスが移るのだ。これについては、「何」を使うこともできる。

◆「もっとも小さい作業は何になる?」

◆「われわれに何ができる?」

◆「それは何に喩えられる?」

◆「最初の一歩となる活動は何だ?」

青ワークから赤ワークへの移行を促すリーダーの言葉

個人やチームに対し、青ワークから脱して実行の段階である赤ワークへの移行を促す言い方はほかにもある。いまから紹介するのは、計画、打ち合わせ、議論が十分になされ、いよいよ実行に移す（青ワークから脱して実行に移す赤ワークを始める）となったときに効果的だ。

責任感が関係する会話になると、可能なことの話から仮定の話になり、最終的にやるべきことを問う流れが自然に生まれる。

チームのメンバーの数人が、新製品のアイデアについて話し合っている。彼らの仮説によると、その新製品には会社のブランドイメージに合うと顧客に思ってもらえる市場があるという。何をするかの議論が行われているなか、リーダーであるあなたは、実行に対する責任感を彼らに自覚させたいと考えている。

そしてあなたはこう尋ねる。「まずは何ができる？」

「そうですね、ウェブページをつくって画像をいくつか掲載し、注文が入るのを待つ、または、アンケートを実施してこういった製品に興味がある人の数を把握することができますね」

「君が私の立場なら何をする？」

「ウェブページを作成します。そうすれば実際に注文が入るかどうか試せますし、今日中にネットにあげられますから」

「わかった。ではチームとしてすべきことは何だ？」

ここまで話がくれば、あとは彼らが引き受ける。チームがスーのように青ワークにとらわれていると感じたら、彼らが使う言葉に耳を傾け、可能性、仮定、やるべきことのどの段階にいるかを見定めて、彼らを次の段階へ引き上げる。それがリーダーの務めだ。

いま例にあげたケースでは、珍しく「〜べき」という言葉を使っても差し支えない。一般に、「〜べき」という言葉は足を引っ張る形で使われることが多い。たとえばこんな具合だ。

◆「準備はできているべきだろう」
◆「うまくいって然るべきだ」
◆「このようにやるべきだ」
◆「そんなふうに感じるべきではない」
◆「会社はもっといいポストをわれわれに用意するべきだ」

失敗してもやり遂げる——責任感の過熱という問題

赤ワークを小さく分割する理由がもうひとつある。一度生まれた責任感は、ひとりでに増強する傾向があるのだ。大西洋ルートをとるという〈エルファロ〉の船長による事前の決断がいい例で、時とともにその決断の重さは増していき、とうてい方針転換できなくなった。人は小さな一歩を踏み出す決意をすると、その方向に進み続けようとする。次の一歩を踏み出すべきかどうかを評価する青ワークを行っても、その時間を十分に生かせない。事前の決断が正しいと裏づける情報を選り好みするからだ。なぜそんなことになるのか？

その答えは、「責任感の過熱」という心理現象に起因する。これは、一度こうすると決めたことを、それが失敗だと裏づける証拠を突きつけられても頑なにやり通すことを意味する。投資家が損を出してもなかなか手を引こうとしないのも、企業が失敗した製品に投資し続けるのも、政府が失敗した政策から手を引かないのも、すべてこの現象の表れなのだ。責任感の過熱に陥った人は、失敗に終わった自らの決断を、事実を前にして成功の定義を改めることで正当化しようとする。

順を追って説明しよう。まず、何かに関する決断を迫られて決断を下す。これにより、その決断が招く結果に対して責任を感じるようになるが、思ったとおりにものごとが進まない。そして、自分の決断が間違いだった証拠が積み上がっていく。

この場合の合理的な行動は、立ち止まって決断の内容を再評価したうえで方針転換することだが、そうする人は少ない。人間は、失敗を取り戻して勝者になろうとする生き物なのだ。それが称賛に値することもあるが（高いレベルの成果をもたらそうとする姿勢など）、自分でほぼコントロールできない要素にもとづいて下した決断の場合は、決して有効な策ではない。ここでは注意が必要だ。というのは、状況をコントロールする力を過信すると、あっという間に責任感の過熱に陥ってしまう。リーダーがこの状態になると、意見を言っても無駄だという空気がチーム内に広がり、彼らの自律性や自制心が蝕まれる恐れがある。

責任感の過熱に陥った人が発する言葉

赤ワークの最中に責任感の過熱に陥った人は、次のような言葉を口にする。

◆「やり始めたのだから絶対に最後までやる」
◆「もう決めたから」
◆「これをやることになっているのだから、抵抗しても意味がない」
◆「いいからやるぞ」
◆「無駄でもやるんだ」
◆「失敗という選択肢はない」

〈エルファロ〉では、次のような船長の言葉に責任感の過熱が表れていた。

◆「今回は耐えるしかないな」
◆「あらゆる天候のパターンから逃れるなど不可能だ」

◆「大丈夫なはずだ。いや『はず』ではいけない。大丈夫にするんだ」

また、ハリケーンに向かって進んでいるという意見に対し、次のような反応を見せている。いずれも、「ほかの選択肢を選ぶつもりはない」という船長の意思が見て取れる。

◆「（すべて）うまくいくはずだ」
◆「この船なら耐えられる」
◆「おいおい、わかってないな。この船は方向転換しない。方向転換はありえない」
◆「アラスカでは毎日こんな感じだ。これがふつうだよ」

船長は、会社の上司に宛てたメールのなかでは、帰りにオールドバハマ海峡のルートを使う許可を求めることまでしているし、ブリッジでも船員たちにこのことを2回告げている。復路にオールドバハマ海峡を通ることは気軽に口にするのに、往路をオールドバハマ海峡に変えることを頑なに口にしないのはなぜか？　責任感の過熱のせいだ。

営業マンは昔から、責任感の過熱が人にもたらす影響をよく理解していて、売上が見込める顧客にそれを使って契約書にサインを促したり、大きな売上のための「つかみ」として小さな契約への同意をとったりする。

責任感の過熱に陥らないようにするには、赤ワークの時間の認識を改める必要がある。実行する時間というだけでなく、学習の機会としてもとらえるのだ。そうすれば、間違った、あるいは間違っている可能性があると判断して赤ワークから抜け出しやすくなる。

過熱の原因——能力のなさが露呈することへの恐怖

人は、自分の能力のなさが他者に露呈する、あるいは自分にそれを思い知らされることを恐れる。こうした自我を脅かされることへの恐れが、責任感が過熱する最大の元凶だ。『GIVE&TAKE』の著者で心理学者のアダム・グラントは、2013年の科学ジャーナルサイト「サイコロジー・トゥデイ」で、責任感の過熱を防ぐ方法のひとつとして、決断する者と決断を評価する者を分けることを紹介している。[2]そうすれば、決断した人の感情的な思い入れが評価からはずれる。

インテルのアンドリュー・グローブとゴードン・ムーアはこの方法で成功した。ふたりがクビになったという想定で社員たちに思考実験を行わせ、会社の将来の方向性を決めさせたのだ。ふたりは当時インテルの経営を担っていて、メモリーチップの成功で莫大な富を得た。しかし、メモリーチップ市場が飽和状態となり、利益が圧迫されるようになった。そこで彼らは青ワークを通じて、新製品であるマイクロプロセッサに会社の命運を賭けるかどうかを決めることにした。そのときに行われた思考実験では、過去の決断をすべて切り離すことが許された。そのおかげで、過去をすべて忘れて新しい方向へ進むことが可能になった。つまり、決断を下した当事者（メモリーチップの考案者）としての自分と、その決断を評価する者としての自分を頭のなかで切り離し、過去のやり方にとらわれることを防いだのだ。この方法は見事に機能した。

企業で重役がさまざまな立場を持ち回る配置換えも、責任感の過熱を防ぐのに一役買うシステムだ。前職が下した決断に関与していない人が新たに責任者となれば、成功しそうにないプロジェクトを率先して廃止する。カリフォルニアの銀行でローンの貸付に失敗したマネジャーについて調べたところ、マネジャーを配置換えする回数を増やしたら、ローンを返済できなかった人にさらに貸し付ける傾向が減ったという。

過熱を回避する――決断者と決断の評価者を分ける

決断する者と決断を評価する者を分けるにはどうすればいいのか。手っ取り早いのは、決断を評価する者を管理職、決断する者をその管理職の部下にするやり方だ。このような体制をとっている組織はほとんどなく、多くの組織では、管理職が評価と決断の両方を行うのが一般的である。〈エルファロ〉の場合は、決断するのも決断を評価するのも船長が行っていた。船長は、大西洋ルートをとると決断した。だがその後、嵐の位置も、進路も、強度も想定どおりとはならなかった。荒れる波や風、その影響を受ける船体が、最初の決断は間違いだと指摘し始めた。だが船長は、船内で立場がいちばん上で決断の正否を評価するのは自分なのだから、ルートに関する決断についても評価するのは自分でなければならないと考えた。そう考えたとき、船長は、自分の決断が間違いだったと認めなければならなくなると心で思ったはずだ。それは誰にでもできることではある（ただし、得意、不得意の個人差はある）が、ハードルは高い。そうではなく、船長より立場が下の高級船員に決断を下させて、船長は評価する役割だけに専念するほうが、より強靭かつ柔軟な体制となる。大西洋ルートをとるという自らの決断が失敗に向かっているとわかる情報を提示されても、船長はルートを変更できなかった。

加えて、船長という立場が有する権限や、「時間と闘いながら」作業を行う文化が定着していたせいで、船長が下した決断にほかの高級船員たちが異を唱えることは非常に困難を極めた。

過熱が起きにくい組織で使われる言葉

そうしたことが起こらない組織では、どのような言葉が使われるのか？　カギを握るのは「意図の表明」となる言葉だ。そういう組織では、立場が下の人間が上司のところへやってきて、自分の意図を表明する。その際には、その意図を持った根拠も説明する。決断したことに加えて、目的の安全性や技術的な要素、組織の目標との整合性などを明らかにするのだ。さらには同僚にフィードバックを求め、上司に反対されればそれに従うが、反対されなければ、そのまま進める。

製品開発の責任者ならどうか。商品を予定どおりに発表するか、発表を遅らせて機能をひとつ増やすか悩んでいて、その増やしたい機能が責任者の要望だとしても、「予定どおりに製品を発表するつもりです」と社員に報告し、その根拠を説明するだろう。

現場の監督者なら、市場向けの商品サンプルに思いがけない欠陥を見つけたときに、「出荷を遅らせて検査をもう一度実施します」と告げて、その根拠を説明するだろう。

製造会社の購買担当者なら、購入するパーツに不満を感じれば、「そのパーツの供給元を替えるつもりです」と明言し、ほかの供給元に関する調査結果を伝えるだろう。

営業担当者が特定の顧客に新たな市場が開ける可能性を見いだせば、「その顧客に対する割引率を通常より上げようと思っています」と明言するだろう。

意図を表明する最初のひと言は、会話の始まりにすぎない。その意図を持つに至った論理的根拠の説明がなくては不十分だ。この認識を持つことを忘れないでほしい。若手社員が意図を表明するようになれば、自ら決断を下した若手社員の当事者意識が強くなり、管理職のように考え始める。また、若手の決断は役員会に制止されることもないので、行動を起こしやすい。

これからとる行動に対する責任感を自覚したら、赤ワークに没頭して作業を完了させればいい。責任感を持って取り組み始めたら、次に行うプレーは「区切りをつける」だ。

責任感を自覚して取り組むとどうなるか

1. ただ（何も考えずに）実行するのではなく、何かを学ぼうとする
2. 自分の信念よりも、自分のやるべきことを優先する
3. 作業を小さくしたうえですべてやり遂げる

責任感を自覚する

連携によってかかわりを持つと、責任感が生まれる。強要では服従しか生まれない。なぜ責任感が生まれたほうがいいかというと、人は責任感を自覚すると自発的に動くようになるからだ。チームで認知能力を使って対処にあたる複雑な作業に対し、自発的な努力は絶対に欠かせない。

赤ワークにチームで取り組めば、赤ワークを続けていたいと思うし、青ワークにチームで

取り組めば、青ワークを続けていたいと思う。もうひとつのワークへ移行するタイミングは、「責任感を自覚した」ときだ。

ただしその際は、責任感の過熱に対して自衛する必要がある。責任感の過熱に陥ると、過去の決断に執着し、失敗に終わる行為をいつまでも続けようとする。

責任感の自覚によって生まれるプレーは3つあり、それらを通じて、実行に移るときの障害を最小限に抑え、組織全体が責任感の過熱に陥ることを防ぐ。

責任感は各自の内側から生まれるが、服従は外から強要されて生まれる。責任感は内発的モチベーションの一種であり、服従は外発的モチベーションの一種である。

責任感を自覚したら、赤ワークに没頭すればいい。そうしたら、次に行うプレーは「区切りをつける」だ。

新しいプレーブックにもとづくプレー④

第6章 区切りをつけて、チームを労う言葉

——失敗なのにやり続ける愚を犯さない4つの方法

ヘンリー・フォードは1908年にモデルTを世間に発表し、人間の移動に革命を起こした。モデルTは、現代のドライバーに馴染み深い車の特性の多くを確立した車だ。4気筒のガソリンエンジンを搭載し、操作ペダルをドライバーの足元に配置し、空気を注入したゴム製のタイヤが4輪、ヘッドライトが2灯、フロントガラス、ハンドルが備わっている。発表から数日のうちに1万5000台の注文が殺到し、その後20年でモデルTの販売台数は1500万台を上回った。

生産チームの管理に関するフォードの考え方は、第2章で紹介したテイラーに多大な影響を受けている。あらためておさらいしておくと、「唯一の最適なデザインを大量生産するための唯一の最適解を考案するのがリーダーの務めである」というのがテイラーの主張だ。最適解を考案すれば、

生産は最大限に長く続けることが可能になるという。そしてテイラーのやり方を取り入れたことで、デザインの再設計、設備の入れ替え、作業員の再研修にかかるコストが減少した。自動車の製造効率は劇的に改善し、製造に携わる人々までもが自動車を買えるようになった。1908年において、テイラーの発想は革命的だった。

現代のイノベーションのスピードは速い

フォードは、モデルTの設計と生産を見事なまでに管理した。売り出した当初は825ドルという価格だったが、方針の遵守を徹底させることで、1925年に260ドルまでの値下げを成し遂げた。そのころにはもう、フォード社の組立ラインは90分でモデルTを生産できるようになっていて、2年にわたり、同社はすべての自動車会社が製造する数よりも多くの自動車を製造した。当時にイノベーションが起きていたペースは、現代とはまったく違う。1776年、ジェームズ・ワットが世界初の実用的な蒸気機関を考案した。その83年後の1859年、エティエンヌ・ルノアールが商業用の内燃機関を世界で初めて開発した。だが、カール・ベンツが初めて自動車の特許を取得するのは、そこからさらに27年が過ぎた1886年だ。ただし、その外見は現代の自動車とは似ても似つかず、荷車の後部にエンジンをくくりつけたようなものだった。フォードがモデルTに到達するには、そこからさらに22年を要した。

では、現代で起こったイノベーションの年表と比較してみよう。2008年、テスラがデザイン性に優れた最新式の電気自動車「ロードスター」を発表し、こうした車に需要があると証明した。

その後、ほぼすべての大手自動車メーカーが採算性のある電気自動車を発表するのに10年もかかっていない。

フォード社の設計者や技術者は紙で作業をしていたので、設計を図で描いたり描き直したりするのに骨が折れた。設計作業をラクにするＣＡＤのようなツールは、当時はまだ存在しない。おまけに、自動車のどこかの部分を改良するとなれば、工場の設備を入れ替えなければならず、それには長い時間と莫大なコストがかかった。それを思えば、できるだけ長く設計を固定して製造を続けていくことで、製造工程の中断を最小限に抑えようとしたのも納得がいく。フォードからすれば、赤ワークを始めたら作業に集中させるのがいちばんだった。計画に中断を組み込まず、文字どおり続行が不可能になるまで続けさせればいい。

時代遅れとなったフォードのプレーブック

だが、世界は変わっていった。「狂騒の20年代」で消費者の購買力が膨れ上がり、車に対して最新の装備や華やかな外見が求められるようになったのだ。この時点ですでに、ＧＭ（ゼネラルモーターズ）の社長にアルフレッド・スローンが就任していた。スローンは組立ラインの工程を洗練させ、販売車種に毎年改良を加えることを試みた。モデルＴはもはや消費者にとって見慣れたありきたりな車に成り下がり、新たに発売されるモデルが圧倒的に好まれた。

モデルＴの売上は、２００万台売れた１９２３年がピークだった。１９２４年と１９２５年は自動車全体の売上が増加の一途をたどったにもかかわらず、モデルＴの売上はどちらの年も減少した。市場はもう変わってしまったのだ。フォードもようやくそのことに気づき、6カ月にわたって組立ラインを閉鎖して(赤ワークをとめて)設備を入れ替えた。だが、そんなことをしても手遅れだった。製造を中断したことで、GMがフォードに追いつくチャンスが生まれ、不動の地位を築いていたフォードは陥落した。

変化の激しい現代で設計のコストを減らすことは、生産(わかっていることを実行する、つくる)から学習(必要とされているものは何かを知ろうとする)へ比重を移すことを意味する。赤ワークに取り組んでいるあいだは、証明の思考心理が有利に働く。しかし、赤ワークと青ワークを交互に行うことを意識すると、改善の思考心理になる。学習と成長を求める改善の思考心理で赤ワークに臨めば、生産のどの段階にあたっているときでも、有益な情報を最大限に引き出してイノベーションを誘発できるようになる。

フォードが実践していたプレーをまとめると、次のようになる。

- 時計に従っていた(時計を支配していなかった)。
- 実行する者(労働者)と決断する者(管理職)に組織を分断していた。
- 労働者を実行だけに集中させていた(労働者に考えさせなかった)。
- 生産の赤ワークを始めたら、赤ワークを延々と続けた(これはいわゆる……)。
- 生産を中断することなく続行した(区切りをつけることも振り返ることもなかった)。

「区切りをつける」という新しいプレー

今日では、ほとんどの車種が4～6年で基本的な設計の見直しを行っている。

「はじめに」で紹介した、仕事に追われている哀れな管理職のフレッドを思い出してほしい。彼はフォードのプレーブックを継承してしまった。だから、フォードのように時計に従って走りまわり、部下には実行だけに集中させ、証明と実行の思考心理にとらわれて、すべてをまわし続けることに専念している。

だがいまはフォードの全盛期と違い、イノベーションや変化がかつてないスピードで起こっているし、フレッドが管理する社員は、フォードが労働力としていた人々よりはるかに充実した教育を受けている。

加えて、フォードが労働者に身につけさせた仕事は、個々に同じことを繰り返す単純な肉体作業だったが、フレッドの会社が必要としている仕事はまったく違う。複雑で内容は絶えず変化し、認知能力を使ってチームで取り組むことが求められる。

フレッドには本書で紹介している新しいプレーブックが必要だ。そのプレーブックには、これから紹介する「区切りをつける」というプレーも含まれる。

これまで紹介してきた新しいプレー

- 時計に従うのをやめて、時計を支配する
- 強要するのではなく、連携をとる

●服従するのではなく、責任感を自覚する
そしてこの章では、次のプレーを紹介する
●ひたすら続行するのではなく、完了させて区切りをつける

区切りとは、赤ワークの時間が終わることを意味する。つまり、何かを生み出す作業（赤ワーク）を複数の小さな作業のまとまりととらえ、反省、連携、改善、仮説の構築（青ワーク）を頻繁にあいだに挟むのだ。区切りをつけるプレーとはどういうものか。具体的な例をあげると次のようになる。

●実験を通じてデータの収集は完了した。次は分析だ。
●このオペレーションはこれで完了だ。いまからオペレーションの進め方を振り返るとしよう。
●この製造工程はこれで完了だ。次は工程の改善だ。
●ソフトウェアは無事に発表できた。では、フィードバックを募集しよう。
●その決定事項は有効期限を迎えた。いま一度見直そう。
●プロジェクトのその段階は終了だ。さあ、みんなで労おう。
●振り返り作業（例：弊社は四半期の終盤になると、週ごとに振り返りの時間を必ず設ける）はこれで終わりだ。無事に終えたことを労い、何が改善できるか考えよう。

「プレーの中断は無駄」という考え方はもう古い

産業革命期のプレーブックは、赤ワーク、すなわち生産作業に最大限の時間を費やす目的で作成された。要するに、組立ラインが中断なしに動き続けるということだ。そのプレーブックのせいで、現代の管理職はいまなお同じパターンを踏襲している。時計に従うことから始まって、する必要のあることを部下に強要して服従させ、できるだけ長く赤ワークを続けさせることが当たり前になっているのだ。時間あたりの生産性を最大にすることが絶対で、組立ラインの停止や赤ワークの中断は、時間と資源を無駄にする行為と思われてきた。

生産行為を長く続けさせる手段のひとつが、中断を発生させないための障壁を構築することだった。そうした障壁が、「ベイティとダナウェイにアカデミー賞授賞式を中断させなかったものは何か」や、「〈エルファロ〉の高級船員たちにオールドバハマ海峡に進路を変えさせなかったものは何か」といった疑問の答えとなる。時計をとめることへの抵抗は、区切りをつけることへの抵抗に波及する。

私たちの身体には、続けるというプレーが染みついている。一度作業を始めたら、引き続き次の作業にとりかかる。たとえば生産ラインで働いている人は、一単位の仕事が完了しても、作業を続ける。作業は永遠に繰り返され、区切りがつくという感覚はいつまでたっても生まれない。そしていつまでも作業は続く。

サービス産業なら、新しいパンフレットの草案を上司のところへ持っていっても、それを見た上司から、「よし、ここを少し変えてくれ」と言われる。つまりは続行だ。

小売企業なら、ウェブサイトの試作版を懸命にチームで作成し、少数のモニター顧客に利用できるようにしたとたん、上司から「次のアップデートはいつになりそう？」と尋ねられる。これもまた続行だ。

ひとりの社員が率先して、クライアントが長きにわたって抱えている問題の画期的な解決策を探すと申し出た。その行動は、クライアントを満足させ、会社に対する好感度を高めるが、会社の経営陣の反応は沈黙のみ。引き続き仕事を続けるしかない。

続行というプレーの３つの問題点

では、続けることの何が問題なのか？　なぜ区切りをつける必要があるのか？　問題点は３つある。

問題点①　進路変更がしにくくなる

作業工程の段階のひとつとして区切りをつけなかったら、その工程を複数の要素に切り分けて考えられなくなる。これにはいくつかのリスクが伴う。まず、工程を区切らないと最初に決断すれば、長く続けなければならないという意識が生まれ、責任感の過熱に陥るリスクが生まれる。要は、必要に迫られても進路変更がしづらい組織となってしまうのだ。ヘンリー・フォードが同じ自動車を生産し続けた、ＮＡＳＡが当初の打ち上げ日程にこだわり続けた、ベイティとダナウェイが台本どおりに進め続けた、〈エルファアロ〉の船員たちが大西洋ルートを進み続けた、といった行為は、区切りをつけ損ねたことに端を発する過ちだ。長く続ける行為が仕事だと思っていると、最初の計画を続けようとする惰性に打ち勝たない限り、途中のどんな変更も実行可能な選択肢にならない。途中でまっとうに生じた選択肢はハンデを背負うことになり、最初の計画と公平な勝負ができないのだ。

赤ワークを続行していると、しだいに最適な状態から乖離していく。それは、その作業を取り巻く環境が変わるからだ。フォード社の場合もそうだった。顧客の嗜好は変わるし、技術も変わる。天候だって変わる。ひと続きの長いサイクルとして仕事を受け止め、区切りをつける機会を逃せば、時間、エネルギー、資源を最適とは言えない活動に費やすことになりかねない。

問題点② 社内の人間が犠牲になる

区切りをつけなければ社内の人間が犠牲になる。区切りをつける瞬間がなければ、労う機会が生まれない。彼らの時間は次の仕事に取り込まれ、彼らの一日は絶えずいつもと同じ一日になる。仕事に区切りがなかったら、何かを達成した、何かを学んだといった成長の感覚が生まれない。起きたことを話す機会がなければ、成功につながった行動に焦点をあてる機会も生まれない。そのうち、働く人々から熱意は消え、仕事に対する関心が失われていく。組織を支持する言動も、社内からしだいに消えていくだろう。

問題点③ よりよい活動の探索に集中できない

それまでの活動から安心して離れられるようにならない限り、過去の活動にとらわれて、よりよい活動の模索に集中できない。区切りをつけることは時計を積極的に支配することになるので、赤ワークから脱して青ワークに移りやすくなる。時計を支配すると、仕事の工程を振り返って改善する時間を組織的に設けることが可能になる(「改善」は次章のテーマだ)。加えて、区切りをつけるとそれまで行っていた活動から心理的な距離が生まれる。そうした距離が生まれ、活動を終えたことを労ってからのほうが、改善に向けた取り組みにスムーズに着手できる。

これからは、産業革命期に誕生した「続行」というプレーは忘れ、「区切りをつける」というプレーを実践してほしい。

もしエルファロの船長が区切りをつけていたら

フォードは続行にとらわれた。〈エルファロ〉もそうだった。船長は、プエルトリコのサンファンまでの運航をひと続きの長い仕事としてとらえていた。だから出港してしまったら、フォード社の生産と同じように、船内に定着しているプレーブックによって、運航の中断を招かないようにするための障害が設置された。船長の意識やそのプレーブックに、「続行する」だけでなく「区切りをつける」というプレーも含まれていたら、当初の計画を複数の決断ポイントで慎重に見直すことも仕事の一部ととらえていたのではないか。おそらくは、赤ワークと青ワークを次のようなリズムで行っていたはずだ。

1．青ワーク：いつ港を出発するか決める。
2．赤ワーク：出港し、バハマ諸島北部へ向かう。
3．青ワーク：バハマ諸島北部にて、オールドバハマ海峡、大西洋ルートのどちらをとるか決める。
4．赤ワーク：バハマ諸島北部から大西洋ルートを通ってラムケイを目指す。運行中は次の決断に役立つ情報を集める。
5．青ワーク：ラムケイ分岐点にて高級船員チームを招集し、大西洋ルート、オールドバハマ海峡のどちらにするかを話し合って決める。
6．赤ワーク：5で決まったルートを通ってサンファンを目指す。

5のラムケイ分岐点の描写では、両方の選択肢が平等になるような言葉遣いを心がけた。続行のプレーが頭にあると、「大西洋ルートをこのまま進むか、オールドバハマ海峡に移るか決める」という言い方になってもおかしくない。この違いが、既存の計画を続けるほうに決断を微妙に傾ける。

〈エルファロ〉では船長によって、プエルトリコまで大西洋ルートをとることが最初の決定事項とされた。そのせいで、島々が壁となるオールドバハマ海峡への移動が、計画からの脱線を意味するとみなが感じるようになった。

これが進路変更に対する大きな障害を生んだ。高級船員たちが事前に決められた計画を変えるのに、船長を説得する必要性が生まれたのだ。サンファンまでの航海をいくつかの決断ポイントで区切ってとらえるようにすれば、第5章で触れた責任感の過熱の予防になる。

仕事を続けるなかで決断を迫られると、分岐点にやってきても分岐点だと気づかない。そうではなく、まっすぐ続く高速道路を走って（続行して）いたら、脇に出口（計画の変更）が見えたような気持ちになる。計画を変更するなら正当な理由が必要になるが、いま行っていることを単純に続けるのに正当な理由は必要ない。続けてはいけない理由が現れない限り、最初の計画を続行することになる。

売れなくなった製品をなぜつくり続けるのか

いまやっていることをこのまま続けたいという欲求は、昔の職場だから生まれたわけではない。私がテクノロジー製品の世界的企業と一緒に仕事をしたとき、経営陣からこんな話を聞いた。彼らの会社は、売れなくなったある製品を何百万と生産し続けていた。市場が異なる様式の製品に移行したと誰もが気づいていたにもかかわらずである。

その結果、つくった製品の廃棄を余儀なくされた。つまり、お金を払って製造し、お金を払って出荷し、お金を払って在庫を保管したうえに、最終的にはお金を払って廃棄することになったのだ。幸い、ほかの製品がよく売れていたおかげで損失を補填できたが、誰もがこの会社のように幸運とは限らない。

日々の仕事（または人生）が同じに思えて、昨日やっていたことの明確な終わりが見えずにただ続けているだけに感じている人は、続行モードに陥っていると思ったほうがいい。あなたの仕事もまさにその状態だろうか？　あなたより下の立場の人たちについてはどうか？

ちなみに海軍ではそうした「日は変わってもつまらない同じ毎日（Same stuff（ahem), different day)」のことを、頭文字をとって「ＳＳＤＤ」と呼んでいた。

「区切りをつける」プレーの４つの方法

「区切りをつける」というプレーは、赤ワークを脱して青ワークに向かう瞬間を指す。このプレーは時計の支配と密接に結びついていて、事前に計画に組み込む形で時計を支配する役割を果たすこともある。社内の仕事のリズムを構築するうえで、カギとなるのが赤ワークの時間の長さと青ワークを挟む頻度だ。学習と成長を促したいなら、赤ワークの時間を短くして区切りをつける回数を増やす。生産に比重を置きたいなら、赤ワークの時間を長くして区切りをつける回数を減らせばいい。

区切りをつけるというプレーは、過去の決断から頭を切り替える役割を果たす。そしてこのプレーで重要となるのが「労い」だ。労いがあることで、これまでの活動が終わったという実感が生まれ、やり遂げたことへの充実感を覚え、次へ進めるようになる。こうして過去の活動から心理的な距離をとることは、責任感の過熱に対する予防手段となるほか、批判的な自己反芻と改善の段階に進むうえで欠かせない。

区切りをつけるというプレーには４つの方法がある。

続行をやめて区切りをつけるには

1. 区切る回数は前半で多めにとり、後半は少なくする
2. 外からではなく、一体となって労う
3. 区切りとなる言動を定める
4. 目的地ではなく行程に注目する

方法1　区切る回数は前半で多めにとり、後半は少なくする

プロジェクトや新製品開発を行うとき、最初のうちは何を決めるにも選択肢が豊富にあるので、赤ワークより青ワークに比重を置いて学習の強化に努めるといい。つまり、赤ワークをこまめに中断して青ワークの回数を増やし、成長、学習、改善に集中するのだ。プロジェクトを進めていくうちに、決断が必要なことも選択肢も減っていく。そうなったら実行に比重を移し、赤ワークの時間を長くして青ワークの頻度を抑えればいい。

あなたの仕事は、エスカレーターではなく歩いて上る長い階段と同じだ。踏み板と呼ばれる階段の平らな面は、前に進む赤ワークの時間であり、行動を起こしてものごとをやり遂げるパートに相当する。

そして、階段の高さに相当する蹴上げと呼ばれる垂直な部分は、改善を担う青ワークの時間であり、実行の効果や効率を高めるパートだ。青ワークをやろうとして赤ワークに集中できない、赤ワークをやり遂げようとして青ワークをないがしろにする、ということがあってはならない。踏

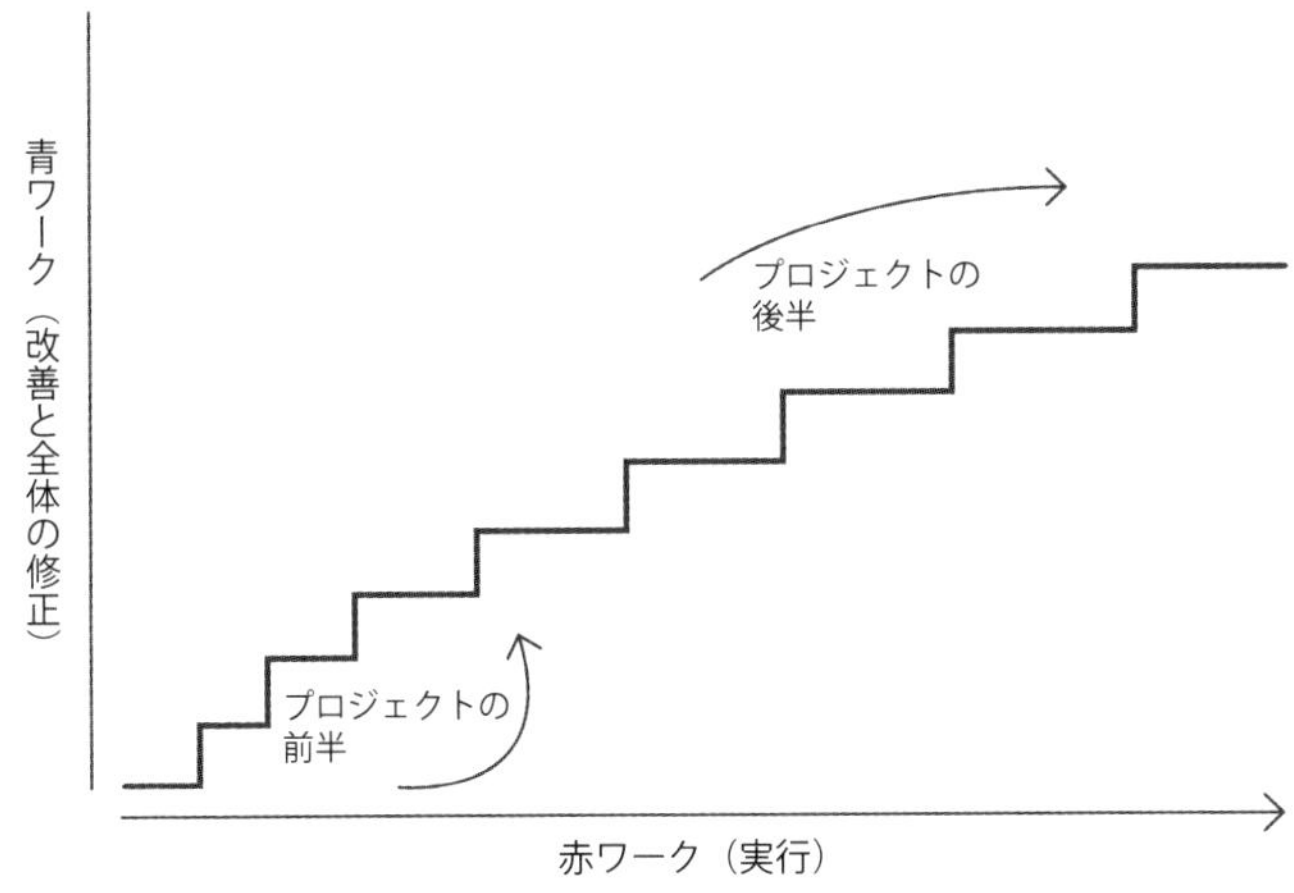

図5　プロジェクトの最初のうちは、赤ワークの時間を短くして青ワークの回数を増やし、学習と改善を優先する。プロジェクトが進むにつれて、青ワークの間隔を広げて赤ワークで実行する時間を増やしたいと思うようになる

み板は完全に水平で、蹴上げは完全に垂直だ。

前半は赤ワーク、後半は青ワークに比重を置く

赤ワークと青ワークのバランスが、青ワーク重視から赤ワーク重視に移行すると、踏み板は長くなり、蹴上げが現れる頻度は減る。プロジェクトでも、プログラムでも、人生でも、この階段は決して均一ではない。最初は頻繁に段差が出てくるが、しだいに踏み板が長くなり、横から見るとアーチ橋の左半分のような形に見える。

また、プロジェクトが進むにつれて、中心となる思考心理も変わる。最初のうちは改善と成長の思考心理だが、その後証明と実行の思考心理に移行する。どちらかひとつの思考心理だけになる時間はないが、初期段階では改善の思考心理になることが多

く、証明の思考心理になることはほとんどない。反対に後半は、証明の思考心理が優勢になって改善の思考心理になることが減る。プロジェクトが終わりを迎えたら、長めの青ワークの時間をとり、プロジェクト全体として改善できることはないか考える。

プロジェクトの前半は青ワーク、後半は赤ワークに比重を置くというバランスの構築は、プロジェクトのリーダーの務めだ。

あなたもきっと、プロジェクトに取り組んでいる最中にこのバランスにしたいと思ったことがあるのではないか。たとえば、製品の開発プロジェクトの初期段階ではさまざまな方向に進むが、後半になるにつれ、作業を終わらせることだけを考えるようになる。

最初は多く、後半は少なく。これが区切りをつけるときのコツだ。

区切りをつけたら労う——望ましい言動に報酬を

区切りは労いのきっかけとなる。「フェーズが終わった」「節目を迎えた」「プロジェクトが終わった」「四半期が終わった」など、区切りがついたと実感しなければ、まだ続いているという感覚にとらわれるばかりで労う機会は生まれない。

だが、「なぜ労わないといけないのか?」と疑問に感じる人は多いようで、私はしょっちゅう尋ねられる。「しょせんは職務をまっとうしただけにすぎないのだから、給料をもらったときに各自で労えばいい」と思うらしい。このような考え方の人は、産業革命期に生まれた構造と言葉の影響を多大に受けている。産業革命期の上司の思考回路と同じだ。労働は対価を伴う取引なのだから、チームの作業をとめて労う理由がどこにある、と彼らは思っていた。そのぶん作業がとどこおるとなれば、なおさらだ。
だが、適度に労うことには意味がある。まず、達成感を味わえるので、過去の活動と自分を切り離して次のことに進みやすくなる。また、成功につながる言動が定着するという効果もある。

今日の職場では、考えること、新しい何かを生み出すこと、イノベーションを起こすこと、決断を下すことが非常に重視される。そのため、最善を尽くしたふりをするのは簡単で、リーダーにはそれを見破る術がない。全力を尽くしてもらいたいなら、望ましい言動をとったことへの報酬が必要だ。この報酬が労いというわけだ。

とあるリーダーシップ研修で、4人の役員にVRヘッドセットを着けてリーダーシップをとるシミュレーションに没入してもらうことになった。いや、潜水艦内での救出ミッションだったので、没入ではなく潜水と呼ぶのが正しい。彼らは協力して無事に潜水中の船から乗客を救出してみせた。だが、歓声もあがらなければ拍手もなく、4人のチームによる活動を称賛する類いの労いは一切ない。ミッションが終わると、彼らは引き続き次のミッションに取り組み始めた。

大手テクノロジー企業のリーダーシップカンファレンスで、CEOから品質に関する有名な賞を同社が受賞したと発表があった。会場は沈黙に包まれている。一瞬の間があったあと、CEOは手近な別の話題に話を変えた。

小さなコンサルティング企業に勤める社員が、新製品のアイデアをスケッチを添えて上司にメールした。上司は海外に出張中だが、すぐさま返信がきた。「素晴らしい」と言いながらも「ただ……」と3つの改善案が続いた。その後、やりとりは途絶えている。

世界に支社を持つテクノロジー企業で、32年にわたって寝食を含むすべてを会社に捧げてきたベテラン男性社員が引退を決めた。この企業は働くのに最高の職場だと評判で、リーダーシップに優れ、人を思いやる人物たちによって創設された。だが創業者たちはずいぶん前に会社を去っている。全員参加で離職者を送り出す会が開かれることになったが、人事部の手違いにより、そのベテラン社員の名前が離職者リストから漏れた。それどころか、彼が会社を去るという発表は一切行われていない。男性の上司や同僚は、そういうことになっていると知らないのか、会の準備の邪魔をしたくないのか、誰も何も言わない。

いまあげた4つの例は、職場で何かをやり遂げても労わないケースのごく一部だ。あなたもきっと、そうした「労う機会を逃した」例を目の当たりにした経験があるのではないか。

労うことを妨げる3つの理由

礼節をわきまえている人なら、離職する同僚に何もしないなどありえないと思うかもしれないが、もっと日常的な状況でどんな態度をとっているか思い返してみてほしい。ともにプロジェクトに取り組むメンバーの誰かから、その人がやり遂げたことを見せられたとき、あなたはふつうどんな反応を見せるだろうか？　それをじっくりと見て労うだろうか。それとも、早く次にとりかかろうとするだろうか？

いったい、何が労いを妨げているのか？

それは3つある。

1つ目は、労う時間をとればそのぶん作業の時間が奪われるので、効率が下がって無駄が生まれるという考え方。

2つ目は、労えば自己満足に陥って、次の段階に進む意欲が失われるのではないかという不安。そして3つ目は、仕事をいくつもの要素で成り立つものではなく、ひと続きの長いベルトコンベアーのようにとらえていることだ。そうやって、何ひとつ終わりを迎えさせられず、「まだ終わっていないから」という理由で労うことはないと考えるのだ。

労うために立ち止まれば、赤ワークは中断する。そうすると、中断しているあいだに作業員たちが赤ワークに対して意味がないと思い始めたり、赤ワークに戻ったときにやり方を変えたりするかもしれない。

工場の生産現場で、そんなことに時間をとられる余裕はない。リーダーが古い考え方にもとづいて、時計に従い、部下に仕事を強要して服従させている職場では、意思決定に部下を参加させれば、リーダーの権威が弱体化する恐れがある。そのせいで、リーダーは非情になって部下を急き立て、つねに時計に従うことを優先する。考えたり反省したりする余裕はなく、あるのは生産する時間だけ。赤ワーカーに必要なのは絶え間ない警告であり、そうやって休む間もなく働かせ続ける。

現代の労働者には労いが必要である

産業革命の時代では、実行する者と決断する者を明確に分けることには意味があった。ただし、尺度、目標、締切で管理すれば、労働者は最低限の要件だけを満たそうとする。彼らにとって、仕事は終わらせるだけのつまらない任務でしかなく、働いても個人的な充実感は生まれないので、求められている以上のことは少しもやりたくない。

赤ワークしか知らない労働者は、最低限求められたことをギリギリにやり終えるのにかかる時間を正確に予測できるようになる。そして、目立たないようにしながら割り当てられた作業だけをこなし続ける。

これまで実行を担っていた人が青ワークを行う割合と、これまで決断を担っていた人が赤ワークを行う割合がともに増加して、２つの仕事の境界が曖昧になってくると、労う時間をとらないことは理にかなった話ではなくなる。青ワークでの最低限の活動は、どう定義すればいい？　最低限求められたことを満たしたと、どうやって判断できる？

建設現場なら、壁のブロックを数えれば、割り当てられた仕事をやったとわかる。だが、十分なアイデアや意見を生み出したかどうか、持てる知識を惜しみなく共有したかどうかはわかりようがない。

労うとなれば、赤ワークを行う時間がある程度犠牲になるのは間違いないし、それが今後どう役に立つのかも定かではない。

時間に追われていると、何かわからない未来のメリットより目の前の明らかなコストを優先しがちだが、労うために立ち止まると、自分たちが何をしているかが認識でき、社員が自らの存在価値を実感する。仕事に対して好意的になるので、より集中して取り組み、より独創的に考えるようになり、離職者が減る。人は自分に価値を見いだすと、積極的に貢献したいと思うようになるので、明るい未来が開ける。

労いは、青ワーク、赤ワークのどちらでも行うべきであり、健全な職場環境を保つうえで欠かせない要素なのだ。

労いは言動にどのような影響を与えるか

組織行動マネジメントのコンサルティング会社を創業したことで知られるオーブリー・ダニエルズは、著書『ベストを引き出せ』で人の言動が変わる構造について分析している。そして、変える要因となる3つを「ABC」と呼んだ。その内訳は以下になる。

A＝先行（Antecedent）。その行動をとらなかったらどうなるかを知る。
B＝言動そのもの（The Behavior itself）。
C＝その言動がもたらした結果（Consequence of the behavior）。

ダニエルズによると、言動を長期的に変える要素はCだけだという。だが残念ながら、親やリーダーをはじめ、Aを通じて言動を変えようとする人は多い。たとえば、子供に散らかった部屋を片づけさせたいとき、親は丸め込もうとしたり、脅したり、操ろうとしたり、見返りを約束したりする。いずれの戦略も、部屋を片づけたあとに子供の身に起こることに焦点をあてている。子供が掃除したあとに、「よくやった」と空々しく伝えるだけでは、掃除という行動はいずれなくなる。つまり、掃除の頻度がしだいに減っていくということだ。そして一切部屋を片づけなくなる。同じことは職場でも見受けられる。よい行動をとる人がいても、それに気づかず見過ごしていては、その人もやはりしだいにその行動をとらなくなる。

ダニエルズはさらに切り込んで、行動がもたらす結果を次の3つの側面に即して分類した。

●（その結果は）すぐに出るか遅れて出るか。
●（その結果は）嬉しいことか嫌なことか。
●（その結果は）確実か不確実か。

特定の行動を定着させるのにもっとも効果が高いのは、すぐに嬉しいことが確実に起こる場合だという。脳科学的な見地からしても、喫煙の依存性が高い理由はまさにこれだ。タバコを吸えば、すぐにもニコチンによる高揚という嬉しいことが確実に起こる。喫煙はがんのリスクを高めると頭ではわかっていても、禁煙の成果はすぐには現れないし、高揚できなくなるのは嫌なことであり、がんのリスクが本当に下がるかどうかも定かではない。

チームのメンバーに特定の行動を身につけさせたいがために、メンバーを丸め込む、操る、懇願する、期待をかけるといったことを避けるには、メンバーが仕事に役立つ言動や効果的な言動をとったときに、すぐさま確実に嬉しいと実感させることを意識するといい。

その効果を私は目の当たりにした。〈サンタフェ〉の艦長に就任した当初、艦の将校と乗員は私の目に艦隊で最低に映った。汚れた制服を平気で着ていて、ほとんどがネームタグを着けていなかった。ネームタグは制服の一部だが、互いの名前は当然知っているので不要だと思ったのだろう。

初日の朝のミーティングで、私はネームタグを着けている士官に声をかけ、タグを着けていることに感謝の意を述べた。すると翌日、タグを着ける士官が数名増えた。私は彼らにも感謝の意を述べた。それからすぐに、士官全員がネームタグを着けるようになり、さらには洗濯されてアイロンのかかった制服まで着るようになった。

それからは、まるで魔法をかけられたみたいに、班長（士官に次ぐ立場）たちが士官を見習い始めた。そうして1カ月ほどが過ぎると、どの乗員も軍人らしい外見になった。その後も、私が何か（先を見越した行動や意思の表明など）見つけては褒めるようにしていると、ほかの乗員もそれにならった。

労いは、労われた人にとっては嬉しい経験となるものなので、そのよい行いを維持するようになる。ただし、単純に「よくやった」と言えば労いになるというものではない。

方法2　外からではなく、一体となって労う

仮に、やり遂げたことが無視されないとしても、他者の手柄として横取りされないとしても、やり遂げたと認識されるとしても、たいていは形だけで、その後すぐに批判が続く。「素晴らしい！　ところでここをこう変えたいと思うのだけど……」といった台詞（せりふ）を聞いたことはもちろん、自ら口にしたことがある人は多いのではないか。この種の典型的な労いにはいくつか問題がある。

まず、達成したと実感させる効力がない。形だけの労いでは、やり遂げた人に苦労話などをする機会が生まれないし、次のステップへ移るタイミングだと気づかない恐れがある。それでは今後役に立つことが何も掘り出せない。また、形だけの労いは、協力関係からではなく上の立場から生まれる。それは彼らを外から称えるだけのものであり、彼らと一体になって達成を喜んでいるのではない。

「よくやった」と言うだけの褒め方はよくない

労いは、「称えること」と同義ではない。外から褒め称えることが労いだと自動的に考える人はあまりにも多い（その原因は両親のせいであることがほとんどだ）。昔ながらの称賛を送ったところで、職場では何の意味もない。称賛された相手は、支配的で身勝手で、恩着せがましいと感じるからだ。

◆「よくやった」
◆「すごい！」
◆「本当に頑張った」

こうした言葉は外から褒め称える労いの典型だ。なぜ外からになるかというと、褒める人は、褒めることで自分がいいことをしている気分になり（親が子供を褒めるときも同じだ）、達成したことの良し悪しを判断する立場になっているからだ。「すごい」といった褒め言葉は、褒められた人ではなく褒めた当人のものとなる。つまり褒めた当人が、すごいと感じている自分がすごいという心理的な報酬を得ているのだ。いい気分になるのは褒めたほうであり、褒められた相手には、内発的ではなく外発的な動機づけが生まれる。達成することそのものではなく、親や上司を満足させるという外的な要因で満足を得ようとするようになる。

おまけにこの種の発言は、マネジャーや責任者に良し悪しを判断する権利があると言っているようなものだし、発言の目的は明らかに、褒めた行動の頻度を増やさせることにある。これは人を操る行為であり、他者の言いなりにしていればいいというメンタリティを誘発する。

一体となって労うときの言い方

では、一体となって労うとはどういうものか。それは、**相手の言動を評価することなく感謝を伝える**ことであり、**良し悪しを判断することなく見たままの感想を伝える**ことであり、**褒め称えるのではなく相手の言動を尊重する**ことである。

自分が見たままを描写し、それに対する感謝の意を表すと、労いは次のような言葉になる。

◆「プレゼンを3つのセクションに分けたのか。なるほど、そうした意味がよくわかる」
◆「予定どおりに製品を発表できそうだね。君のチームはあらゆる部署と連携をとってきた」
◆「例の提案を昨日送ってくれたんだな。ありがとう。おかげで週末までにクライアントに目を通してもらえそうだ」

相手の言動を描写するときは、「なるほど」「〜だとわかる」「〜になりそう」といった言葉を使うことを心がけるとよい。

描写で労う練習はすぐにも始められる。本を読むのをいったんやめて、オフィスや家のなかを歩きまわってみよう。そして、何かやり終えた人を見つけたら、自分が気づいたことを伝える。たとえば、「そのメールで、プロジェクトを進めるための道筋をわかりやすく伝えたんだな」「ガソリン入れてくれたんだ。助かるよ。おかげで明日の朝空港に行く前に給油しなくてもよくなった」という具合だ。相手の行動を具体的に言葉にし、その良し悪しの判断や評価は口にしない。とった行動を純粋に描写し、それによって何がよくなったかを伝えるだけでいい。

労いのなかに評価の言葉を交えてはいけない

感謝の意は伝えるが、評価を下してはいけない。「素晴らしいリーダーシップを発揮して予定どおりに商品を届けた」ではなく、「予定どおりに商品を届けるために、チームとよく連携していた。納品までの工程がきちんと管理されていたとわかる」と伝えるのだ。

前者の「素晴らしいリーダーシップ」というのは、コメントした人による評価を表す。このような言い方では、同じように同じことを繰り返せば同じ称賛を得られると相手に思わせることになる。それに、称賛した人の主観による評価では、相手にはどうすることもできない。

一方、後者の言い方をすると、相手は自らの行動に自信が持て、学習やリスクをとる行動に対して積極的になる。それに、労いの対象が彼らの言動（つまりは努力）なので、今後どういう行動をとるかも彼ら自身で決められる。

方法3　区切りとなる言動を定める

心理学者のキャロル・ドゥエックは、人を属性で褒めると（「本当に頭がいい」や「才能がある」など）、その属性は褒められた人のアイデンティティとなりやすいと気がついた。そうしてアイデンティティの一部になると、その属性にそぐわない状況を避けるようになる。基本的には、褒め言葉の意図とは反対の効果をもたらすのだ。

ドゥエック教授の調査でわかった、間違った褒め方

ドゥエックが行った重要な研究は、どの年齢でも簡単にできるパズルを5歳の子供に出題するというものだった。子供たちがパズルを完成させると、半数の子供には完成させることができた能力を褒め（「パズルを解くのが得意だね！」）、残りの半数にはパズルに挑んだ努力を褒めた（「一生懸命パズルを完成させたね！」）。その後、完成させたのと同レベルの簡単なパズルをもう一度やってみたいか、それとももう少し難しいパズルに挑戦してみたいかと尋ねると、能力を褒められた子供たちのなかで難しいパズルを選んだ子は半分もいなかった。ところが、努力を褒められた子供たちをみると、90パーセント以上が難しいパズルを選んだ。[1]

これは対象が大人になっても変わらない。つまり、人は自分のことを「頭がいい」と認識すると、自分の知性や知性の限界が実際に試される難題を避けるようになるのだ。もちろん、そういう難題に挑まない限り、学習と成長は望めない。したがって、間違った褒め言葉は何の役にも立たず、いちばんの強みを磨く意欲を衰退させてしまうのだ。

性格や能力を褒める言葉は使わない

リーダーという立場の人は、しっかりと認識してほしい。褒め言葉であっても、伝え方を間違えればマイナスの効果を生む恐れがあるのだ。よって、一般的なルールとして、褒める対象は相手が自らの手でコントロールできる行動（例：障害にぶつかったときに真摯に対応する、行動を起こす前に徹底的に見直す、アイデアに対する意見を早期に周囲から募る）とし、「じっくりと考える」

や「生まれながらのリーダー」といった、相手の性格や能力を褒める言葉は使わないと覚えておくといい。

パフォーマンスを向上させたいなら、相手がコントロールできること（努力）を労い、コントロールできないこと（成果）には触れないでおく。たとえば、あなたが率いるソフトウェアの開発チームが赤ワークを終了したなら、「やり遂げたみんなを誇りに思う」などとは言わず、「この製品を生み出せたのは、さまざまな部署と連携を図るという難局を乗り越えたおかげのようだね」と伝えるといい。

製造チームが不良品を見つけて生産ラインをとめたなら、「よくラインをとめてくれた」や「今度は何があった？」とは言わず、「ありがとう。不良品を見つけてラインの停止を呼びかけてくれたおかげで、その問題を一掃できそうだ」と労おう。

方法4　目的地ではなく行程に注目する

見たままを描写するには、それを行っている人の内面の葛藤にもしっかりと目を配る必要がある。

相手の話を引き出す尋ね方

一般に、親やコーチは子供や生徒を間近で観察できるので、成果ではなく具体的な行動について意見を述べることができる。今日の職場は、チームのメンバーが分散して働くことが可能になり、個々人が離れた場所で作業することも少なくない。青ワークの時間に赤ワークを振り返るとはいえ、赤ワークの時間に各自がやっていたことを、目で見て直接確認することはできない。ならばどうすればいいのか？　質問すればいい。

労いの時間を設けることで、赤ワークを行っていたときの話を周囲から教えてもらえる時間が生まれる。自分がとった行動（電話をかけた、調査を実施した、同僚と協力したなど）に関する彼らの話にしっかりと耳を傾けるだけで、非常に大きな労いとなる。

相手の話を引き出す尋ね方をいくつか具体的に紹介しよう。

◆「下す必要のあった重要な決断はどういうものだった？」
◆「チームで乗り越えなければならなかった障害にはどういうものがあった？」
◆「あのアイデアはどうやって思いついたの？」
◆「このプロジェクトでいちばん大変だったことは何？」
◆「このプロジェクトを通して何が楽しかった？　何が得られた？」
◆「このプロジェクトにどんなひらめきを生かした？」
◆「〇〇についてだけど……」
◆「あれはどうやって乗り越えたの？」

そうして相手が話し始めたら、プロジェクトのターニングポイントとなった部分を探る。カギとなるのは、「そのときに決めたんです」「分かれ道にやってきた」「行き詰まりました。試作品がうまく動かず、そこで……」といった言い回しだ。そうした言葉が出てきたら、さらに深く掘り下げるための質問をする。たとえばこんな具合だ。

◆「それでどうなった？」

◆「何が不安にさせたの？」

ここでもやはり、「何」や「どう」という言葉を使って尋ねる。質問は端的に行うこと。また、質問したら、相手に考える時間を十分に与えて、言いたいことをすべて言わせるように心がけてほしい。

目標の到達は旅である

目標に到達すると、そのあとはどうなるのか？　仕事や人生では一般に、目標を見事に達成するに至った行動を続けたいと思うものだが、現実にはそうはいかない。自分のためにもまわりのためにも、このことはぜひ知っておいてもらいたい。目標への到達を旅ととらえ、そのうえで目標の到達を実現させる行動について考えてみると、ダイエットを実践する人を見てもわかるように、人は維持したい目標を抱えているときのほうが、その行動を続ける傾向が高い。

目標を最終目的地としてとらえると、焦点は体重の数値そのものに向かう。そして目標を達成してしまったら、達成をもたらした行動を維持し続ける確率は下がる傾向にある。その結果、リバウンドしてしまうのだ。

目標をどうやって達成したかを語る機会を与えると、人はその達成を壮大な旅の通過点のひとつととらえるようになり、最終目的地に到達したとは思わなくなる。やり遂げたことを旅の通過点としてとらえると、目標に到達するに至った行動を続けようとする。

この教訓を支持する調査はほかにも複数ある。

スタンフォード大学経営大学院で教授を務めるスーチー・ホワンとジェニファー・アーカーは、ガーナで幹部教育プログラムを修了した卒業生106名を追跡調査した。修了式が終わるとすぐに、「修了生面接」という名のもとに介入研究を実施したのだ。[2]

一部の修了生には成し遂げたことを旅に、残りの修了性には目的地に喩えて語らせ、彼らとの比較のために、喩えの使用を誘導しない修了生グループも設けた。いずれの面接も時間は30分とされた。

6カ月後、調査は次のように結論づけられた。「達成した目標を旅に喩えるように導かれた人のほうが、目標に向かっていたときと同じ行動をとり続ける傾向が高かった」。実際、自身が働く社内のプロセスの一部を、プログラムで学んだ成功しているグローバル企業に則したものに変えた人が多かったのだ。

『マネジャーの最も大切な仕事』のなかで、著者のハーバード・ビジネススクール教授のテレサ・アマビールとリサーチャーのスティーブン・クレイマーは、小さな勝利を労うことの効果を実証する調査について語っている。彼らは1万2000件の日記の投稿を分析し、仕事に満足をもたらすものを特定した。そのなかのひとつが、作業を完了させたことに対する労いだった。だが、リーダーが作業の完了に気づいて労おうとしなければ、この報酬は得られない。チームの誰かが何かの作業を終わらせても、リーダーが彼らが終えたことを振り返るよりも先に、「よし、じゃあこの3つについて変えようと思う」といった対応をつねにとっていては無理だ。

このときにリーダーがとるべき行動は、「観察と労い」であると私は考える。時間をとって感謝を述べ、注目していると伝えたうえで、相手が行った活動について描写することが非常に重要になるからだ。労わずに次のステップを決めたり、改善できそうなところを指摘したりするなどもってのほかだ。

区切りをつけて、赤ワークから青ワークへ

スタンフォードのホワンとアーカーは、14日間のウォーキングプログラムに参加した386人を、プログラムを終えた3日後まで観察するという研究も行っている。[3] このウォーキングプログラムは、14日間で10万歩歩くことを目標とするものだった。参加者はその17日のあいだに、旅か目的地のどちらかの喩えを使ったプログラムに関する質問に回答した。先ほど、目標を旅の一部ととらえるほうが目標を達成したときにとっていた行動を続けやすくなると説明したが、この実験で旅に喩えた質問に回答した参加者もやはり、プログラム終了後の3日間、いつもより50パーセント多く歩いたという。

ただし、この実験には可変要素がもうひとつあった。質問に回答する時期にばらつきがあったのだ。プログラムの終了間際に旅の喩えを使った質問に答えた参加者には、別のタイミングで旅の喩えに答えた人と同様の効果は見受けられなかった。終了間際に回答した人々は、達成は目前だが「まだ達成していない」グループとなる。

職場で言えば、プロジェクトが終盤に近づいて終わりを意識し始め、青ワークの時間に比べて

赤ワークの時間が長くなったときにその状態になる。

リーダーの立場にある人は、赤ワークの長さと青ワークの頻度を調整することで、区切りをつける頻度を管理するとよい。そうすれば、みなが時計を自ら支配するようになる。責任感を持って取り組む赤ワークを事前に短く設定すれば、失敗に向かっている行動に時間と資源を費やし続けるリスクが大幅に減る。それが次の青ワークの時間の設定にもなる。このように、事前に次の段階を設定するという行為は、時計を支配するための手段のひとつとなるのだ。

区切りをつけると、達成感が得られるだけでなく、それまでやっていた活動から心理的な距離をとることもできる。それまで従事していた赤ワークが終了することで、その活動から自分を切り離せるというわけだ。それにより、別のプロジェクトや新たなプロジェクトなどに自分の認知能力を専念させられるようにもなる。要はパソコンを再起動させるようなものだと思えばいい。一旦リセットして不要な記憶を消去し、新たなスタートを切るのだ。

やり遂げたことを労い、無事にやり遂げるまでの旅路と行動を振り返り、達成感から客観的な視点が生まれる。こうしたことはすべて、次の赤ワークの時間をよりよいものにするためには不可欠であり、次章で紹介する「改善」へとつながる。

続行をやめて区切りをつけるには

1. 区切る回数は前半で多めにとり、後半は少なくする
2. 外からではなく、一体となって労う
3. 区切りとなる言動を定める

区切りをつける

区切りとは、赤ワークを終了し青ワークに戻るタイミングを意味する。ただし、青ワークにとりかかる前に、立ち止まって労うことを忘れてはならない。

区切りをつけると、成長や達成の実感を得ることができる。成長はさらなる成長の肥やしとなる。また、それまでに立てた仮説や下した決断の正否を確かめることも可能になる。

やり遂げたことを労うときは、相手を操ろうとしたり、形ばかりの称賛の言葉をかけたりしないように気を配る。達成感は、仕事を終わらせたという事実から生まれるべきものだからだ。

やり遂げたことを労うときは、「いいね。ただ……」といった表現は避ける。そういう言い方では、自分の努力に感謝されていると実感する時間が生まれない。

労うときは、相手が成し遂げたときの裏話に耳を傾ける。それにより、相手がとった行動についての理解を深めるのだ。理解していなければ、褒め言葉を並べるだけで敬意を示そうという気持ちにならないし、相手がとった行動ではなく彼らの性格や持って生まれた能力にばかり目を向けるようになる。知性やリーダーシップといったその人固有の特性を褒めると、相手は褒められなくなるリスクを避ける行動をとるようになる。その行動は得てして、続けてほしいものとは逆であることがほとんどだ。よって、褒めるときは、労う成果をもたらした相手の活動、努力、とった行動を褒めるとよい。

つまり、労うときに意識すべきは、

●性格や能力ではなく、その人がとった行動

●結果という目的地ではなく、そこに至るまでの旅路

であるということだ。

「区切りをつける」というプレーを実践すると、それまで行っていた活動から心理的な距離が生まれる。そうした「先に進んだ」や「手放した」という実感が生まれることで、過去の活動や決断を冷静に見つめ、もっとよくするにはどうすればいいかと考えられるようになる。区切りをつけることで、次のプレーである「改善」へ向かう準備が整う。

新しいプレーブックにもとづくプレー⑤

第7章 既定路線に縛られず改善を図るための言葉

――赤と青のサイクルを機能させる4つの方法

映画『アナと雪の女王』の制作チームは苦境に陥っていた。初期バージョンの試写を実施したところ、無情にも否定的なフィードバックが返されたのだ。初期バージョンはハンス・クリスチャン・アンデルセンの『雪の女王』をベースにした、勇敢なヒロインのアナが意地悪く計算高い悪役のエルサと戦う物語となっていて、ふたりは姉妹でもなかった。このストーリーが評価されなかったのだ。おまけに、ダメな原因を突き止めて修正する時間もろくになかった。ディズニーはすでに、1年半後の公開を発表していた。

当時ウォルト・ディズニー・アニメーション・スタジオのチーフ・クリエイティブ・オフィサーだったジョン・ラセターは、フィードバックを念入りに精査すると、制作責任者とクリエイティブチームの時計をとめた。「どれだけ時間をかけてでも、必要な答えを見つけるべきだ」と言ったのだ。締切は重要でないとは言わなかったものの、この言葉で「時計を支配した」のは間違いない。彼は、赤ワークを離れて青ワークに従事する許可をチームに与えた。締切にとっては決していい話ではない。

「アナ雪」の初期シナリオを改善させたプレー

締切や利害関係者のことを思えば、チームがその状況に絶望しても誰も責められない。すでに完成させた素晴らしい作品を頑なに守ろうとしても、単純にどうしていいかわからない状態になっても不思議はなかった。

このようなとき、産業革命期に生まれた「証明」に駆られるチームは当然出てくるだろう。証明というプレーは自分の能力を周囲に証明することだ。自分はその仕事と給与に見合う価値がある人間だと、まわりに知らしめようとする。そうなると、チームが下した決断の根拠を熱心に説明し、自分たちのとった行動を論理的に正当化しようとするだろう。つまりは、過去を掘り下げることに時間を費やし、前に進むことを拒むのだ。だがいくらそうしたところで、駄作を傑作にする助けには一切ならない。

翌朝、『アナと雪の女王』の制作責任者を務めるピーター・デル・ヴェッチョはチームにこう言った。「うまくいっていないことに目を向けるのではなく、何が正解となりうるかを考えてほしい。もっと大きな希望を思い描いてくれないか。何をしてもいいとしたら、みんなはスクリーン上でどんなものが見たい?」[1]。ヴェッチョは証明のプレーで時間を無駄にすることなく、改善のプレーを呼びかけたのだ。

「エルサは悪役でなければならないか?」

「エルサとアナが姉妹だとしたらどうなる?」

「エルサが自分自身のことを恐れているとしたら? そして愛する人を傷つけるのが怖いと感じていたら?」

すでにできあがっている作品にとらわれなくていいという許しが出ると、クリエイターたちは安心して新たなアイデアを投げかけるようになった。誰かを怒らせることや仕事を増やすことに気兼ねしなくてよくなったからだ。

エルサとアナを姉妹にするというアイデアを検討するうちに、ありきたりで深みのない悪の女王ではなく、自分でもよくわからない力に翻弄される人物像が浮かび上がった。また、ストーリーのラストについても再考し、「王子が王女にキスをして、めでたし、めでたし」にはしないと決めた。「とにかく終わらせる」という赤ワークの重圧から解放されたとたん、クリエイターたちは、世界中に知られた物語を、斬新で意外性に満ちた切り口からとらえられるようになったのだ。

赤ワークの改善を目指して行う「青ワーク」

こちらのバージョンの『アナと雪の女王』では、エルサは自らの力を恐れ、妹のアナを守るために彼女を遠ざけようとする。アナは明るく元気に満ちているが繊細で、姉妹の絆を取り戻す方法を探している。このふたりの思いの衝突がストーリーの中心に据えられた。新たな脚本が作成され、ストーリーのテーマがまとまると、エルサの旅路は恐怖心がすべてで、アナの旅路は愛がすべてであるとはっきりした。姉妹の関係というものを深く掘り下げるべく、チームはスタジオに女性社員を招き、姉妹との関係や経験談を語ってもらった。それどころか、姉妹の関係が中核となる新たな脚本では、エルサとアナのやりとりにできる限りの現実味を持たせたいとの思いから、「姉妹サミット」なるイベントまで開催した。

エルサが悪役でなくなると、歌曲の制作を担当するロバート・ロペスとクリステン・アンダーソン＝ロペスは、彼女に注目を集めるための新たな曲をつくれると考えた。そうして誕生したのが、「自分が生まれ持った能力に怯えながらも、それを懸命にコントロールしようとする少女」について歌った「レット・イット・ゴー」だ。

『アナと雪の女王』が公開されると、ディズニーによるアニメーション映画史上最大のヒット作となった。「レット・イット・ゴー」は大評判となってビルボード・チャートにランクインし、数千万の売上を記録した。オンラインでの再生回数は10億回を超えたという。

『アナと雪の女王』の問題を解決した戦略の多くは、「改善」の要素となるものだ。改善は、過去に行った活動を客観的に吟味し、どうすればもっとよくなるかとじっくりと深く考えることで生まれる。改善は青ワークの目的の要だ。青ワークはそもそも、赤ワークの改善のために行う。青ワークを独立して行っても意味がない。意味を持つのは、赤ワークが何らかの形でよくなる場合だけだ。その対象は、効率、作業の重要性、強靱さと柔軟さ、敏捷性など多岐にわたる。改善には、偏見のない探究心と好奇心を持つことが、チーム全員に要求される。

学習、創造、イノベーションのカギとなるのが、熟考と内省だ。ただし、熟考するだけでは十分ではない。だからこそ、プレーの名称は熟考ではなく「改善」なのだ。青ワークにとらわれたスーを思い出してほしい。彼女はデータの分析に明け暮れて、計画策定の段階からいつまでも抜け出せず、誰も約束できない確約を求め、前に進むことを拒んでいる。私は改善というプレーが大好きだ。理想の成果、すなわち赤ワークの改善を目指して行う青ワークは、知的活動と密接に結びついている。

改善に取り組んではいけないタイミングとは

改善にとりかかるには、頭をリラックスさせて時計の重圧を排除する必要がある。だからこそ、時計を支配して中断を呼びかけるようになってからでないと、改善は行えない。締切の重圧を抱えた生産モードでは、改善に必要となる思考ができない。改善には、自分の限界に挑んで、あらゆる角度からさまざまな視点に立って考えることが求められる。

では、改善はいつ行えばいいのか？　まずは、行ってはいけないタイミングについて説明しよう。チームが献身的に生産やプロジェクトに取り組んでいるときは、改善に適さない。彼らは赤ワークの真っ最中だ。リーダーとして彼らが取り組むのを見ているうちに、改善できる点があると気づいたとしよう。そうすると、作業に割って入って彼らの「役に立とう」としたくなる。彼らの注意を自分に向けて、提案や意見を述べたい。いましなければ、チームは間違った方向に進み続けるではないか、と考えるのだ。

だが、この誘惑に負けてはいけない。

そんなことをすれば、作業の方向性が変わり、無駄が生まれる。作業への過剰な干渉となり、チーム内に不安が生じる恐れもある。そうではなく、改善案を思いついても、その「いいアイデア」は（ほかの人のアイデアと一緒に）記録しておき、中断の時間がきたら、青ワークで検討する。これができるようになるには、秩序と自制が必要になる。

先にも紹介したＴＱＭの考案者であるＷ・エドワーズ・デミングは、作業に干渉することのリスクを管理職に実証するための実験も考案している。テーブル上にＸという目印があり、その真上に大きな漏斗（ろうと）が設置してあるところを想像してほしい。漏斗の縁に沿わせておはじきを1個ずつ入れ、底から出てくるときに、できるだけＸから離れないようにしたい。動かせるのは漏斗の位置だけだ。おはじきはすべて、漏斗の縁に沿わせて同じように入れるものとする（この実験の目的は、産業革命時代と同じくばらつきを減少させることである）。

1個目のおはじきを漏斗に入れる。漏斗とおはじきにまったく傷がないことはありえず、ごくわずかな傷が予測のつかない変化を生む。漏斗に吸い込まれたおはじきは、Ｘから少し右にそれたところに落ちた。さて、漏斗を少し左に動かせば、改善されるだろうか？

たとえ漏斗の位置を変えても、次に漏斗に入れるおはじきもＸの真上には落ちない。無作為に生じるばらつきを漏斗の位置で修正し続けると、現実にはＸからずれる範囲が広がる。つまり、干渉すればばらつきの幅が広がって、工程の質は低下するのだ。

よって、漏斗を動かさずにおはじきを入れるほうがいい。この、おはじきを入れるという作業を赤ワークだと思ってほしい。日常使いが原因で規則的な偏りがある（例：漏斗の下のほうにくぼみがある）場合は、その偏りを正すための調整を行えばいいが、そうした偏りがないなら、漏斗はXの真上から動かさない。この位置がもっともばらつきが小さく、もっとも質の高い結果が得られる。

デミングのこの実験は、無作為に生じる小さなばらつきに干渉したらどうなるかを教えてくれるものだ。赤ワークを終える前の段階で干渉したい誘惑に駆られたときは、この実験のことを思い出すといい。では、調整するかどうかを決める前に、おはじきを何個落とせばいいのか？　少なすぎれば余計な干渉になり、多すぎれば規則的な誤りを長く放置することになる。

赤ワークに「区切りをつけた」あとで実施する

それを思うと、「区切りをつける」プレーの大切さがよくわかる。赤ワークを終えて区切りをつける日時をスケジュールに組み込んでおかないと、「チームが改善していない」「せっかくの自分のアイデアが無駄になる」などとあれこれ思い悩むことになる。時計を支配して赤ワークを終了する日時を設定し、区切りをつけたら「改善」に取り組む。この一連の流れをつくれば、自分のアイデアは時機がきたらみなに聞いてもらえると安心でき、赤ワーク中の干渉を防ぐことが可能になる。

改善は、赤ワークを予定どおりに終えたあとで実施する。重大な誤りが生じたときは、改善の時間を設けてその誤りについて理解したいとも思うだろう。私が艦長だった潜水艦では、その時間のことを「批判の時間」と呼んでいた。その時間はどうしても批判されているような気持ちになるので、厳しい時間になることが多かった。ただし、乗員の行動が批判されるとはいえ、ルーティンとして改善の時間を設けることに慣れてくると、赤ワークがうまくいった、いかなかったに関係なく、批判を有効に生かせるようになる筋肉が乗員たちに身についた。

青ワークにとらわれたスーには、改善したいという頭が少々あるのかもしれない。赤ワークを始める前の段階であっても、不十分な結果に終わるのではないか、改善できることがあるのではないかと考えてしまう可能性はある。彼女の赤ワークに対する認識が、学習プロセスの一環として繰り返し行うものに変われば、行動に移すハードルはきっと下がるだろう。実際に何かをやってみないことには、そのアイデアが優れているかどうかはわからないのだと気づくことが、ハードルを下げる役割を果たす。

思いつきのアイデアでチームの邪魔をしない

「継続的な改善」という表現は、改善の生まれ方を正確に描写していないと私は思っている。改善は何度も生まれるものであり、おはじきを何度も落とすのと同じで、積み重ねていくものだ。改善（青ワーク）を繰り返し行うことで、工程や製品に変更を重ねていく。そうやって、漏斗が目印の真上にくるように調整する。改善の時間は、テストや実験（赤ワーク）で現実を知り、結果を観察したあとに設ける。改善という工程（学習プロセス）は、斜面ではなく階段をイメージするのが正しい。

私は「継続的な改善」を求めるが故に、自分のチームの邪魔をしたことがある。あなたにもそうした経験があるかもしれない。そうした態度をとる人は、「いいアイデアを囁く妖精」と呼ばれる。作業しているところに不意に現れて、詳しい理由も説明せずに改善を提案するからだ。私がいいアイデアを囁く妖精のようにふるまったのは、赤ワークの終わりを具体的に決めずに作業を開始させたときだった（そういうときは、「最初の結果をいつ見せてくれるんだ？」とチームのみなに尋ねるだけだった）。期日を設定しなかったのだ。そしてチームが作業を開始したのち、私はカンファレンスで講演している最中に新たなアイデアを思いついた。いますぐ取り入れなければならないとの強い思いに駆られ、チームのみなにすぐにも聞かせたかった。私は手早くメモをとってその紙をチームに渡し、私のその壮大なアイデアを伝えた。

このようなことがあったのは一度だけではない。とる行動についてチームと合意しながらも、役に立つと思うアイデアや意見があれば、途中で彼らに伝えた。

アイデアをチームに話したところで、彼らは私のようにはワクワクせず、新たなアイデアと本来の計画のあいだで板挟みになっていたようだった。そういうアイデアは、優柔不断、集中力の欠如、混乱の象徴と受け止められた。思いついたアイデアや意見はすべて、次の青ワークの時間までとっておくこと。そして（前進したことを労ったあとで）、やり終えた赤ワークについて反省するなかで、とっておいたアイデアをほかのアイデアとともにチームで一緒に検討し、どのアイデアを取り入れるかをチームのみなに決めてもらうといい。

赤ワークにとりかかる時点で、次の青ワークで改善を行う時間をスケジュールに組み込むようにすれば、アイデアを思いついても、発表に適したときまでとっておく秩序が生まれる。この、次の青ワークの時間を事前に計画するという発想は「時計の支配」の一環であり、その時間がくるまでの作業に責任感を持って取り組むためのものである。

自らの役割を生産者から改善者に変えよう

改善は昔から行われてきたが、昔といまでは大きく変わった。産業革命時代の構造では、仕事を階級（青ワーカーと赤ワーカー）で分け、改善の責任は青ワーカーが担っていた。彼らが赤ワーカーを観察し、判断を下すのだ。これがテイラーの提唱する仕事の本質だ。赤ワーカーは自己評価を求められなかったので、内省による心理的な混乱は生じなかった。

そして、ＴＱＬとともにデミングが現れると、彼は「赤ワーカーに見えているものや彼らの思いを尋ねてみようじゃないか」と提案した。このほうがいいが、これでもまだ十分ではない。意見を尋ねても、改善について決断を下すのは青ワーカーのままだからだ。

いまは、誰もが赤ワークと青ワークの両方を行う必要がある。誰もが赤ワーカーと青ワーカーの両方になるのだ。それを実現するには、生産者という役割から脱し、改善者として客観的な目で生産を振り返ることのできる能力が必要となる。赤ワーカーと青ワーカーを区別せず、誰もが赤ワークと青ワークの両方に適宜取り組む。これは構造の変化だ。この変化によって、古いリーダーシップや組織構造モデルは見当違いなものとなる。

だが、人は過去に行った自分の仕事に思い入れを持つものなので、過去の仕事はもっとよくなると認めさせることが必要だ。つまり、証明の思考心理から改善の思考心理に移行する手助けをする必要があるということだ。証明の思考心理から離れて、自分は過去に自分が行ったことと無関係なオブザーバーだと認識できるようになることが求められる。過去に自分が行った仕事にしがみつき、自分は優秀だと認識されたい自己のことを「優秀であろうとする自分」と呼ぶことにしよう。この「優秀であろうとする自分」を抑え込まないことには、「もっとよくなりたい自分」が顔を出せない。

「優秀であろうとする」モードに入ってしまった人の言葉

改善に参加してほしいと呼びかければ、それだけで衝突が生まれる。改善の時間は、次に行うときに変えるべきことについて話し合う場だ。そこには、前回作業をした人がもっと配慮していれば、あるいは彼らの能力がもっと高ければ結果は違っていた、という暗黙の批判がある。改善の思考心理は、「優秀であろうとする自分」と「もっとよくなりたい自分」の衝突を生む。

「優秀であろうとする自分」は、自分のことを有能でよく働いて信頼できる、優秀な労働者だと思いたい。また、チームのなかだけではなく、自尊感情のためにもそうした評判を守ろうとする。どんな人のなかにも、優秀であろうとする自分は必ずいる。自分は優秀だと思えば、自分の仕事に対していい気分になれる。

人は、「自分は優秀だ」との思いが脅かされることには敏感で、脅威を感じると身構える。「優秀であろうとする自分」モードになっていると、次のような言葉を口にする。

◆「自分は何ひとつ間違わなかった」
◆「最善を尽くした」

◆「次回も同じようにやると思う」
◆「そうしたがったのは君じゃないか」
◆「いつもこのやり方でやってきた」
◆「これをずっとやってきたのは私だから」
◆「君のほうがわかっているとでも言いたいのか？」
◆「まだ着任したばかりだからね。なぜこのやり方なのか、君にもそのうちわかるよ」

疑問を投げかけられたり、別の視点を提示されたりすると、「優秀であろうとする自分」は自衛に走る。『アナと雪の女王』の制作チームが「優秀であろうとする自分」モードになっていたら、すでに制作した作品を守ろうとしただろう。

だが、人には「もっとよくなりたい」と思う自分もいる。「もっとよくなりたい自分」は学習と成長を求める。新たな自分を探そうとするのだ。チャレンジ精神が旺盛で、他者のものの見方や考え方に興味津々で、学習や改善を公然と求める。新たな発見を求めて調査に乗り出す、新しいレストラン探しに喜びを覚える、今日の結果を前日の結果と比較するというときは、「もっとよくなりたい自分」が満たされているときだ。

「優秀であろうとする自分」と「もっとよくなりたい自分」は折り合いが悪い。もっとよくなりたいと思うなら、これまでの自分の決断、信念、知識から距離を置き、学習と成長を促さないといけない。過去の行動に自尊感情が結びついていると、前向きな変化を自己破壊の一種に感じてしまう。『アナと雪の女王』の制作チームは「もっとよくなりたい自分」モードになっていたから、自分たちが制作したにもかかわらず、その作品を改善するための新たな視点を受け入れることができたのだ。

「もっとよくなりたい」モードになった人の言葉

「もっとよくなりたい自分」モードになっていると、次のような言葉を口にする。

◆「もっと詳しく教えて」
◆「あなたにはどう見える？」
◆「こうなる前に何があったと思う？」
◆「ほかにどんな見方ができそう？」
◆「君の視点からはどう見える？」
◆「ほかのやり方には何がある？」
◆「どうすればもっとよくなっただろう？」

「優秀であろうとする自分」になって自分を守ろうとする言動は、「もっとよくなりたい自分」モードのときの探求する言動を抑えつけ、押しのける。

そういうモードの自分から脱するには、「もっとよくなりたい自分」を呼び出して、そのモードのときのふるまいや言い回しに変えることが必要だ。「優秀であろうとする自分」が脅かされても、冷静に対処するのだ。また、チームのほかのメンバーたちと向かう方向が同じになるようにする役割を担うことも忘れてはならない。

赤ワークと青ワークが揃って学習が生まれる

ハーバード・ビジネススクール教授のエイミー・エドモンドソンは、学習と改善を支援する文化のない組織のなかで、「もっとよくなりたい自分」を稼働させてそれらを行うのは非常に困難である、と調査を通じて実証した。

2002年のレポートで、彼女は次のように述べている。「そういう状況で学習や改善を行うには、質問する、協力を求める、有効性が証明されていないことを試す、フィードバックを求めるといった行動をとることになる。いまあげたような行動は、イノベーションやパフォーマンスという名で求められる成果に関係するが、学習と改善が支援されていない組織でそうした行動をとると、無知や無能とみなされる恐れや、邪魔をしているとみなされる恐れがある」[2]

チームに属している人は、有能であるという印象を植えつける目的で「優秀であろうとする」モードになることも、積極的に周囲の意見に耳を傾ける「もっとよくなりたい」モードになることもできる。選ぶのは自分しだいだ。

この選択には、無知や無能とみなされるリスクが伴う。チームとして「よくなろうとする言動」を奨励せず、そうした行為に報いなければ、独創的で新しい解決策を学習し生み出す機会は減少する。間違ったと気づいてもほかに気づく人がいなければ、そのまま黙っておこうと考えるようになる。そういうチームなら、黙っていればそれですむだろう。

エドモンドソンは、学習には「挑戦の繰り返しと反芻」が必要だとも強調する。彼女の言う挑戦は、実行する赤ワークのことであり、反芻は熟考する青ワークを指す。赤ワーク、青ワークのどちらかだけでは学習は生まれない。この2つの機能が協力し合うことで成長が促進されるのだ。[3]次に控える赤ワークを、何かを成し遂げる時間ではなく学習のための時間[4]ととらえると、障害に直面したときの耐性が確実に高まる。

「自分は優秀」モードの人ばかりでは改善は生じにくい

熟考の時間に本当の意味で自由に意見を交換できるようになるには、他者のアイデアや行動に疑問を差し挟めるようになることが必要になる。組織全体で「もっとよくなりたい自分」になることを奨励されていれば、誰もがフィードバックに感謝するので疑問を投げかけても緊張感は生まれない。

残念ながら、そういう組織はほとんどない。というのは、人はみな「自分は優秀だ」という考えに引き寄せられるからで、自分以外の人も同じだと知っているからだ。そのせいで、他者に疑問を投げかけることは社会的にタブーとされている。疑問を投げかければ、グループから疎外されかねない。やはり、自分は優秀だと思いたがることは、よくなろうとすることの邪魔となるのだ。

改善の時間に全員参加を促すと、自律性が失われるリスクもある。社員はみな、何らかの形で自分の力不足を認めれば、上司の管理下に置かれて自由が制限されるのではないかという不安を抱えている。そのため、完全な透明化ではなく、業務、部署、部門としての働きだけを見えるようにする。要は、すべて問題なく順調にいっていると思わせることのできる部分だけを選んで透明化したがるのだ。

「すべてを透明化すれば、上司が自分たちの仕事に介入してくる」という先入観は、どちらの側にも問題行動を招く。部下の側は、上司の介入や自律性の喪失を回避しようと情報を隠す。そして、情報の一部が隠されていると上司が気づけば、上司は部下の仕事への介入を強め、情報の更新や報告を要求する。これでは、不透明化がますます助長されるばかりだ。

青ワーク－赤ワーク－青ワークのサイクルをとっていれば、そうした問題行動は自然に予防される。青ワークの時間があるとわかっていれば、変更するのはいまやっている赤ワークを終えてからでいいと思えるようになる。次の青ワークの時間に、それまでにたまった「いいアイデア」を検証してランクづけし、実行に移すかどうかを決めることができるのだから。

では、「優秀であろうとする自分」ではなく、「もっとよくなりたい自分」を稼働させるためにはどうすればいいのか？

「改善」は内発的モチベーションを超えた先にある

産業革命から実行する者と決断する者を分けるという階層分けが生じたことにより、経営者たちは外発的モチベーションを通じて、労働者に誰かが勝手に決めた作業を強要しなければならなくなった。

外発的モチベーションは、アメとムチによる動機づけだ。好ましくない行動には罰を与え、好ましい行動には報酬を与える。ここには、立場が上の者には下の者を裁く権利が与えられるという発想が潜んでいる。

この「論理」は、人間のもっとも基本的な脳の部位に生まれつき備わっているものだ。害をなす者には危害を加え、役に立つ者には見返りを与える。しかし、人の根底にあるこの論理は、現代の職場では通用しない。というのは、外発的モチベーションには「もっとよくなりたい自分」モードに人を変える効果がないからだ。先にも述べたように、もっとよくなりたいと思えるようになることが学習と成長には必須なのだから、この問題は大きい。

人々の仕事が肉体を動かすだけの単純作業でなくなれば、個々の内側から動機が生まれるほうが優れた働きをする。独自の発想を使う仕事になると、個々にできることが増えるからだ。独自の発想を使う仕事において、**合格点**の仕事と**素晴らしい**仕事の差は非常に大きい。一方、組立ラインでの仕事では、個々の労働者に期待される成果に幅はあまりないので、そうした差は小さい。

個々の内側からの動機づけを内発的モチベーションと呼ぶ。心理学者のエドワード・デシとリチャード・ライアンは、人として健全な行動を誘発する内発的モチベーションの重要性について研究している。

彼らは調査を通じて、内発的モチベーションの基本となる要素を特定した。それは、有能さ、関係性、自律性の3つだ。[5] いまなお続く調査から、この3つは人間にとっての基本的な欲求であり、ほぼすべての人に必要とされていることがわかっている。

①有能さ＝自分には素晴らしい技能があるという実感
②関係性＝他者とつながっているという実感
③自律性＝自分の人生にとって大切なことがらを自分でコントロールしているという実感

デシとライアンは、彼らが考案した理論を「自己決定理論」と名づけた。

この理論がなぜ重要なのか。それは、チームのメンバーで活動を振り返り、どうすればもっとよくなるかと話し合えば、内発的モチベーションのもととなる３つの基本的な欲求が打ち砕かれることになるからだ。もっとうまくできることがあったと認めれば、有能であるという実感が脅かされる。他者のミスを指摘すれば、その人との関係性が脅かされる。そして、自分たちがどういう理由のもとに何を行ったかを明らかにすれば、自律しているという実感が脅かされる。

自分を守ろうとして改善から目を背ける人の言い方

自己決定理論では、内発的モチベーションの重要性に加えて、「優秀であろうとする自分」の威力についての説明もある。その自分は、私たちに生まれつき備わっている。

改善を行っているときに、その３つの欲求を満たそうとする人はどういう言動をとるのか？いくつか例をあげよう。

◆「その訓練は受けていません」――能力不足の責任を自分以外に転嫁している。

◆「そのようにやった理由を説明させてください」――会話の主導権を握り、よくない成果から自分の行動を切り離そうとしている。

◆「もちろん、そうしていましたよ。時間さえあれば……」――成果の責任を時間の制約に転嫁し、自分の能力の問題ではないと主張している。

◆「ジョーが最善を尽くしたのはわかっているが……」――ジョーの技能を擁護し、ジョーとの関係性を守ろうとしている。

◆「みんな最善を尽くしたと思う。よかった点に目を向けようじゃないか」――他者の批判を避けて関係性を守ろうとしている。完璧を求めずに他者のよい点に目を向けることはできる。むしろ、完璧でないとその人のいい面について考えることができないのであれば、それはかなり問題だ。

◆「心配いらない。ちゃんとコントロールできている」――曖昧な表現で自律性を守ろうとしている。

◆「われわれがケアしているということさえクライアントに伝わればいい」――これもまた、曖昧な表現を使って仕事に対する自律性を守ろうとしている。

イノベーションのいちばんの組織文化的要素とは

学習とイノベーションの目的は、結局のところ行動を変えることにある。今後これまでと違うことをするつもりがないなら、新しい何かを学ぶという思考の重労働に時間を割く必要はない。自分でコントロールしているという感覚は、自律や自由として受け止められるものだ。この感覚は、イノベーション、創造性、学習と正比例の関係にある。ハーバード・ビジネススクール教授のテレサ・アマビールは、組織におけるイノベーションを研究し、創造性を阻害または増進する要素について、個人的な要素と組織文化的な要素の両方の面から調べた。

すると、イノベーションをもたらすいちばんの組織文化的な要素は、「何をするか、もしくはどのように達成するかを決める自由があり、自分の仕事を自分の手でコントロールできている感覚」であると判明した。要するに、問題解決や目標達成のやり方を決める自律性が社員にあるということだ。立場が上の人間の指示によって仕事に制約が生まれる人に、そうした自律性はない。

自由がイノベーションと密接に結びついていることには納得がいく。まず、何かを変える力がなければ、改善を生み出すモチベーションは削がれる。また、自由がなく、何をするのもどうやるのかもつねに指示される環境では、社員の創造的思考を試す機会も、強化する機会も生まれない。自律性なくして成長は見込めないということだ。

『アナと雪の女王』の制作チームが改善に集中できたのは、彼らがストーリーを作成し、新たに書いたストーリーが受け入れてもらえると信じていたからだ。どんなストーリーを持っていっても、経営陣が独断で映画についての決断を下すと思っていたら、つらい改善につぎ込む労力は減っていたに違いない。

「言っても無駄」と学習した人の無力感は克服できる

リーダーたちは、「チームのメンバーに決定権を与えようとしても、欲しがらない」という不満をよく口にする。

決定権を欲しがらない理由はさまざまで、文化の違い、変化の規模、過去に自分で決断を下したときの経験などが考えられる。とはいえ、指揮統制という体系をとってきた歴史にも関係があると私は思う。命令する者とされる者に労働者を分断したせいで、抵抗しても無意味だと多くの人が信じるようになったのでないか。いいと思うアイデアや意見を提案したが無視された、という経験が職場である人は、そのときに無力感を味わったはずだ。

そうして無力感を学習してしまう現象のことを、心理学では「学習性無力感」と呼ぶ。この現象を最初に実証してみせたのは、ふたりの心理学者だった。マーティン・セリグマンとスティーヴン・マイヤーは、さまざまな条件下でイヌに一連のショックを与えるという実験を行った。イヌが特定の行動をとればショックから逃げられるという条件もあれば、何をしても逃げられない条件もあった。

ショックから逃げられなかったイヌは、その後ショックから逃げる手段を与えられても、逃げようとしなかった。無力感を学習してしまったのだ。

人間も同じだ。改善したくても自分の力だけではどうすることもできなければ、改善のために何をしても無意味で時間の無駄だと学習する。自分ではどうにもできないと感じていれば、改善を促されたとしても、しょせんは口先だけだと思って取り合おうとしない。

学習した無力感を「忘れさせる」ことは可能か?

セリグマンの貢献は、学習性無力感の発見だけにとどまらず、その克服の仕方にも及ぶ。さすがはポジティブ心理学の第一人者だ。セリグマンとマイヤーは、同じ出来事の受け止め方が異なる2人を調べて相関関係を見いだした。ともに学習性無力感を味わっても、その後落ち込むかどうかは受け止め方で変わるという。[6]

ある出来事で学習性無力感を味わって落ち込んだ人は、その出来事を永続的に自分のまわりにあるものととらえていた。そういう出来事はつねに起こる、それは自分の身に起こる、どんな状況にいても起こると感じていたのだ。一方、その出来事は一時的なものであり、自分に特別に起きたわけではなく、そのとき限りのものととらえた人は、落ち込まなかった。後者の出来事への対処は、「これもまた過ぎ去る」や「私個人の問題ではない」といった姿勢であるとまとめることができる。

リーダーとして、あなたのチームのメンバーが学習性無力感を克服するために何ができるか考えてみてほしい。

改善というプレーの4つの方法

改善というプレーには4つの方法がある。

改善を行うときは、次のことに意識を集中させる言葉を使う

1. 後退ではなく前進
2. 内側ではなく外側
3. 個人ではなく過程
4. ミスの回避ではなく偉業の達成

方法1　後退ではなく前進に意識を向ける

自分は成長できると信じる気持ちと自分の行動のコントロールには、強いつながりがある。そしてこのつながりが、「もっとよくなりたい自分」を呼び覚ますカギとなる。改善で前進することに意識を集中させるのはそのためだ。

前に進むことに意識を向けていると、次のような疑問を投げかけられるようになる。

◆「次はどこを変えるといい？」
◆「次の赤ワークの工程は、どのように変えるべきだろうか？」
◆「今回うまくいって、変えないほうがいい部分はどこ？」
◆「あのときに戻れるとしたら、自分に何を伝えたい？」
◆「次回の教訓にしたいことは何？」

方法2　内側ではなく外側に意識を向ける

人は本能的に、自分や自分のチームを守ろうとするものだ。だが他者に意識を向けると、「もっと違うやり方があったのではないか」とまわりから責められまいと身構えるのをやめて、次のような言葉が出てくるようになる。

◆「このプロジェクトを誰かに引き継ぐことになったら、さらなる成功を促すために何と言う？」
◆「役員たちはわれわれのどこを変えてほしいと思っているだろう？」

◆「顧客のためにもっとできることはないか?」

また、次に紹介する例のように、適切な言葉を使うと、改善を推し進めたいという気持ちが高まって、「ミスを回避するため」から「偉業を成し遂げるため」にできることへとチームの視点が移る。

◆「ここでは何が正しいかに意識を向けて、それを自分たちの礎にしよう」

これはまさに、ピーター・デル・ヴェッチョが『アナと雪の女王』の制作チームに向かって、うまくいっていないことではなく「正解となりうるものは何か」を考え、そこを出発点にしてほしいと告げたのと同じだ。彼のその言葉のおかげで、チームのメンバーは本物のイノベーションに必要な思考心理になることができた。

方法3　個人ではなく過程に意識を向ける

過程に意識を向けることには、過去に行ったことを守りたいという気持ちを弱める効果もある。それは、決断を下した人や行動を起こした人ではなく、行為そのものに注意が向くようになるからだ。過程に意識を向けると、次のような言葉を口にするようになる。

◆「作業そのものに目を向けると、どこが改善できると思う?」

◆「どうすればこれをもっとよくできるだろう?」

◆「過程で改善できる部分はどこだ？」

方法4　ミスの回避ではなく、偉業の達成を目指す

社内でミスを避けていると、何もしなければいいと思うようになり、「優秀であろうとする自分」から抜け出せなくなる。ミスを避けたいなら、何もせず、何も決めずにいるに限る。行動しなければ、ミスは起こらない。また、ミスを避けている限り、やる気は刺激されない。「前より悪い状態にならない」という後ろ向きな目標で刺激を受ける人は、ほぼ皆無だろう。一方、何か偉大なことを成し遂げられる可能性を抱けば、人は刺激を受け、心を動かされる。

「もっとよくなりたい自分」が「優秀であろうとする自分」に立ち向かおうとしても、前より悪くならなければいいという弱いモチベーションでは、「優秀であろうとする自分」を維持したい気持ちに打ち勝てない。必要となるのは、本当に特別な何かを成し遂げられる可能性から生まれた強いモチベーションだ。『アナと雪の女王』の制作チームのモチベーションがいい例だ。

改善には、時系列表の作成が役に立つ

改善を行うときは、起きたことのまとめから始めるのが基本だ。重大な操作ミスがあった場合、改善の時間は組織として正式に学習するための時間となる。

起きたことをまとめるには、時系列表を作成するといい。いちばん基本となるのは、赤ワークを行ったときの時系列表だ。〈エルファロ〉を例にあげると、次のような出来事が含まれることになるだろう。

○日○時：ジャクソンビルを出港。
○日○時：熱帯低気圧「ホアキン」がカテゴリー1のハリケーンに認定される。
○日○時：コース120に到達。大西洋ルートのままプエルトリコへの航海を続行。
○日○時：20フィート（6メートル）の高波に遭遇。
○日○時：舵が思うようにとれなくなり、操舵装置の警報機が故障。
○日○時：潤滑油装置が停止。

赤ワークで起きたことを時系列に沿って描写するときは、行った人の氏名ではなく役職や肩書きを使う。この時系列表は、赤ワークとそれを行っていた人々が置かれていた物理的な条件を表すもの、というとらえ方もできる。

赤ワークの次は、青ワークの時系列表を作成する。こちらでは、主要な決断とそれを決めた人物を特定する。青ワークを通じてなされた決断、立てられた仮説をまとめるのだ。

○日○時：大西洋で温帯低気圧が発生したとの情報を入手。ジャクソンビルからプエルトリコまで、大西洋をまっすぐ進む航路でいくと船長が決定。

○日○時：推進プラントに使用する原料の節約を機関長が進言。許容範囲ではあるが、潤滑油の量が低下している。
○日○時：熱帯低気圧「ホアキン」がカテゴリー1のハリケーンに認定される。大西洋ルートから変更なしと船長が決定。
○日○時：ラムケイの分岐点を通過。船長の命令により、大西洋ルートを続行。
○日○時：船長が船からの退避を命じる。

決断者の特定＝犯人捜しではない

ときには、決断を下した人の特定に苦労したり、特定に対して神経質になったりすることがある。決断を下した人をチームで特定できないなら、それはたいてい、誰が責任を担うのかが不明瞭で、決断のプロセスが曖昧であることの表れだと思えばいい。

決断を下した人の特定に神経質になるのは、心理的な安全性が低いことの表れであり、その組織のミスの扱い方がわかるというものだ。ミスをした人を責める組織では、決断した人として特定されることを誰もがためらうだろう。それどころか、決断すること自体をためらっても不思議ではない。一方、社内で誰かが下した決断のことを、やる気がある人から自然に生まれる成果としてとらえる組織では、決断した人の特定に怯える気持ちは和らぐ。いずれにせよ、決断した人の特定は、氏名ではなく肩書きで行う。

決断は、チームではなく個人によってなされるものだ。企業には、素早く動けること、大胆な決断（仮説）を生み出せること、それを試せることが求められる。すべての決断に誰もが「賛成」することはない。それはそれで問題ない。反対した人全員に決断は正しいと説得を試みれば、反対した人に過剰な権力を与えることになり、前へ進まなくなる。反対した人が権力や関心を手にすることになれば、議事進行の妨害が増える一方だ。とはいえ、自由に声をあげられると一人ひとりが感じることは不可欠であり、意思決定プロセスに敬意を払って誠実に検討することも怠ってはいけない。

青ワークの時系列表を作成したら、最後に青ワークの中身を時系列にする。要は決断が下されるまでの過程をまとめるのだ。〈エルファロ〉では、次のような時系列表の記載があってほしかった。

○日○時：熱帯低気圧「ホアキン」がカテゴリー1のハリケーンに認定されたとの情報を入手。大西洋ルート、オールドバハマ海峡のいずれにするかを決めるため、船内の高級船員に招集がかかる。意見は分かれ、機関長と二等航海士がオールドバハマ海峡を選択。最終的に、大西洋ルートにすると船長が決定。ラムケイの分岐点を次の決断ポイントとすることも決まる。このポイントには午前0時に到達すると思われる。

チームで考えるという視点からエルファロを検証する

正しく改善を行おうとする努力には、「優秀であろうとする自分」を追いやるだけの価値があるのか？　適切な状況下であれば、答えはイエスだ。青ワークにチームで取り組むときは、各自の知識を全員で共有し、一人ひとりが見ているものを全員で見る必要がある。

第4章で紹介した、ジェームズ・スロウィッキーの『群衆の智慧』に載っていたフランシス・ゴールトンによる雌牛の重さを当てる実験を思い出してほしい。スロウィッキーは、集団が間違えるときや集団が集団内のほぼ全員よりつねに優れた結果を出しうるときなど、さまざまなケースについて調べている。[7]

チームで考えるときの理想的な条件には、多種多様な考えが出ることや、個々が独立して判断できることなどが含まれる。的確な言葉でもってそうした環境をチームのために確立すれば、メンバーがひとりで考えるよりも優れた決断がつねにできるようになる。ちなみに、「投票をしてから議論をする」が青ワークの効果を高める理由もここにある。

チームで考えるという観点から〈エルファロ〉を見てみよう。三等航海士が真夜中近くに船長に電話をかけたときのことを覚えているだろうか？　彼の話しぶりはたどたどしく、自分の意見に価値を見いだしていなかった。話す前からすでに、彼は不利な立場に置かれていた。というのは、航路変更が可能なラムケイ分岐点の通過が、話し合いを行う機会としてとらえられていなかったからだ。そうして彼の前には社会通念が立ちふさがり、間違いだと気づいていても指摘できなかった。大西洋ルートを進むのは間違いだと叫べば、船長との関係性が脅かされると感じたのだ。

深夜を過ぎると、今度は二等航海士が船長に電話をかけたが、彼女も同じ不安を背負っていた。船長を立てる態度をとったのがどちらかひとりだけなら、個人の問題として説明できただろう。だが、2人ともが同じ態度だったので、船長が構築した環境をじっくり精査する必要がある。〈エルファロ〉の船員たちは、プエルトリコまでの航海を学習の機会ととらえていなかった。そのため、ラムケイ分岐点で判断を下すときに役立つ情報を集めたり、自分たちがとっている行動についてじっくり考えたりできる状態ではなかった。だからといって、一切の思考活動を拒否していたとは限らない。だが考えていたとしても、それはそんな環境にもかかわらず自ら思考したということであり、思考に適した環境は決して整っていなかった。

アジャイル手法から改善のやり方を学ぶ

第2章で紹介したように、アジャイルと呼ばれる開発手法では、赤ワークと青ワークを交互に行う仕組みが確立されている。開発サイクルの最後には振り返りの時間も含まれていて、そこでチームのメンバーが一緒になって、どうすればもっとよくなるかを話し合う。これは改善の時間に相当する。

アジャイルでは実行する者が決断を下すので、「優秀であろうとする自分」に「もっとよくなりたい自分」が対抗できる。「優秀であろうとする自分」を抑えるには、振り返りの時間の最初に「最優先指令」を読み上げるといい。それは次のような文言になる。

何を発見しようとも、誰もが最善を尽くしたと受け入れる。そのときに個々が持ち合わせていた知識、スキル、能力、利用可能なリソースを最大限に活用し、置かれた状況で全力を尽くしたと心から信じる。

ノーマン・カース著『プロジェクトの振り返り：チームレビューのためのハンドブック（*Project Retrospectives: A Handbook For Team Reviews*）』（未邦訳）より

「最優先指令」の目的は、「もっとよくなりたい自分」を「優秀であろうとする自分」に優先させることにある。そうすれば、振り返りの時間が、仕事の仕方を改善する方法をチームで集まって学習し探す有益な時間となる。

最優先指令は、みなで読み上げてもいいし、黙読しても、壁に貼ってもいい。いずれにせよ、未来に意識を集中させ、誰もが最善を尽くしたが改善の余地はあり、改善のために集まっているのだと自覚してほしい。この指令が頭にあれば、どんな意見も善意から生まれているという前提に立ちやすくなる。

証明の思考心理から改善の思考心理に変わるために意識すること

1. 後退ではなく前進
2. 内側ではなく外側
3. 個人ではなく過程
4. ミスの回避ではなく偉業の達成

改善する

改善は、改善という作業を行う時間であるとともに、赤ワーク、青ワークの両方を行う仕組みの目的となるものでもある。

赤ワークで実施したことを振り返り、もっとよくすることが改善である。

改善では、「もっとよくなりたい自分」と「優秀であろうとする自分」のせめぎ合いが起きる。優秀でありたいという欲求に従って自らを守ろうとすれば、もっとよくなるための活動が追いやられてしまう。改善に目を向けるには、優秀でなくなることを恐れる気持ちを抑え込む必要がある。

改善は周囲との協力を通じて生まれる。改善の成果は、次に試す仮説だ。改善を通じて人々に責任感が生まれ、赤ワークに戻る準備が整う。

新しいプレーブックにもとづくプレー⑥

第8章 みなを気にかけ「垣根を越えてつながる」言葉
――チームの心理的な安全性を確保する4つの方法

海底の奥深くには、激しい高圧下で石油が眠っている。その石油を取り出すには、本格的な技術が必要になる。正確性が求められる、実に厳しく危険な作業だ。

2010年4月20日、メキシコ湾の沖合にあった、トランスオーシャン社が管理する石油プラットフォーム「ディープウォーター・ホライズン」で事故が生じた。使用しなくなったマコンド坑井(こうせい)を仮廃坑にする作業中に、海底油田からガス・原油が逆流して暴噴し、大爆発が起きたのだ。

ガスと原油が油井の入り口から噴出し、9分間にわたって可燃性の炭化水素がプラットフォーム上で轟音を立てた。だが、非常警報は一切鳴らなかった。最終的に気体濃度は爆発する域に達し、その後すぐさまディープウォーター・ホライズンは業火に包まれ始めた。

この災害を調査したアメリカ政府の報告によると、そのあとには次のようなことが起きたという。

この時点で、[トランスオーシャン社の役員のひとりが] 油井櫓（ゆせいやぐら）がいまだに炎に包まれ続けていることをおかしいと思い始めた。EDS（緊急時噴出防止装置）が作動していれば、油井に蓋がなされて、火災の燃料となる原油やガスは遮断されるはずではないか?

彼はブリッジに向かった。ブリッジに着くと、責任者は「電力も、水も、非常用発電機もないんです」と述べた。

[チーフエンジニアは] まだブリッジの持ち場についていて、EDSがあるパネルの横に立っていた操作員に目をとめた。

[チーフエンジニアは操作員に向かって] EDSを作動させたか、と大声で怒鳴った。

[操作員が]「それには許可が必要です」と答えたので、[チーフエンジニアはトランスオーシャン社の役員に向かって] いいですかと尋ね、役員は承諾した。

するとブリッジにいた誰かが、「[OIM（安全担当の責任者）の] 許可がなければEDSを作動できません」と叫んだ。

このとき、目にも耳にも何も入らないといった呆然とした様子で、BP社 [の上級役員] と一緒に [トランスオーシャン社の上級操作員が] ブリッジにやってきた。

暴噴したマコンド坑井はプラットフォームといまだつながっている状態であり、ここでは [トランスオーシャン社の上級操作員が] 責任者となる。

［チーフエンジニアが］「EDSを作動させていいですか？」と叫び、［上級操作員が］「もちろんだ、EDS作動、EDS作動」と叫び返した。

［操作員が］パネルを覆う透明な蓋を開けて、EDSのボタンを押した。

［チーフエンジニア］：EDSを作動させたか？

［操作員］：はい、EDSを作動させました。

［チーフエンジニア］：［操作員へ］もう一度確認する。EDSを作動させたか？

［操作員］：はい。

以上の会話が生じるまでになぜ9分の空白があったのか、理由はわからない。いずれにせよ、EDSは機能せず、油井に適切に蓋をできなかった。事故後の調査から、装置の組み立てとメンテナンスに問題があったことが発覚している。配線の間違いや電池切れが見つかったのだ。EDSを作動させる決断の遅れも、災害の要因のひとつと言えるだろう。油井に蓋がなされなかったせいで、原油やガスのさらなる流入を許し、すでに発生した火災が一段と悪化したのは間違いないのだから。

この事故で11名が亡くなり、その後400日にわたって約500万バレルの石油がメキシコ湾に流出し、過去最悪と呼べる環境破壊を引き起こした。

人はときとして、激しい爆発で死ぬことよりも、許可なくボタンを押すことを恐れる。なぜそのような心理に陥るのか、それを本章で探っていこう。

上に気を遣う「序列第一」がもたらす問題

「安全第一」を掲げる組織は多いが、例にあげた作業員たちのように、人々がとる行動は実のところ「序列第一」だと言える。

恐怖心をみくびってはいけない。統制と遵守が強く根づいている環境にあっては、恐怖心に常識が歪められても不思議ではない。「疑問を持たず命じられたとおりに行動しなければ深刻な事態に陥る」と繰り返し徹底して刷り込まれれば、その組織で働く人々は、何をするにもそれが正しい行動かどうかを確認するようになる。疑問を持つたびに息が詰まりそうになる思いをしていれば、しだいに自ら行動を起こさなくなっていく。

石油プラットフォームで火災が発生するなかで、技術者はとるべき行動をすぐにとらなかった。アカデミー賞授賞式で、プレゼンターを務めるベイティは中断を呼びかけなかった。〈エルファロ〉の高級船員たちは、嵐でも進路を変更しなかった。

いずれのケースも、みな問題があるとわかっていた。にもかかわらず、序列の効力がとるべき行動をとらせなかったのだ。

〈エルファロ〉の高級船員たちは、船がハリケーンに向かって進んでいるとわかっていた。自らの命が危険にさらされるなか、彼らには舵手に方向転換を命じて航路を変更することができた。だが彼らがとった行動は、緊張した様子で自虐を交えながら、船長に向かってたどたどしく進路変更を提案することだった。切迫した状況で直ちに計画の変更を強行する必要があったなら、なぜ船長とのやりとりがそうもたどたどしく説得力に欠けるものとなったのか？　しかもそのやりとりは、船長から電話をかけることや行動をとることを「ためらうな」と言われたあとに起こっている。

必要に応じた行動、ものごとをわかっている人間による判断、深刻な脅威についての率直なやりとり。これらを阻むそうした風習は、いったい何なのか?

それにはやはり、人々が抱える恐怖心、権力の勾配、心理的安全性の不安が根底にある。

昔のプレーブックにはなかった「垣根を越えてつながる」プレー

この章で取り上げる「垣根を越えてつながる」というプレーは、恐怖心への対抗手段となるものだ。垣根を越えてつながることで、実際に見たものや思ったことを安心して口にできるようになる。ほかに誰ひとりそれを見たり思ったりしていなくても、正しいと99パーセント確信できなくても関係ない。つながることで、多様な考え方や意見のバリエーションを後押しする条件が整う。無気力だった人が行動を起こすようになる。このプレーは青ワークの有効性を高めるカギだ。これにより効果的な意思決定を下せるようになる。また、考えることから行動を起こすことへの移行が促されるので、赤ワークをやり遂げる力を支える役目も果たす。

ところが、「垣根を越えてつながる」プレーは、産業革命期に誕生したプレーブックには存在しない。あるのは「同化」だ。与えられた役割への同化を求められている。私は経営者で、君は従業員。あなたは船長で、私は船員。私は親で、おまえは子供。あなたは先生で、私は学生、という具合だ。違う役割の人とのつながりを断ち切らねばならないというわけではないが、最初から単純に、どちらの側からもつながりを持つことを避けようとする。

青ワーカーと赤ワーカー、監督者と作業員に立場が分かれている環境にあっては、垣根を越えたつながりは不要とみなされるどころか、求められもしない。何よりも求められるのは、序列のなかの各自の役割に同化することだ。誰かの下につく立場なら、チームの優秀な一員となることが求められ、波風を立てる、誰も認めたがらない事実を口にする、上司が決めたことに異を唱える、といった行動は避けなければならない。上の立場なら、感情を切り離し、部下とは距離を置き、立場と権力を使って部下に作業を強要することが求められる。

産業革命時代の監督者は、職場から一切の感情を排除することを望んだ。彼らの仕事は唯一、経営者が決めた作業を労働者に行わせることだった。つまり、労働者に作業を強要して統制し、彼らを従わせればそれでよかったのだ。もちろん、そうした言葉はいまでは使われず、「やる気を鼓舞する」や「刺激を与える」といった表現が使われる。だがその意味するところは、人を操って何かを強要することに変わりはない。

垣根を越えてつながるとは、他者を気にかけること

他者の仕事を決める立場にある人は、その人たちと一定の距離を保つ必要がある。つながりが生まれると、生産性が損なわれる恐れがあるからだ。序列の構造化が細部まで確立し、厳格な規則を通じて馴れ合いをよしとしない職場環境は数多く、海軍もそのひとつに該当する。規則を設けている目的は、仕事の割り当てや昇進に友情が影響しないようにするためだ。

これもまたフレッドが抱える問題のひとつである。フレッドが率いるチームは赤ワークにとらわれていて、仕事をしても虚しいばかりで充実感を得られない理由がわからずにいる。フレッドの職場では、青ワーカーと赤ワーカーの働く場所が分かれている。

リーダー、すなわち青ワーカーであるフレッドの職務は、彼が決めた作業に赤ワーカーを取り組ませることだ。赤ワーカー自身が決めたわけではない作業に取り組ませないといけないことから、フレッドは「強要」を実践することになる。強要は避けられないのだから、フレッドは赤ワーカーたちと距離を置いたままでいるほうがいい。彼らのことを深く知るのは避けるのが無難だ。フレッドは日がな一日、自らの人間性を否定して役割に同化しているのだ。それでは落ち込んで帰路につくのも無理はない。

産業革命の時代には、垣根を越えたつながりが入り込む余地はなかった。しょせん、感情が必要になるのは、自分で考えて決断を下し、行動を起こす必要があるときだけだ。命が脅かされる非常時に油井に蓋をする、というのもそれにあたる。

「垣根を越えてつながる」プレーは、他者を気にかけることである。他者が何を考えているのか、どのように感じているのか、個人的な目標は何かを気にかけることだと思えばいい。権力ある立場から判断を下すのではなく、隣に並んで応援する立場をとるのだ。

これは、相手の考えや行動をすべて受け入れろという意味ではない。相手の行動が不本意な結果を招いてもかばえ、という意味でもない。感情の露出をむやみに阻もうとする人為的なものを職場から取り除き、安心を感じられるようにするという意味だ。安心感を得られない場所では、自分のことを気にかけてもらえていると感じることはない。高い目標に向かって努力することもできないし、思っていることを自由に口にしていいと感じることもできない。

組織が掲げる「安全第一」は、労働者の心理的な安全と設備の安全を意味するのが一般的だが、職場の安全性は、誰もが自らの目で見て考え、異論や反論を自由に口にできるようになることで高まる。反論や異論、聞きたくない意見を抑圧していては、労働者の心理的な安全は生まれない。異論や反論を積極的に歓迎し、それについての議論を積極的に行う仕組みを確立する必要がある。心理的な安全は、意見の多様性に価値を置き、さまざまな視点を大事にする文化から生まれるのであって、それらを非難したり遠ざけたり避けたりしてはいけない。

「垣根を越えてつながる」プレーの4つの方法

「垣根を越えてつながる」プレーの方法は４つある。

> 「垣根を越えてつながる」とは他者を気にかけることである。その方法は4つある。
> 1. 権力の勾配を小さくする
> 2. 知らないことは知らないと認める
> 3. 弱さを見せる
> 4. 自分が先に信頼する

このプレーは、青ー赤ー青のサイクルのどこにも当てはまらない。ほかのプレーをできるようにするための土台となる特殊なものだ。たとえば、働きに注目して労い、やり遂げた仕事について語る場を設けるといったプレーなどは、垣根を越えてつながることでやりやすくなる。また、つながることで安心感が生まれ、誰もが口を開きやすくなり、優秀であろうとする自分を抑え込みやすくなる。

これまでに見てきたほかのプレーを行おうとすれば、与えられた役割に同化して所定の責務を果たすという産業革命時代のルールが大きな障害となる。それに立ち向かうには、垣根を越えてつながるプレーが必要だ。つながりが生まれることで、時計の支配、連携、責任感の自覚、区切り、改善といったプレーの効果が高まる。それと同時に、そうしたプレーを実践することが、垣根を越えてつながる文化の確立に一役買うことにもなる。

方法1　権力の勾配を小さくする

垣根を越えたつながりを単純化したいなら、権力の勾配を通して考えてみるといい。権力の勾配は、人と人を立場で隔てる距離となって表れる。航空機乗組員を対象に安全について尋ねた調査で、客室乗務員の40パーセント、副操縦士の11パーセントが、意見しなかった理由に権力の勾配をあげていた。勾配が強いほど、上司が聞きたがらないことを報告するのは困難になる。

立場の違いによる距離を測定するのは難しいが、その実感は絶えずつきまとう。

権力の勾配をどうやって測ればいいのか

権力の勾配の尺度となるものはいろいろある。給与や賃金、オフィスの広さ、絨毯の厚さ、専用の駐車場や食堂といった物理的な区別、特定の会合に参加できる人の限定、袖に入るラインの本数、座る位置（いちばん偉い人からの距離）、アシスタントの数と能力の高さ（性別も含む）、発言が許される時間、遅刻の許容、つまらない冗談を言ってまわりが笑うかどうか……。

おまけに、もっとわかりづらい尺度もある。それは会議の場で多く見受けられ、たとえば、誰が議長を務めるか、誰が議論をまとめるか、誰が行動を割り当てるか、といったことだ。その会議で誰に注目が集まるか、ということだって尺度になりうる。チームで集まるというごくふつうのことにも、発言者がチーム全体を見て話すか、その場の「ボス」を見るかに権力の勾配が表れる。産業革命期に誕生したプレーブックでは、作業を割り当てる職務や挑戦的な質問をする権利は、立場が上の人が有するものとされている。権力の勾配とはどういうものかを理解したいなら、次期ＣＥＯに選出された役員に対し、選出される前と後でまわりの接し方がどう変わったかを観察するといい。

権力の勾配が大きいところにははっきりとした境界がある。たとえば、医師と看護師、パートナーと非パートナー、政治任用官と政府職員、パイロットと客室乗務員、経営者と従業員などだ。また、あなたと上司の稼ぎに莫大な差があれば、同じ額を稼いでいる場合に比べて権力の勾配を強く実感する。

権力の勾配は、情報の検閲と正比例の関係にある。権力の勾配が大きい会社の社員は、情報を慎重に検閲したうえで上司とやりとりする。悪い知らせを排除したうえでメールの文面を組み立て、上司から何か提案があれば、いいと思ったにせよ、悪いと思ったにせよ、沈黙を保つ。そして、良し悪しが勝手に証明されますようにと祈る。

権力の勾配が大きいと情報の流れが悪くなる

権力の勾配が大きいところでは、「一歩ずつ」のやりとりに限定される。指揮系統を飛び越えることは、社会的にも序列的にもタブーとされている。

2003年にスペースシャトル「コロンビア」の悲劇[*1]が起きたとき、さまざまな意見があがったが、リーダーたち（1986年に起きた「チャレンジャー」の悲劇[*2]を通じて、自由にものが言える文化を築いてきたと自負する人々だ）は行動を起こさなかった。

デブリ（ロケットの残骸など地球の周囲に浮遊する不要となった人工物）評価チームのリーダーを務めたロドニー・ロチャは、発射時に「コロンビア」が被った損傷が致命傷であると証明するための調査を行わないとの決定に異を唱えるメールを書いたが、送信はしなかった。その理由を尋ねられた彼は、指揮系統を飛び越えたくなかったからだと答えている。軌道船の映像が必要となっていたにもかかわらず、ロチャは映像の取得を上層部の判断に委ねることを選んだ。一段階ずつ進むというわけだ。

このような過ちは組織でよく起こるが、それは、コミュニケーション、命令、情報をすべて同じように扱うからにほかならない。理想を言えば、命令は指揮系統に従うべきだが、情報は組織全体を自由に流れることが望ましい。

権力の勾配が小さくなれば、安心感が増し、結果的に情報を検閲する行為が減る。社員は上層部に対して真実を話すようになる。ありのままを伝え、ミスを認め、悪い知らせを伝えるようになる。「優秀であろうとする自分」を抑えて「もっとよくなりたい自分」を受け入れられるようになる。

権力の勾配は真っ先に感情に訴えかけてくるので、強大な権力を持つ人しだいで、権力を持たない人に自らの価値を実感させることや、強大な権力を持っている人々と対等に近づいたと感じさせることができる。そうなれば、権力を持たない人々が率先して口を開くようになる。だからこそリーダーは、権力の勾配に敏感になり、自ら勾配を小さくすることに努めなければならない。

権力の勾配を完全になくすべきではない

私は対等に「近づいた」という表現を用いた。というのは、権力の勾配を完全になくすべきではないと思っているからだ。仮に勾配をなくすことが可能だとしても（そういう主張はあるが、私は一度も実際に見たことがない）、勾配がなくなれば不要な曖昧さを招く。誰に何を決める権利があるかがわからなければみなが混乱するし、明確な境界線がなければ、無理をせず無難な行動をとるのが当たり前になる。

権力の勾配は、カヌーで下ったり上ったりする川だと思えばいい。川の勾配が大きければ、流

＊1　2003年、スペースシャトル「コロンビア」は、発射時に落下した断熱材の破片によって翼が損傷し、大気圏に再突入する際に空中分解した。

＊2　1986年に打ち上げられたスペースシャトル「チャレンジャー」は、固体燃料補助ロケットのOリングが破損したことが原因で、打ち上げ直後に分解した。

れが急になり、カヌーが転覆したり川を上れなかったりする。反対に勾配がなく平らなら、水の流れがとどこおり、どちらに向かって流れているのかはっきりしない。それに、匂いもこもる。カヌーに最適なのは緩やかな水の流れだ。そうすれば、水の流れる方向がはっきりするし、流れが急すぎて上れないということもない。

権力の勾配がなくなれば自ら難問に挑まなくなるとはいえ、会社では非常に大きな権力の勾配に遭遇するケースのほうがはるかに多い。あなたの立場に権威や権力が付随するなら、あなたにとっての「垣根を越えてつながる」プレーは、自分より立場が低い人々とのあいだにある権力の勾配を小さくするという意味になる。

テイラーの手法が取り入れられていた世界では、実行する者と決断する者の分断を意図的に目指していたので、さまざまな手段を講じて権力の勾配を大きくしていた。たとえば、物理的な分断、経営陣専用の食堂や駐車場の設置、着衣やヘルメットの色の違いなどだ。そうした象徴を排除することは、勾配の補正の第一歩として最適だ。

2005年、RBS（ロイヤル・バンク・オブ・スコットランド）がエジンバラ郊外のゴガバーンに本社を新設した。建物は豪華な重役室を備えていて、その部屋は「拷問部屋」と呼ばれるようになった。重役室がある棟のセキュリティは非常に厳しく、長年務めるベテラン社員ですら簡単には入れなかった。警備員が入り口に配備され、経営陣しか入れてはいけないとの厳命が下されていたのだ（物理的な分断）。同行のCEOだったフレッド・グッドウィンのオフィスは、特別仕様で最上階に設けられ、部屋の奥行きは何と20メートルもあったという（オフィスの広さ）。

それから3年もしないうちに、RBSは倒産の危機に瀕し、英国政府による450億ポンドの資金援助のおかげで生き延びた。当時ゴガバーンで働いていた中堅社員に話を聞くと、同行が手を広げすぎていたことは周知の事実で、そのうち資金援助が必要になると誰もが知っていたと答えた。だがもちろん、それほど大きな権力の勾配があっては、会社の戦略に疑問を抱く社員が何人いようと、経営陣は決して聞く耳を持たなかっただろう。

幸い、例の重役室は、いまでは新たなビジネスを始めるための拠点として活用されている。

発言の割合も、権力の勾配の尺度となる

発言の割合もまた、権力の勾配の尺度となる。〈エルファロ〉での会話の記録からもわかるように、船長を交えた会話では必ず、船長の発言の割合が相手よりも多かった。さらには、高級船員から役職のない船員と立場が下がるにつれて、発言の割合が減っている。ブリッジにいた3人の2時間の会話の記録を見ると、船長と高級船員が話すあいだ、優秀だが役職のない船員はわずかに3語発しただけだった。

一部の家庭では、話しかけられるまで口を開いてはいけないし、姿は見せても声を出してはいけないというルールを子供に課している。このルールが数百万ドルの船を動かすプロの大人たちにも適用されていたということだ。

ブレーンストーミングを行うワークショップに参加したことのある人なら、議長役やリーダーから、「この場に上下関係はない」ので互いに下の名前で呼び合い、発案者が誰であれ、すべてのアイデアを長所にもとづいて評価すると告げられたことがあるのではないか。こうした演習が行われるのは、権力の勾配の大きさが仕事の思考の部分に害をなすという認識があるからで、生まれ

ているかもしれない権力の勾配に対抗することを目的としている。

しかしながら、それらは応急処置のようなやり方なので、演習に参加してもわざとらしく感じ、しょせんその場かぎりのものだと思うだろう。権力の勾配を小さくするためのアプローチは、日常業務に取り入れられるもののほうがいい。

私が上だと知らしめるための言葉

権力の勾配が大きいと、立場が上であると知らしめる必要があると言わんばかりに、上司があからさまに権力を振るうことがある。そういうときは、次のような表現がよく用いられる。

◆「ここは私の会社だ」
◆「私がそう決めた」
◆「ここでいちばん偉いのは私だ」

資格や経験年数の強調もまた、権力の勾配をまわりに知らしめるために使われる。

◆「ここには君より私のほうが長くいる」
◆「私は〇〇大学の出身だ」
◆「私は認定された技術者だ」

いまあげたような言葉は、思考の多様性を減らし、バリエーションを失わせる。バリエーションは青ワークの助けとなるものなので、それが減れば青ワークを行うチームの能力が損なわれる。

権力の勾配が大きいと、権威を笠に着た言動も生まれやすくなる。そういう組織では、次のような言葉が飛び交う。

◆「やれと言ったのは上司です。私はそれを伝えているだけです」
◆「規則ではそうなっています」
◆「それが我が社の方針だ」

こうした言葉もやはり、意見や思考のバリエーション、意思決定や責任の発生を抑制し、人々から当事者意識を失わせる。また、人間性も奪われる。

権力の勾配を小さくするための言葉

権力の勾配については、大きくするのではなく小さくすることに努めるべきだ。それには次のような行動をとるといい。

● 物理的、感情的を問わず、分断するのをやめて、垣根を越えたつながりをつくる。
● 誰かに対して、あるいは誰かのために何かをするのではなく、誰かと一緒に何かをする。
● 権威を強化するのではなく、権威を弱める。
● 批判ではなく、観察したことの描写を心がける。

例をあげよう。

◆「君に決めてもらう必要がある」（決断の押しつけ）
◆「これは君にやってもらわないと」（決断の代行）

いまあげたような言い方では、相手に対して、あるいは相手のためにあなたが何かをすることになる。そこで、次のような言い方に変えてみてほしい。

◆「これについて一緒に決めてもらいたい」（決断の共有）

子供の躾を例にあげると、

◆「ちゃんと靴紐を結ばないなら……」（行動の強要）
◆「さあ、靴紐を結ぶね」（作業の代行）

ではなく、次のように変えるといい。

◆「靴紐を結び終わったら、一緒に出かけられるね」（行動の共有）

労いの言葉は、相手に対して、あるいは相手のためにかけ、結果的に権力の勾配を大きくする役割を果たすことが多い。とりわけ親が子を褒める場合が顕著だ。たとえば、

◆「本当によくやった」（子供に対して労う言葉の例）

という具合だ。そうではなく、自分が見た子供の行動を描写してみてほしい。

◆「パーティの誘いを断って、そのプロジェクトに一生懸命取り組んでいたね」
◆「試験が終わっていい気分でしょう！」

権威を強化せず弱める場合はどうか。

◆「私は黒帯の師範だ。君の資格は何だ？」
◆「私は25年これをやっている。君はこれを始めて何年になる？」

こうした言葉に代えて、次のような発言を心がけてほしい。

◆「ここでは君の意見が重要だ」
◆「君の新鮮な目が新たな視点をもたらしてくれると思っている」
◆「君の経験が、われわれの決断にきっと役に立つ」

下の立場の人が権力の勾配を減らすためにできること

立場の低い人の手で、上の人に対する権力の勾配を小さくすることは難しいと思う。権力の勾配を大きくした側には、そうする理由があったのだし、立場が低い人が権力の勾配をなくそうとすれば、「傲慢だ」と思われ、社会的に不適切な行為だとみなされるだろう。上司のオフィスに呼ばれていないのに入っていく、上司の背中を叩いて激励する、といったことをすればどうなるか（どちらも基本的に避けたほうがいい）？　あるいは、役員専用の食堂に許可なく入ったり、「重役会議」にいきなり現れたりしたところで、上の立場の人々は、権力の勾配をさらに大きくする必要があると思うだけだ。

権力の勾配を小さくするために、立場が低い人にできることは何か？　勾配に正面から異を唱えることには慎重になるべきだ。意思決定のプロセスを直接変えようとするよりも、まずは話を聞いてもらう権利を獲得し、安心して最後まで話を聞けると上司に思わせることから始めるといい。安心させるには、選択肢を提示すること、それから変化の規模を小さくすることが効果的だ。

商品の発表時期を上司が当たり前に決めている状況を思い浮かべてほしい。そういうときは、「商品の発表を遅らせるべきだと思います」と上司の決断そのものに影響するようなことは言わずに、「商品を発表する時期を決めないといけませんよね。その件について、チームとしての見解はどの程度役に立つでしょうか？」と尋ねる。これなら小さな変化であり、上司に選択肢を提示することになる。そして、決めるのはあくまでも上司であると念を押せば、権威を脅かすことにもならない。

私ならさらに、「どういう決断にせよ、チームで支えます」というひと言も添える。これにより、権威を脅かされる不安は取り除かれるうえ、チームの忠誠心も再確認される。自分を助けるための提案だと思えれば、上司は安心できる。

そうはいっても、権力の勾配を小さくする責任は、立場が上の人々にあるということを忘れてはならない。これは権力を持つ人にとっては難しいことだ。というのは、立場が下のほうが、権力の勾配を強く感じるからだ。立場が上の人は、そういうことを考えたり気にとめたりすることすらないかもしれない。もっとも、同じ立場の同僚や自分の上司とのあいだには、権力の勾配を感じているかもしれないが。序列で立場が上になる人が権力の勾配について理解するには、自分より立場が低い人にどう感じているかと尋ねるのがいちばんだ。

フィードバックという名の批判が役に立たない理由

アカデミー賞授賞式、石油プラットフォームの「ディープウォーター・ホライズン」、貨物船〈エルファロ〉。そうした現場に潜む「恐怖心」は、他者から、とりわけ社会から、批判、評価、査定されるという感情から生まれる。批判は優位に立つ人を生む。フィードバックの大半が役に立たず、それどころかマイナスの影響を与えるのはそのためだ。批判できるということは、相手よりも強い立場にあるということの証しである。このことから、批判は権力の勾配をとりわけ大きくする存在だと言える。

加えて、批判というものは一般に、相手の目的に反する内容となる。

たとえばこんな具合だ。

◆「〇〇すべきだった」
◆「〇〇したらいいのに」
◆「〇〇する必要がある」
◆「君は〇〇でしくじった」

こうしたコメントで動詞ではなく名詞を活用すると、棘が和らぐ効果が期待できる。たとえば、「君は残念な働きをした」と「君の働きは残念だった」を比べてみよう。[*3] どちらのほうが批判的に聞こえるだろうか？　前者のほうが個人に対する批判を強調していると感じるなら正解だ。不確かなことについて話しているときに、批判ではなく観察した意見を優先するには、動詞より名詞（「働きをした」に代えて「働き」）を使うようにするといい。感情が高ぶっているときは、使う言葉をこうして少し変えるだけで大きな効果が見込める。

批判するコメントと、観察のコメントの違い

エルサレムは、50年以上、いや見方によっては数千年にわたって衝突が起きている都市だ。都市の内部は政治によって、明確かつ厳密に線引きされている。ユダヤ教だけでなくイスラム教（そしてキリスト教）の聖地でもある場所なので、アラブとイスラエルが和平を結ぶには、土地を2つの世界に分割する以外にないという人もいる。この緊迫した問題は、使う言葉で命運が左右されかねないことを実証するのにうってつけだ。

129人のユダヤ系イスラエル人学生を対象に、「私はエルサレムの分割を支持します」と「私はエルサレムを分割することを支持します」の文章を見せて、支持する気持ちの度合いはそれぞれどのくらいかと尋ねる実験が行われた[1]。

すると、文章に名詞（分割）が使われているほうが、怒りが抑えられていて譲歩を支持する気持ちが高いとの意見があがった。さらには、その方針が採用された場合にどのくらい怒りを感じるかと尋ねると、名詞を使って尋ねたときのほうが怒りが和らいだ。また、名詞を使って方針を説明したときのほうが、報復措置に言及される回数も減少した。

つまり、評価しなければならないときは、動詞ではなく名詞の使用を心がけたほうがいいということだ。とはいえ、できれば評価や批評は避けて、観察したことを描写してほしい。2つほど

例をあげよう。

人を批判するコメント：いいかげんに報告書を書いたな。
仕事内容を批判するコメント：あの報告書はいいかげんに書かれている。
観察したことを描写するコメント：報告書にスペルミスが3箇所あった。

人を批判するコメント：もっと頑張って結果を出しなさい。
仕事内容を批判するコメント：出すべき結果はそれじゃない。
観察したことを描写するコメント：この四半期で契約をとった割合が、去年のこの四半期と同じだ。

会議に遅れてきた人がいるとしよう。それは問題行動であり、あなたは時間どおりに集まって会議を始めることが大事だと強調する。ところがその後、さらにもうひとり遅れてやってきた！あなたは反射的に、「会議に遅れてくるなんて、仕事に対する意識が低い」と言いたくなる。会議に遅れてきたというのは紛れもない事実だ。しかし、仕事に対する意識が低いかどうかは、遅れてきた理由をまだ聞いていないのだから批判となる。

＊3　この例は、例にあげた2文を比較する目的で提示している。実際には「君の働きは残念だった」という表現も避けたほうがいい。その代わり、自分が見たことを描写する。クライアントとの打ち合わせをうまくできなかった部下を評するのなら、「提供するものについて説明しているときに、話があちこちに飛んでいた」といったことを言えばいい。

意識が低いかどうかの判断は、遅れてきた当人にさせるほうがよほどいい。おそらくは、めったに起こらないやむをえない事情があったのではないか。「顧客から厄介な電話がかかってきて、思ったより話が長引いてしまった」「子供が病気になり、面倒を見てくれる人を探さねばならなかった」「別の部署のマネジャーから、いきなり会議への出席を求められた」といった理由があったのかもしれない。

その反面、妥当な理由どころか、時間どおりにくるより重要だとは思えない理由があがることも考えられる。遅れてきた人に対して当事者意識を持って考えるようになってもらいたいなら、それでもやはり、遅れたという状況について本人に考えさせたほうがいい。

この時点では「時間どおりに会議に出席することの妨げとなったものは何だ?」と尋ねれば、時間を守れなかった理由として受け入れられるものもあると、相手に伝わるのではないか。本当のところはわからないが。

他者のために（または他者について）批判をするのは、本来その人がすべき思考を肩代わりすることを意味し、「自分たちで考える」組織から、産業革命時代の「なせばなる」組織への後退を促すことになる。批判をするのはかまわないが、社内で考えることが不足しているとすれば、それはあなたの行動が招いた結果なのだとあとになって気づかされるだろう。

方法2　知らないことは知らないと認める

何でも知っているという態度の人と、垣根を越えてつながるのは難しい。そういう態度の人は、他者の考えを気にかけない。そういう態度の人からは、「自分の考えることにしか興味がない」という印象を受ける。私は長年にわたり、なんでも知っている人になることで生計を立てていた。すべての答えを知り、すべての決断が正解である人物でなければならなかったのだ。「わからない」と答えていいことは何もなかったが、その言葉を発するリーダーのほうが、チームをよい方向に導けると私は学んだ。

すべての学習は「わからない」という言葉から始まる

リーダーがわからないと認めると、チームもわからないと認めやすくなる。これは、決断について話し合っているときにとりわけ重要になる。決断というものは、決めたあとにならないと、それが別の決断よりいいものだったかどうかがわからない。かなり時間がたたないと判明しないケースもある。皮肉なことに、わからないとリーダーが認めると、チームやチームのメンバーが「わかっている」と認めやすくなる効果も生まれる。リーダーが「わからない」と言えば、年若いメンバーから「○○なら私がわかります」や「こうしてはどうでしょう?」と声があがりやすくなるのだ。

それに、すべての学習は「わからない」という言葉から始まるという点も忘れてはならない。「わからない」で終わりではなく、そのあとには次のような言葉が続く。

……じゃあ調べてみよう。

……どうやって試せると思う?

……だから実験しよう。

「全部もうわかっている」と言って、学習や発見の旅を始めた人はひとりもいない。

自分の知識や決断に確証を持てないときの言い方

自分の知識や決断について確証が持てない気持ちを伝え、傲慢に決めつけることを避けたいなら、次のような言い方を用いるといい。

◆「これはまだやったことがない」
◆「ここはわれわれにとって未知の海域だ」
◆「これについては、60パーセントの確信しかないと言わざるをえない。つまり、私が間違っている可能性が40パーセントあるわけだ」
◆「どちらの言い分もわかる」
◆「私の立場から反論する根拠は○○なので、○○の兆しに目を配っていてほしい」

リーダーとして、わからないことをわからない、あるいは100パーセントの確証がないと認めれば、弱さを見せることになる。産業革命期は強要がリーダーシップの基本だったので、弱さは欠点とみなされた。実行する者と決断する者を分けていたため、決断する側は、自分たちが決めた作業を実行する者たちにやらせなければならない。その作業が正しいという確証はないと認めれば、強制力が弱まる。そのせいで、決断する人々に、弱さを見せず不安を吐露しない姿勢が染みついてしまった。だからこそ、3つ目に紹介するプレーは、垣根を越えてつながるための選択肢のひとつとなる。

方法3　弱さを見せる

権力の勾配を小さくするには、弱さを活用することもできる。理論的には、立場が上がるほど自分を守る必要はなくなるが、皮肉にも責任ある立場に就くと、人は弱みがないというオーラを必死でまとおうとする。

弱みのなさをアピールする言い方、不安を露わにする言い方

〈エルファロ〉の船長がいい例だ。彼の発言には、弱みのなさをアピールするものがいくつもあった。

◆「だから、今回は耐えるしかないな」
◆「大丈夫なはずだ。いや、『はず』ではいけない。大丈夫にするんだ」
◆「この船は嵐を突っ切ることになる。ほかにどうしようもない」
◆「(万事) うまくいくはずだ」
◆「おいおい。わかってないな。この船は方向転換しない。方向転換はありえない」

二等航海士は船長の言葉と現状が明らかに違うことを懸念しているが、その発言がなされたのは船長がブリッジを離れたあとだ。船長に懸念を伝えても大丈夫だと安心できなかったのだろう。船長が本心を表明していれば、ほかの船員たちも安心して不安を吐露できるようになったはずだ。船長は次のような言い方もできたのではないか。

◆「われわれになら耐えられるはずだが、この条件下ではわからない。みんなはどう思う?」

◆「大丈夫なはずだが、状況の警戒を怠らないようにしよう。計画を変更して遠回りになるルートをとることになるかもしれない」

◆「われわれは大型のハリケーンに衝突する。私は少々怖い」

◆「みんなはこれについてどう思う? 私は興奮が冷めて、徐々に不安になりつつある」

◆「大西洋ルートをこのまま進むべきだと、どのくらい確信を持って言える?」

船長が不安を露わにしていたら、ほかの船員たちはそれに同意して、目の前の危険を危惧する気持ちを表明していいと感じることができていただろう。

2019年のクリケット・ワールドカップで、優勝候補の一角に目されていたイングランドが2連敗を喫し、予選敗退の危機に瀕した。イングランドチームは集まって、いま起きていることについて話し合った。特筆すべきは、年長の選手たちが弱さをさらけ出したことだ。彼らはオープンになって、恐怖に感じていること、突かれたら痛い事実、自分の本心を正直に語った。おかげで全員が本心を語ることができ、その結果、失敗を恐れる気持ちが軽くなり、強い絆が生まれた。速球派ボウラーのマーク・ウッドはのちに、それがターニングポイントとなって、次の絶対に負けられないインド戦に勝利し、最終的に優勝できたと語っている。[2]

弱さは決して欠点ではない。それどころか、垣根を越えたつながりを生み出せる、素晴らしく強力な武器となるものだ。

私のクライアントに、「さらけ出す」という言葉を否定的な意味で多用する会社があった。社員に「自分をさらけ出した」と感じさせまいとしていたのだ。自分を出すことに消極的なそういう姿勢は、信頼や弱さを見せることを重視せず、批判が頻繁に行われていることの表れだ。社員を子供扱いしているのだから、その会社は突出した存在にはなれない。リスクをとって新しいアイデアを出そうと誰もしないのだから当然だ。安心して弱さを見せたり、感情をさらけ出せたりできる文化を構築することが大切なのだ。

方法4　自分が先に信頼する

産業革命時代に生まれた「信頼」の形は、次の2つについて一新する必要がある。当時のリーダーは、相手に先に信頼できる存在であると証明させることを当たり前としていた。それにより、観察ではなく批判する機会が自然と増えたことも、権力の勾配が大きくなった一因である。だが、先に相手を信じるのはリーダーであるべきだ。

それから、信頼は相手をつねに正しいと思うことと同義ではない。信頼は単純に、あなたの行動は組織の最善を思ってのことだと信じているということだ。だからといって、あなたの行動が100パーセント組織にとっての最善であるとは限らない。この違いはとても重要だ。信頼の意味をきちんと理解していないと、異論は不信と同義になり、一度ミスしただけで「信頼できない人物」になってしまう。

自分が先に信頼するとは、善意を前提にするということだ。

誰かがミスをしたとき、リーダーとしてこう自問しよう

たとえば誰かがミスをしたときは、こう自問してほしい。「組織のためになることをしようとしてミスをしたのか、それとも、組織のためとは別の動機があったのか？」と。

ときには、組織の目標にそぐわない動機が見つかることもある。ただし、組織やチームとして成し遂げたいことや目的をリーダーがしっかりと認識していなかったら、ほかの社員たちは自分が目的だと思うものを基準にして決断を下すことになるので、そのせいで生じたミスはリーダーの責任となる。それを確認するには、社員が下した決断が何を目的としているかを見ればいい。それが短期的には利益を得るが、長期的にはかなりのコストがかかる決断であれば、組織の価値観とはそぐわず、組織の目的が社員にきちんと伝わっていないという問題があるとわかる。

また、未熟さから間違った決断を下すこともある。それはその人自身の能力の問題だ。

とはいえ、組織の目的に即して決断を下そうとしているなら、その人のことは信頼すべきだ。まずはリーダーが信頼すれば、信頼された人々の行動に影響が及ぶ。信頼されていると感じれば、これまで以上に仕事に熱心になり、会社にもっといたいと望むようになり、自発的に動くようになる。

「人のリスクは引き受けても、母なる自然のリスクは引き受けるな」という表現がある。これは、リスクを引き受ける（信頼する）という行為は人の行動の変化を招くが、物理の法則は絶対に変化しないことに由来する。

信頼は、「あなたは正しい決断を下そうとすると信じている」という意味なので、「この決断に至った経緯を教えてほしい」とあとから尋ねるのは問題ない（というより適切だ）。決断自体は信

頼という感情の重みから切り離されているので、決断に関する議論は自由に行えばいい。

意思決定には論理だけでなく感情も重要

アイオワ大学で考案されたＩＧＴ（アイオワ・ギャンブリング・タスク）をご存じだろうか。これは、参加者に容器いっぱいのお金を渡し、カードゲームを通じてそのお金をできるだけ増やすというタスクを課した実験のことだ[3]。参加者は、４つのカードの山のひとつからカードを１枚引く。カードには、「勝ち（お金がもらえる）」「負け（お金を失う）」のどちらかが書かれている。

当然ながら、この実験にはひねりが加えられている。カードの山に決まりがあるのだ。山ＡとＢはいい山で、勝ち、負け、いずれのカードも金額は50ドルとなる。一方、山ＣとＤは悪い山で、勝ちのカードを引けば１００ドルもらえるが、負けのカードを引くと２５０ドル払わないといけない。悪い山からばかりカードを引き続ければ、手持ちのお金は必然的になくなる。

いい感情や嫌な感情によって引き起こされる肉体の自然な反応を測定するため、参加者は、皮膚にかいた汗を微量でも検知する機器を装着した。緊張すると手に汗をかくのは論理的に正しい。汗は、苦悩や苦痛といったストレスの表れなのだ。

脳の働きが健全な参加者のほとんどは、ＡとＢの山のほうがCとDの山よりいい結果をもたらすと気づくまで、４つの山すべてを対象にしてカードを引く。面白いのはここからだ。山の違いを意識する前から、ＣとＤの山に手を伸ばすと、参加者のストレスレベルが上昇を始めた。つまり、頭で結論を出す前に、ＣとＤの山は悪い山だと勘が働くのだ。

実に興味深い発見だが、だからといって、論理や批判的思考の代わりに勘や直感に頼ればいいということにはならない。たとえば、大半が少額の勝ちのカードにひと握りの多額の負けのカードを交ぜた山をつくれば、金銭面的には悪い山であっても、参加者は直感的にいい山だと思う。数回大きく負けることは深刻な問題であるにもかかわらず、人の直感はその深刻さをきちんと受け止めない。全体からすればそれらが取るに足らない額であっても、少額の勝ちを頻繁に得られることに夢中になる。実際に起きていることを意識するには、認知の力が求められる。この弱点をカジノの経営者たちはよく心得ていて、スロットマシーンは少額の勝ちが何度も支払われるようにプログラムされている。そのため、全体として手持ちのお金は減っていくと頭ではわかっていても、お金を賭けると感情が満たされるのだ。

　意思決定において、論理が不可欠であるのは事実であり、感情がごまかされることがあるのも確かだ。とはいえ、難しい決断を下すときに感情の助けを無視すれば、悲惨なことになる。感情は決断にとって重要な存在のひとつなのだ。とりわけ、論理的に完全な解決策を断言できない問題に取り組むとき、直近の成果か将来的な成果のどちらかを選ぶとき、主観が関係するときには感情が重要になる。つまり、決断を下すための情報が不完全なケースのみならず、社会問題や個人の問題にとっても、感情は重要な情報源となるのだ。

　考えることや決断を下すこと（つまりは青ワーク）の必要性が高まるにつれ、前向きな感情や安心感、弱さや不安を感じることのできる文化を育む必要性も高まる。

　感情を伝えるという新たな形のコミュニケーションを機能させるには、口を開いても大丈夫だとチームのメンバーが実感できるようになる必要がある。「もっとよくなりたい」という思考心理で働いていると、自分の能力不足が露呈したり、社会とのつながりを失ったりする恐れがある。そういう場面では、権力の勾配を正しく理解していることが重要になる。組織において、権力の勾配がコミュニケーションに与える影響は決して小さくない。というより、本書で紹介するプレー全般にも少なからず影響を及ぼす。

それほど権力の勾配の存在は大きいので、信頼という側面からあらためて、権力の勾配が与える影響を見ていきたい。

見えないようでも、権力の勾配は必ずある

私は以前、スイスに本社を置く大手グローバル企業と一緒に働いたことがある。本社には重役専用のフロアやスペースがあり、専用の駐車場や食堂もあった。絨毯までもが特別で、建物内のどこに敷いてある絨毯よりも明らかに厚みがあり、豪華だった。多額のお金をかけて、自分たちは特別だと示しているのだ。その効果は抜群だった。

重役以外の社員たちは、本社の別棟へ行くのに回り道をしたり、エレベーターを使ったりしていた。重役専用フロアを避けるためだ。通ってはいけないという規則はなかったが、重役専用に設計したばかりに、権力の勾配が物理的な障害と化したのだ。同じフロアの別棟に行く途中に重役専用のスペースがあれば、階段を下りて別棟に渡り、また階段を上って移動した。

同社は大手の経済新聞から、動きが鈍く、機敏なライバルについていけていないと評されていた。株価は5年にわたって変わらず、その間に同業他社たちの株価は50パーセント上昇した。結

局、数名の重役が会社を去った。この会社が抱える問題は、豪華な絨毯と無関係ではない。

権力の勾配は、自分より立場が上の人との差のほうを意識するものだ。あなたとあなたの下につく人たちの勾配に関しては、下につく人たちのほうがはるかに敏感なので、リーダーとして勾配を緩くする努力をしなければ、チームのイノベーションを起こす力や学習する力を無意識に阻害することになる。あなたには見えなくても、勾配は必ずある。

権力の勾配は、従来の組織の内外を問わず、ありとあらゆる関係に存在する。存在しないふりをすれば、人命が失われることにもなりかねない。航空機に搭乗中の機長と副操縦士のあいだにある権力の勾配に関する素晴らしい研究がある。アメリカの国家運輸安全委員会が１９９４年に発表した報告書によると、１９７８年から１９９０年のあいだに起きた37件の事故を調査した結果、その80パーセント以上が機長が操縦中に起きている。[4] なぜそんなことになるのか？　機長のほうが操縦の経験は豊富なはずだというのに。

調査によると、その原因は権力の勾配にあるようだ。機長のほうが事故をよく起こしているというのは、副操縦士が機長のミスを正す回数のほうが少ないことに原因がある。それに、機長のほうが間違いの指摘に耳を貸そうとしない傾向が強い。こうしたことから、序列に強烈に惹きつけられるのが人間の性なのだとわかる。

新参者と古参者の権力の勾配を減らすには

人は生まれながらにして、さまざまな権力の勾配に身を置くことになる。勾配の「既定路線」

とも呼べるもののひとつが、新参者と古参者のあいだに生まれる勾配だ。長く勤める社員が自らの「経験値」を口にすれば、「私のほうが先にここにきた」という立場の勾配が生まれる。新参者に対するいじめや儀式は、権力の勾配を強める役割を果たす。だがこの問題は根深く、対処するのが難しい。それに、チンパンジーなどほかの霊長類にも、この種の問題は当然のように存在する。

チンパンジーの群れでは、群れに入ってきた順序に力関係が比例する。[5] 霊長類の研究者がチンパンジー間の権力の勾配について研究できるのは、単純に群れでの立場が低いほうがストレスを感じるという悲しい理由があるからだ。ストレスは血液中の特定のマーカーによって測定できる。チンパンジーを順番に群れに入れていくと、あとから群れに入ったチンパンジーのほうがストレスを強く感じているとわかった。次に、その群れを解散させ、今度は違う順序で同じチンパンジーを群れに入れていった。最初の群れで強いストレスを感じていたチンパンジーをもっと早い順序で群れに入れると（つまりは群れでの地位を高くすると）、期待どおりストレスは低下した。おまけに、寿命が延びる傾向も見受けられたという。

最悪の結果となったのは、反対に群れに入る順序が遅くなり、それに呼応して立場が低くなったチンパンジーだ。「落ちぶれた」チンパンジーたちのストレスマーカーには深刻な悪影響が表れ、健康に害が及ぶと予想された。

あらためて言うが、権力の勾配自体は、高級な絨毯や会員権といったものに隠れて目に見えないが、その影響は、意思決定やイノベーション、場合によっては健康にまで及び、その影響力は強大だ。

人とのつながりを妨げる言い方、促す言い方

権力の勾配を強め、人々のつながりの妨げとなる言い方には次のようなものがある。

◆「私のほうが経験がある」
◆「私はやったことがある」
◆「私は会議の場にいた」
◆「そうしたいと上司から言われている」
◆「君はやったことがないから」

一方、権力の勾配を小さくする言い方は、つながりを促す次のようなものになる。

◆「これには君の新鮮な目が生きる」
◆「われわれが長くやってきたからといって、君に改善点を見つけられないとは限らない」
◆「何かを改善するときは、さまざまな視点が役に立つ」
◆「君が見ているものを知っているのは君だけだ」
◆「私は何度もやっているので、客観的に見るのが難しい」
◆「このプロジェクトを発案したのは私なので、君たちより感情移入が強く、守ろうとしてしまう」

権力の勾配を大きくする決断、小さくする決断

こうした言葉とは別に、権力の勾配に影響を与える決断というものがある。勾配を大きくし、人々のつながりを妨げる決断の例をあげよう。

●一部の人のために、オフィス、食堂、トイレ、駐車場を別に設ける。
●開放的な間取りを、大きなテーブルやガラスなどを使って物理的に仕切る。
●受付係や警備員などを配置して敷居を高くする。
●CEOだけ写したポスターや写真を印刷物にする。
●会社のパンフレットに、実際には別の社員に書かせた文章をCEO名義で掲載する。

反対に、勾配を小さくし、人々のつながりを奨励する決断の例は以下になる。

●上司のオフィスに部下に報告にこさせるのではなく、部下と隣どうしの席にする、上司が席を立って部下のデスクへ行くなどを実践すれば、上司と部下の距離が縮まる。
●本人が直接見るメールアドレスでやりとりする、チームとして同じ場所で仕事をする、チームが作業しているところに頻繁に顔を出す、誰でも使えるデスクを中央に配置するなどを通じて、声をかけやすい環境を整える。
●チームを写したポスターや写真を印刷物にする。
●会社のパンフレットに、実際に書いた人名義で文章を掲載する。

権力の勾配が大きいとどうなるかを知りたいなら、北朝鮮の金正恩のような非常に独裁的なリーダーの言動に目を向けるといい。それを見ていると、金正恩、彼の父親、彼の祖父が独力で国を建てたように思わせられる。

権力の勾配は、勾配が大きいほど情報（考えや事実）を上に伝えるのが難しくなる。ハーバード・ビジネススクールのエイミー・エドモンドソンは、新しいテクノロジーを採用する外科チームについて調査を行った。すると、外科医、看護師、職員間の権力の勾配が小さいチームのほうが、コミュニケーションが上下に行き交い、ミスの修正がうまく、学習をよく行っていた。[6] そのおかげで、従来の序列に縛られたチームに比べて、新しいテクノロジーの導入もうまくいったという。

権力の勾配を完全になくすことは、不可能とは言わないまでも、難しいのは間違いない。だが、たとえ実現できるとしても、完全になくすべきではないだろう。そうなれば、混乱が生じ、決断が放置されるので、誰もが不安になるだけだ。とはいえ、リーダーという立場にある人は、権力の勾配を小さくするためにできる限りのことをするべきだ。とりわけ垣根を越えたつながりの構築を心がけてほしい。ブレーンストーミングを取り仕切るときは、冒頭で的確な言葉をかけて、アイデアが自由にやりとりできるくらいに権力の勾配を緩めるといい。

「垣根を越えてつながる」とは、他者を気にかけることである。そのやり方は４つある。

1. 権力の勾配を小さくする
2. 知らないことは知らないと認める
3. 弱さを見せる
4. 自分が先に信頼する

垣根を越えてつながる

垣根を越えてつながるというプレーは、ほかのプレーの効果を高める役割を果たす。産業革命の時代は、各自が役割に同化した。また、垣根を越えてつながることは、他者を気にかけることである。つまりは他者が何を考えているのか、どう感じているのか、個人的に何を目標としているのかを気にかけるということだ。

上辺だけの「友情」を取り繕っても、つながりを築いたことにはならない。他者を思いやり、他者にとっての最善を望む、それがつながる目的であり、要は愛情を示すことなのだ。

垣根を越えたつながりのカギを握るのが権力の勾配だ。権力の勾配によって、序列に対する感じ方が決まる。勾配が大きければ、上司が自分よりもはるかに重要な存在に感じる。権力の勾配は、給与、オフィスの広さ、声のかけやすさといったものに表れる。

そして、勾配は緩くなだらかなものが理想だ。勾配が急だと、権力者に対して事実を伝えづらくなるし、勾配がなくなって平らになれば、決定権がどこにあるかの把握に無駄な時間とエネルギーを費やすことになる。

勾配を小さくするためには、リーダーが自ら弱さを見せ、わからないことをわからないと認めることも必要だ。

透明化の実践を続けていけば、いずれ信頼が生まれる。信頼とは、相手の善意を信じることだ。実際にうまくできるかどうかは関係ない。うまくやりたいという気持ちがあっても、うまくいくかどうかに影響する要素はほかにもたくさんある。

実体験にもとづいた9つのケース集

第9章 新しいプレーブックを現場に応用する

――結果を出すリーダーの適切な姿勢と言葉遣い

あと6時間でフィラデルフィアにあるシチズンズ・バンク・パークで試合が始まるというのに、アシスト社の開発チームの作業は難航していた。

私は球場から数マイル離れたレストランで、同社のCEOシェーン・マックと昼食をとろうとしていた。ところが席に座ったとたん、開発チームのリーダーから、問題が発生したとのメールが彼に届いた（シェーンはのちに本書に序文を寄せてくれた）。

私はシェーンと一緒に何度かプロジェクトを行ったことがある。社員に権限を委ねる賢明な彼の経営手腕がとても印象的だった。シェーンによると、その開発プロジェクトはとりわけ複雑なのだという。

プロジェクトチームは新製品を開発し、球場でテストする計画を立てた。その製品は、球場の座席の背についているバーコードをｉＰｈｏｎｅでスキャンし、ビールや食べ物などほしいものを選んで座席番号を入力すれば、頼んだものを席まで持ってきてもらえるというもので、支払いはＡｐｐｌｅ Ｐａｙで行われる。この製品を活用するには、複数の企業のソフトウェアシステム、注文を受けた品を球場で物理的に運ぶサービス業者、球場、仲介業者が必要だ。

アシスト社にとって、このテストが持つ意味は大きい。テストが成功すれば、製品の価値が上がる。単にテクノロジーとして優れているだけでなく、顧客から求められている需要を実際に満たすと証明されるからだ。同様のプロジェクトにアシストの引き入れを検討しているテクノロジー企業が数社あり、このテストの結果を見守っていた。

「私が必要なら言ってくれ」という言い方ではダメ

テストは順調に進んでいると思われていたところ、シェーンのもとにそうではないと知らせるメールが届いたのだった。

シェーンはプロジェクトリーダーに電話をかけた。リーダーはテクノロジー業界で優秀と評判の女性で、球場で問題の対処にあたっていた。その時点で、プロジェクトにかかわるほかの企業の一部が自衛モードになっていて、テストがうまくいかなかったときに誰かを責めるための言い訳の用意を始めていた。

短い会話の最後に、シェーンは「私がそこに行く必要があるなら言ってくれ」と言った。その口調は力強く、「必要ならそう言うはずだな」と言いたげだった。少し間があり、彼は「わかった」と言って電話を切ると、メニューのほうに目をやった。

私にはシェーンの発言しか聞こえなかったが、プロジェクトリーダーの言葉に彼がどのように返答したかはわかった。そして、彼女にもう一度電話をかけて、最後に告げた言葉を「私が球場に出向いたらどの程度役に立つ？ 0から5で表すといくつになる？」に言い直してはどうかと提案した。シェーンはもう一度電話をかけた。沈黙があり、彼女は「5です」と答えた。私は驚いた。シェーンも目を丸くしていた。電話を切ると、彼は立ち上がってテーブルに5ドル紙幣を置き、タクシーを呼んでふたりで球場へ向かった。

このエピソードはハッピーエンドで終わる。プロジェクトチームはフィリーズファンが球場入りするかなり前に問題を解決し、テストは見事成功した。そのシステムを使ってビールを注文した初めての客は、たぶん私だったのではないかと思う。

特定の言い方をすると、特定の結果を導く特定の反応を得る。わずかに言い方を変えるだけで、得られる結果や反応はまったく変わる。

シェーンがプロジェクトリーダーに告げた、「私が必要なら言ってくれ」という言い方では、彼女はCEOの助けが必要であると認め、球場にくるようにと指示を出すことになる。彼女のように開発チームを率いるほど優秀で名の知られた人にとっては、どちらもつらいことだ。仮に、彼女が内気で大人しいタイプだったなら、その性格のせいでシェーンに助けを求めるのをためらったと思ったかもしれない。だが彼女はそういうタイプではなかった。

一方、「私が球場に出向いたらどの程度役に立つ？」という尋ね方に変えたとたん、彼女に要求されたのは情報の提供となった。シェーンの尋ね方に注目してもらいたい。彼は「私が出向いたら役に立つか？」とは尋ねていない。この聞き方をすれば、答えはまたもや二択となり、やはり「はい」とはなかなか答えづらい。

こうして言い方を変えれば、電気のスイッチを切り替えたときのような確かな違いが生まれる。あからさまには変わらないが、変えようと努力するたびに、相手は口を開くことに対して少しずつ安心感を覚え、言いたいことを言えるようになる可能性が高まる。会議や会話のなかで繰り返し新たな言い方を使っていれば、その可能性が積み上がっていき、最終的には大きな変化を生むことになるだろう。

ここまで見てきた6つのプレーのおさらい

仕事には2種類ある。ひとつは能動的に何かを生産する赤ワーク。赤ワークを行うときは、バリエーション（ばらつき）を減らし、証明の思考心理になることが有利に働く。そしてもうひとつの青ワークは、過去を振り返って他者とともに考えることを意味し、バリエーションを歓迎して改善の思考心理になることが有利に働く。この2種類の仕事には、リーダーとして行うべきプレーが6つ伴う。

赤ワークから始めたとして……

赤ワークから青ワークへの移行には次の2つのプレーを使う。

①時計を支配する(旧:時計に従う)

②区切りをつける(旧:続行する)

青ワークを行うときは、次の2つのプレーを使う。

③ひとつの目標に向かって連携をとる(旧:強要する)

④その目標とは「改善する」ことである(旧:証明する)

青ワークから赤ワークへの移行には、次のプレーを活用する。

⑤責任感を自覚する(旧:服従する)

そしていまあげたプレーを支えるのが、次のプレーとなる。

⑥垣根を越えてつながる(旧:同化する)

この6つのプレーは、赤ワークと青ワークの律動的な往来のなかで行われる。思考と実行、バリエーションの歓迎と削減、改善と証明を行き来するなかに存在するのだ。仕事で行き詰まったと感じたときは、状況を読み解いて、自分がどちらを行っているか特定し、適切なプレーを実践する。

仕事が行き詰まったときにとるべき手順

行き詰まったときはまず、「赤ワーク、青ワークのどちらの最中か?」と自問する。赤ワークは身体を使って実行することであり、証明を試みることである。一般にその会社の主要な仕事を指することが多く、たとえば、機械を操作する、製品を製造する、顧客にサービスを提供するなどだ。青ワークは考えたり決断を下したりして改善を目指す。赤ワーク、青ワークのどちらかはっきりしないなら、自分が取り組んでいることは、バリエーションを増やした場合と減らした場合のどちらにメリットがあるかと自問するといい。バリエーション（アイデア、選択肢、先が見えないなかで下す決断など）を増やしたいなら、取り組んでいるのは青ワークだ。反対に減らしたい（工程の一貫性を保ちたい、パーツをまったく同じに生産したい）なら赤ワークだ。

取り組んでいる仕事の種類が明らかになったら、次はその仕事を続ける期間と、もう一方の種類の仕事に移行するタイミングを決める。

青ワークから抜け出すためにできること

あなたはいまスーのように、考えたり議論したり、反芻したりばかりの状況にあるとしよう。要は青ワークを行っているわけだが、そろそろ行動を開始する必要がある。周囲との**連携**を終了し、行動を起こす**責任感を自覚する**のだ。その際は、**区切りをつけて改善を行う**時間を決めるなど、**時計を支配する**計画も立てる。青ワークに時間をかけすぎると、行動を起こせない自分に苛立ちを覚えるだろうし、最悪、不安や気分の落ち込みに悩まされることもありうる。青ワークにとらわれているときに共通する心の声は、「とにかく何かやれ」「考えすぎるな」「分析麻痺している！」などとなる。

夜中に目が覚めて、自分の状況に思い悩んで眠れなくなったときは、青ワークで行き詰まっている証拠だ。ではどうすればその状態から抜け出せるのか？　小さなことを実行すればいい。赤ワークへの移行につながるちょっとしたこと。何でもいいから、とにかく身体を動かすのだ。たとえば、ノートや日記帳に自分の思いを書きとめてはどうか。それでも眠れないなら、起き上がって仕事に関する何かをする（私なら、その状態でメールを送信しようとは思わないが、メールの下書きを作成するだけなら、翌朝見直せるのでやってもいいかもしれない）。私の場合は、思いを書き出せばたいてい解決する。10〜15分で自分が思っていることの概要を書きとめたら、また眠りにつける。

赤ワークから抜け出すためにできること

スーとは反対に、フレッドのように赤ワークに時間をかけすぎている場合はどうか。赤ワークに取り組んでいるときに進展がないと感じ、工程の再考や改善が必要になったら、**時計を支配**して**連携**し、**改善**を行う。赤ワークに時間をかけすぎると、頭を使わず身体だけ動かしているような気持ちになる。動作や雑音が多いばかりで、目標には実際のところ少しも近づいていない。そういう状態に共通する心の声は、「堂々巡りだ」「切るべきはこの森の木じゃない」「自動操縦の機械と同じだ」などだ。

（例にあげたフレーズを一度も聞いたことがないという人もいるだろうが、それは問題ない。これらはさまざまな職場で私に実際に聞こえた心の声だ。あなたの経験やあなたの社員の経験はそれぞれ異なるし、社内文化の規範も異なる。使う言葉も違うだろう。とはいえ、例にあげたフレーズにあなたの経験と重なるものがあれば、赤ワークで行き詰まっている可能性が高いと思ってほしい）

赤ワークと青ワークの切り替えには練習が必要

赤ワークから青ワーク、またはその逆に旋回できるようになるには練習が必要だ。まずは、本当に小さなことから始めよう。あなた自身が何かを変えるのだ。たとえば、二択の質問を避けることから始めてはどうか。「はい／いいえ」で答えさせる質問はやめて、「何」や「どう」を使って質問する。それを実践し、まわりにどんな変化が起こるか観察するといい。

練習が必要になるのは、私たちの頭には産業革命期のプレーが初期設定として深く組み込まれているからだ。もちろん、私も例外ではない。先日開かれたカンファレンスで、リーダーがグループにアンカリング効果を招かないこと（第2章参照）や、自分を肯定するための質問を避けること（第4章参照）の重要性を語っておきながら、その後グループに分かれてちょっとした活動を行ってもらったあと、進行の責任者に「10時に出発できますよね？」と尋ねた。やってはいけないと語った2つのルールを、自ら破ってしまった！

上司、あなたと立場が同じ社員、あなたの監督下にある社員など、会話の相手が誰であれ、やりとりの仕方を修正する余地は必ずある。一時的に青ワークの状態になって、立ち止まって会話を振り返り、無意識ではなく自分で意図した返答をするのだ。そのときは、「自分に見えているパターンは何か？」や「いま使うのに適したプレーは何か？」と自問するといい。

実際の職場で、新しいプレーを試してみる

ここからは、職場でよくあるケースをいくつか見ていきたい。いずれも私がこの数年でクライアントと経験した実体験がベースになっている。まずは立場が上の人からの視点のシナリオをいくつか検証し、その後、立場が下の人からの視点を２つ紹介しよう。

状況１　世界的な企業のリサーチ部門で働く科学者たちが、試験を早期にやめるべきかどうか決めかねている

時計を支配するという名の干渉——赤ワークから脱するタイミング

ミアは世界的な製薬会社のリサーチ責任者だ。同社では、新薬の試験が大量に実施される。試験を計画するのは科学者チームの仕事で、薬の有効性と安全性が認証されるには、厳密な科学的基準を満たしたうえで試験を行わなければならない。試験の計画が決まると、社内で試験が開始される。試験を行う科学者たちは、たいてい早い段階のうちに、試験を通過しない薬が「勘」でわかるのだが、「念のため」最後まで試験を行わずにはいられないようだ。

ミアは、現状のやり方は効率が悪いと不満に思っている。「ダメだとわかっていたよ」といった言葉をしょっちゅう耳にするからだ。とはいえ、試験を切り上げようとは怖くて言えない。それに、試験は誰かの発想から生まれるものなので、続行したいとの思い入れが生まれ、試験の切り

上げに対して構造上の抵抗があるのだ。はたして、ミアはどうすべきか？

試験の実施は赤ワークだ。一方、試験の計画、評価、どの試験を続行するかの決断は青ワークとなる。

ミアが率いるチームは、どうせ失敗すると感じながら試験を続行している。つまり、彼らは責任感の過熱に陥っているのだ。続行の根底には、試験をひと続きの長いものととらえる認識がある。そのせいで、有効性が証明されることを願いながら、最後まで試験を行ってしまうのだ。それに、有効性を立証するハードルが高いため、長期にわたる試験をどうしても求めてしまう。

だが会社は営利企業であり、証明のハードルの高さだってバラバラだ。成功が見込めない薬の「証明」には、あまり時間をかけるべきではない。十分な経験を積んだ科学者が「うまくいかない」と感じるだけで十分だ。とはいえ、有害な副作用がほとんどない薬の有効性を証明するには、大きな負担が必要になるのだが。

ミアのチームは、「早期切り上げ」を検討する決断ポイントを試験に組み込むべきだ。たとえば、6カ月続けるという計画で試験（赤ワーク）を開始したとする。科学者は1カ月たてば、試験が失敗するかどうかをたいてい予測できる。つまり、開始から1カ月の時点で、「早期切り上げ」を検討する青ワークの会議を設ければいい。そして、試験を続行するか、切り上げてそのぶんのリソースを別の成功する見込みのある薬に割り当てるかを決める。

「早期切り上げ」の会議では、パーセントカード（第4章参照）を使う。これまでともに働いてきたメンバーならば、強い信頼関係ができているので、選んだカードを一斉に見せるやり方が適しているだろう。ミアはみなに向かって、「試験をいまやめるべきだとどのくらい感じていますか？」

と尋ねる。それを受けて、出席者が一斉に自分が選んだ数字（1～99）を見せる。こうしてチームの考えが可視化されたら、ミアが試験の続行をどうするかの決断を下す。

試験の続行や中止に対する強い思いを見せた人がいた場合は、その根拠を知りたくなるものだ。根拠を尋ねれば、有意義な議論が生まれる。

なかには、期間の短縮という提言を受け入れがたいと感じる人がいるかもしれない。そういうときは、「この試験が失敗する確率はいくつだと思いますか？」と尋ねる。この会議を開くようになったら、最初の数回は、提示された数字の意味をミアが正しく理解しているか確かめる必要があるだろう。たとえば、「ジョンは95ということですが、その根拠を教えてもらえますか？」などと尋ねればいい。そのうえで、試験の続行もしくは早期切り上げに対し、ミアが考えるリスクの許容量をみなに伝える。そうすると、たとえ成功する確率は低くても、成功した場合のメリットがあまりにも大きいという理由から、「続行したほうがいい」という結論になることも考えられる。

いずれにせよ、試験はいつでも再開できるので、早期切り上げはリスクの低い決断だと言える。回を重ねていけば、失敗に終わる可能性が高い兆候が目につくようになり、現行の試験を切り上げて別の試験を開始したほうがいい事例がわかるようになっていく。

状況2　CEO兼創設者が変革構想を発表したいと考えている。どのように行えばいいか？

話し合いはもう十分――変革構想を推進する

ジェンは、オースティンにソフトウェア開発会社を創設してCEOとなり、25人の社員を率いている。彼女は社内のエンジニアたちをかなり自由にさせていた。顧客とのかかわり方、勤務スケジュール、開発するソフトウェア製品の種類などを彼らの裁量に任せていたのだ。その甲斐あって、同社はうまくいっていた。だが、会社が成長すると、効率の悪い部分や社内の摩擦の多さが目につくようになった。エンジニアたちが仕事に関して自由に決めていることが、コミュニケーション不足やスケジュール調整での苦労を招いているのだ。これから翌年にかけて、ジェンは仕事の標準化を進める必要があると考えていた。ただしそうなれば、社員たちは創造性を抑えつけられるとして反発するだろう。

ジェンの会社のエンジニアたちは赤ワークに従事し、各自が自分の仕事に取り組んでいる。だが、しだいに調和がとれなくなってきているのだ。ということは、ジェンは**時計を支配するプレー**を導入したうえで、**責任感を持って改革に取り組む**必要がある。ジェンから「変革構想」を提示されれば、社員にはこの先永遠に自分で何も決められなくなるように思え、不安や緊張が駆け巡るだろう。自分のペースで働けなくなり、成果を示さねばならなくなるとプレッシャーを感じるに違いない。

働き方を変えることを社員に納得させたいのであれば、変えたい理由を彼らに説明し、社内全体を通じて、非効率的な部分を減らす策を一緒に出し合う機会を設けるべきだ。そして、「変革構想」ではなく「実験」や「ベータテスト」という呼び名を使い、1カ月後あたりに期限を設けて、社員とともに結果を振り返る計画を立てる。つまり、社員に強要するのではなく、社員と連携をとるのだ。

その改革は実験であり、新たな働き方へ舵を切る過程に自分たちもかかわると社員にわかれば、ジェンの提案する改革への反発は少なくなる。そして学習モードとなって、役立つ情報を収集する。結果を振り返るときに、改革は有益か、それとも能力の発揮を妨げるかを報告するためだ。

（強調しておくが、ジェンは本気で連携を図り、結果を振り返るときはエンジニアたちからの提言を真摯に受け止め、有意義な時間にする努力を怠ってはならない。そうでなければ、単に産業革命期に誕生した強要と服従を行うだけになってしまう。社員たちの声に耳を傾けるふりをしながら、彼らの提案をすべて却下するのは、最初から「変革構想」を押しつけるのと同じくらい、いや、それ以上の悪手である）

結果を振り返る時間では、少人数をその場に招いて対処にあたる。招くメンバーについては、広く立候補を呼びかける。また、その時間の議論をジェンが主導することになった場合は、自身の意見を真っ先に述べることは避け、解決策となりうるものにみなの目が向くように気を配る必要がある。社員たちに**連携を呼びかける**のだから、実験期間中に何を目にしたのか、どんな思いを抱いたのか、どうすべきだと思うかを尋ねる義務が彼女にはある。それを経てようやく、**責任感を持って改革に取り組む**時間となる。ジェンは、エンジニアたちの実体験を通じた報告にもとづいて、将来的な働き方についての決断を下すことになるだろう。

私の会社で起きたよく似た事例も紹介しよう。コミュニケーションツールのＳｌａｃｋが導入された当初、それを使って社内のやりとりをするようになったものの、電子メールも使い続けたため、社内に複数のコミュニケーション手段ができてしまった。効率をよくするには、通常の社内のやりとりはＳｌａｃｋで行い、社外のクライアントとのやりとりは電子メールのままにするのがよいように思えた。Ｓｌａｃｋに替えれば、スタッフどうしの連携につながる会話が増えて、コミュニケーション不足が解消されると考えていたのだ。

ただし、それを命じることはせず、実験を行うとして次のように発表した。「1カ月ほどそのやり方を続けてみたうえで、学んだことや使い勝手について話し合いましょう。使いづらければ、1カ月後に元に戻します*」

どんな変更も簡単に元に戻せるとは限らないが、何かを変えるときは、できるだけ実験に近い形で導入したほうがいい。赤ワークに修正を加え、赤ワーク完了後すぐに青ワークの時間を設けて、もっとも効果的だと思えた修正を正式に赤ワークに取り入れるのだ。

＊ Ｓｌａｃｋでメッセージを定期的に確認していたので、現実についての認識の共有が深まり、連携がとりやすくなったように思えた。実際、伝わり損ねる情報はほとんどなく、リモート勤務の人々は、以前よりもコミュニケーションをとりやすくなったと感じていた。それらはたしかに事実だが、実は問題はさらに悪化した。クライアントのなかに、電子メールではなくＬｉｎｋｅｄＩｎでメッセージを送ってくる人が現れたのだ。そればかりか、私への講演をＴｗｉｔｔｅｒ経由で依頼してくる人まで現れた！（この依頼はそのまま受けた）

状況3　世界的なエンジン修理会社の責任者が、社内の労働の流れを改善したいと考えている

先を急ぎすぎて立ち止まれない——改善のために中断する

ヘンリックは、ヨーロッパにあるエンジン修理施設で生産責任者を務めている。この施設はヨーロッパを拠点とする大手航空会社の系列だが、仕事のおよそ半分は、他社（そのほとんどが、規模が小さく独自に修理設備を持たない航空会社）の航空機のエンジン修理に関するものだ。ヘンリックがいまの職に就いたときは、世界的に航空機の数が増加している最中で、それに伴い修理が必要となるエンジンの数も増えていたのだが、同社は新規クライアントの獲得で後れをとっていた。そこで彼は、作業の効率化や品質改善につながる思い切ったアイデアを提案してほしいと呼びかけた。しかし、出てきたアイデアはごくわずかで、導入する意味がないほど小さなものや、非現実的すぎて実行できないものばかりだった。

ヘンリックの会社は、社内全体が証明と実行の思考心理にとらわれているようだ。この思考心理は、赤ワークと青ワークのどちらにも及ぶ。そして、つねに正解を出さねばならないという負担を人々に強いる。そのせいで、間違うことを恐れてアイデアの共有が抑圧されてしまうのだ。加えてこの会社では、**引き受ける責任**が大きくなりすぎる傾向がある。どういうことかというと、成果から学習するという意識のもとに、小さな仮説を立てて次々に試すのではなく、大きな構想をいくつも同時に実行しようとするのだ。

ヘンリックには、**時計の支配**、**連携**、**責任感を持った取り組み**を行う必要があるが、何といっても必要なのは**改善**だ。生産を中断する予定を組んで、青ワークを行う時間を確保するのだ。そうすれば、多くのアイデアが生まれる。また、実行に移すアイデアの選び方についても決める必要があるだろう。そして赤ワークに再び取り組んだときに、選んだアイデアを実際に試す。

エンジンの修理を行うときは、天井からクレーンでエンジンを吊るし、作業員たちがはしごに上ってタービン翼を交換する。そうすると、作業員ははしごに上るたびに安全装備を身に着けなければならず、そのぶん作業に遅れが生じる。エンジンの位置を低くできれば、作業員は地に足をつけた状態でエンジンの横に立ち、人間工学的に最適な高さでタービン翼を順に交換できるようになるのではないか。だが、修理スペースのために工場の床に穴を掘るとなれば、莫大な費用がかかる。では、実際に作業効率が改善されるか確かめるにはどうすればいいか?

ひとつには、エンジンを載せて上昇させることができる円形プラットフォームを購入し、作業員にはしごを使わせないという手がある。そうすれば、床に穴を掘らなくても、人間工学的なメリットや時間の節約になるかどうかを試すことができる。実験期間を60日と決めて、その上昇するドーナツをさまざまな作業チームに試してもらえば、穴を掘る価値があるかどうかの決断を下せるようになる。

実験の結果、いいアイデアであると判明したことから、作業員たちは床に立った状態で、エンジンを垂直に動かして作業を行うようになった。彼らが作業する位置や高さは、ずっと同じままだ。そのおかげで、作業の安全性とスピードは向上し、いまは別の新たなアイデアを実験中だ。

状況4　同僚とは意見が違う副工場長が、口を開くのをためらっている

アイデアの最前線で誰も口を開かない――垣根を越えてつながることで安心感を生み出す

トマスは、ブラジルにある製紙会社で副工場長を務めている。副工場長が8人いる大規模な工場で、工場は3交代で24時間稼働している。大きな製紙機（全長150メートルで高さはビルの3階ほど）の管理が、彼の主たる責務のひとつだ。

作業員たちから「オー・バスタード」の愛称で呼ばれているその機械は、1秒に100フィート（約30メートル）製造するように設計されているが、フルスピードで動かすと品質にばらつきが生じたり、裂け目ができたりするため、トマスの工場では1秒で60フィート（約18メートル）にしていた。それでも、ローラーに微妙なずれが生じたり、乾燥工程での温度が一定に保たれなかったりするせいで、紙の質にわずかなばらつきが生じた。それは主に紙の厚さに表れる。紙は製造の最終工程で、20フィート（約6メートル）幅のリールに巻き取られる。紙に裂け目が入れば、機械が停止するまで1秒につき1200平方フィート（約110平方メートル）の紙が床に落とされていく。

生産性を上げるようにと本社から工場にプレッシャーをかけられているので、工場で改善を担当するグループが集まって、その方法について議論を進めている。だがトマスには、その議論が役に立つとは思えない。というのは、シフト責任者がミゲールのときとフランシスコのときを比較して、どちらのときに裂け目ができることが多いか、といった細部にばかり目を向けているからだ。

たしかに、機械の効率をなぜかうまく調整できるシフト責任者はいるが、多かれ少なかれ、裂け目はどうしても生じる。トマスは製造を中断する期間を設けて、オー・バスタードの基本的な問題を解決する必要があると思っていた。要は、消耗した軸受を修理し、ファンを調整し、ベルトを掃除するのだ。

工場で問題に対処するとなると、工場長の意見に従う人が大多数を占める。だが、工場長がトマスの意見に耳を貸すとは思えない。それにそんなことをすれば、彼は工場での立場を失い、工場で働く人々との関係性が壊れるだろう。

この青ワークでは、工場長が作業員たちと**連携をとる**べきなのに、そのプレーが適切に実行されていない。工場長は、作業員たちが目にしたことや彼らの意見を募らずに、自分の一方的な見解をみなの前で披露している。そういう会議は、「停止、巻き戻し、早送り」から始めるべきである。現状を特定し、その状態に至った経緯を分析したうえで、すべきことを決めるのだ。

トマスは、**時計を支配**し、**連携をとる**必要がある。工場長の意見とは違う議題を進めたいと思うなら、場が混乱しないように穏やかにその議題を持ち出す。その際は、自分が観察した事実を述べ、工場長の意見を批判するような言動は避ける。「まだ議題にのぼっていない選択肢もありますよね。シフトの責任者は、機械を作動させているときに、ローラーやファンの微調整を何度も行います。それは本当に大変な作業です。機械がとまれば大急ぎでまた動くようにしなければならないので、そういうトラブルの根本的な原因を究明して解決する時間がありません。この機械で、1秒につき70フィート（約20メートル）、いやそれ以上を生産してはどうでしょう。そのうえで、機械を停止させて整備にあてる時間を組み込むのです。そうすれば、機械に支配されなくなります」

この提案を実行に移す**責任感を各自が自覚し**たら、トマスをはじめとする工場の人々は、オー・バスタードで試せる具体的な目標を定めようとする。たとえば、150ある機械のうち、頻繁に調整が必要となるローラーを10特定する。そうすれば、150すべてではなく10機だけを停止させて、整備する時間を計画に組み込めるようになる。

状況5　銀行の商品開発チームの責任者が、チームからアイデアはたくさん出るものの、的外れなものばかりで苛立ちを募らせている

自分ではなく相手に原因があると思い始めたときは――連携の仕方を見直す

ジェシカは銀行で商品開発を担当している。担当業務の異なる人を集めた小さなチームを率いていて、プログラマー、デザイナー、プライバシー保護と法令遵守の専門家などがいる。このチームで、顧客サービスのためのテクノロジーの屋台骨とインターフェースを開発するのだ。アジャイル手法を採用していて、これまで総じてうまくやってきた。

しかし、ジェシカはプログラマーのイェンスに不満を持っている。というのは、ユーザーの意見を組み込む方法をしょっちゅう提案してくるものの、「的外れ」に思えるものばかりなのだ。先日も、顧客がアプリを使って支払えるようになる方法について話しているのに、イェンスは身に着けることができてカードリーダーにかざせるリングをつくったらどうかと提案した。

ジェシカはチーム内の**連携**に努めているが、自分が抱える問題をイェンスのせいにするのではなく、自身の態度を改めるべきだ。彼女はまず、イェンスはチームの考えを広げていると認識し、それを労ったほうがいい。考えが広がれば、イノベーションや改善が生まれるかもしれない。彼が提案するときは、その場で判断を下すのは控え、彼のアイデアにもっと関心を持つ。彼の考えが正しいのかもしれないのだから。

イェンスはコーディングの専門家なので、彼のほうが彼女よりも問題に近い存在であり、彼には何か言いたいことがあるのではないか。少なくとも、ジェシカはこのような前提に立つべきだ。また、「何」や「どう」を使って質問すると、彼女には見えていないことが明らかになるかもしれない。たとえば次のように尋ねるとよい。

◆「次の段階はどんな感じになる？」
◆「ユーザーのニーズをどう満たす？」
◆「それで顧客の手間がどう簡単になるの？」
◆「その根拠となるのは何？」

そうはいっても、イェンスの提案が本当に「的外れ」だとしたらどうすればいいのか？　もしかすると、彼の開発基準が間違っている可能性がある。その場合は、基準の明確さの問題だ。たとえば、データ収集と使いやすさの両方に秀でた製品を銀行から求められているのに、イェンスが提案するアイデアが、データの収集には優れているが使い方が難しいものばかりだとしよう。そのときは、開発基準をもっと明確に伝えて、イェンスとほかのメンバーの足並みが揃うようにしなければならない。

話し合いが最終局面を迎えれば、ジェシカは受け入れるアイデアを決める。イェンスの提案が最高のアイデアとなるかもしれないし、彼の提案は現実的でないとなるかもしれない。イェンスの提案を受け入れないと決めたなら、ジェシカは別の提案を選んだ理由を説明する。ただし、彼の提案が「間違い」だったと彼に認めさせる必要はない。チームで次に行う活動として彼女が下した決断をイェンスが支持し、その活動に対する責任感を持てばそれでいい。

状況6　変革管理に関する会議であがる質問に向けて、シニア・バイス・プレジデントが答える準備をしている

服従ではなく責任感の自覚を促す

マシューはヨーロッパを拠点とする世界的な自動車メーカーに勤務し、シニア・バイス・プレジデントを務めている。彼が率いる部門は消費者テクノロジーを担当し、自動車の電気系統全般をはじめ、自動車を組み立てるときに使うロボットのプログラミングも行う。1年前、彼の前任者はアジャイルへの移行を試みた。部門全体にアジャイル手法を定着させようとしたが、その試みは失敗に終わった。

同社のCEOと経営陣は、この先生き残るには、社内の働き方を変えることが必須であると理解している。彼らは、自動走行車、電気自動車、無人配送車を、業界を破壊する脅威ととらえ、

もっと独創的になる必要があると考えているのだ。そこには、全社員にイノベーションについて考えさせるようにすることも含まれている。

マシューは直属のチームとともに、適応力と敏捷性を高める目的で、新たな業務システムの導入に再度挑むことになった。もちろんそれは、新製品を市場に出すスピードを上げるためでもある。その一環として、マシューの部門は再編され、これまでとは違うやり方を採用することになった。そしてそれに先駆けて、6カ月のワークショップにあらゆるレベルの社員を巻き込んで、その再編をどのように行い、新たな業務システムをどういうものにするかを探った。

この改革を成功させるには、幅広い人員を巻き込んで取り組ませることがカギだとマシューは信じているが、改革を計画していると事前に公表したことで、計画が始まる前から妨害を口にする人たちが現れた。改革計画の導入に対してすぐに合意が形成できるとはマシューも思っていなかったが、同じ不満を何度も耳にするうちに、反対があってもいいかげん前に進まねばならないと感じるようになった。

抵抗勢力のひとつは、皮肉にもアジャイル手法のコーチたちだ。彼らは、導入が計画されている新たな「業務システム」では、アジャイル手法を社内に組み込むのに十分ではないと感じている。退路を断って完全な移行に踏み出さない限り、社内で本当の変化は起きないというのが彼らの主張だ。

ミドルマネジャーの大多数も反対を表明している。マシューは彼らから大量の質問を受けたが、彼に言わせれば、実際に移行が始まってみないと答えられない質問ばかりだった。

さらには、変革管理を担う既存のチームの面々も、自分たちの立場が脅かされると感じている。

新たな業務システムが導入されれば、誰もが変革の担い手になるからだ。変革管理チームは、自分たちの新たな役割は何なのか知りたがっている。

マシューのチームは青ワークで行き詰まっている。マシューはもう、話し合いの時間は十分持ったと感じている。話し合いをしても新たなアイデアは出てこず、前に出たアイデアを蒸し返すばかりだ。そこでマシューは会議を招集し、部門内の全マネジャーに向かって新たな業務システムへの移行の第一段階を開始すると伝えることにした。会議の冒頭、彼は次のように述べるつもりだ。

「この6カ月にわたり、部門のあらゆるレベルの人々と議論やワークショップを行ってきました。それにもとづき、いよいよ新たな業務システムを導入します。そのシステムは完璧ではありませんが、実際にやりながら学習し、調整していきたいと思います。ここをスタート地点とし、3カ月にわたって新たなシステムの実践を責任を持って行ってください。3カ月後に、反省と方向性の修正を検討する時間を設ける予定です」。マシューは第一段階に取り組む期限を明確に設けている。

さらに彼は、次のように質問を呼びかける。「移行を進めると聞いて、不安に思うことは何ですか？　その解決を、私に手伝わせてください」。少人数で話し合うときは、誰もが安心して口を開けると感じることが重要になる。よって、懸念や不安の声をあげるのを恐れているマネジャーが何人もいるとマシューが感じた場合は、カードに書かせて伏せた状態で彼のところに回してもらってもかまわない。

また、「部署に戻って業務システムが変わると伝えたときに、どんな質問があがることに不安を感じますか？」と尋ねれば、マネジャーたちの視点が部署で結果を伝えるときに移る。

アジャイル手法のコーチのひとりから、「この新たな業務システムでは、アジャイルは実現しません。この不十分なシステムでは、私は対応できかねます」との反応があるかもしれない。

このコーチの意図をもっと詳しく知りたいと思えば、「新たなシステムのどういう点が不十分だと思いますか？」と尋ねてもいいが、返答の中心は次の内容になる。「魔法の杖をひと振りしたら、瞬時にしてアジャイル開発が定着し、独創的な発想が生み出せるようになり、目的を持って業務を行えるようになったり、赤ワークと青ワークを完璧なバランスで行えるようになったりしたらいいのですが、いまの私にはその完成形がどういうものかわかりません。ただ、第一段階に踏み出すことは、よくなるための一歩だと思っています。システムを変えることについて疑念を持ち続けるのはかまいません。ただし、これから3カ月のあいだは、あなたの考えや経験を生かしながら、新たなシステムの実践に責任を持って取り組んでもらえませんか。素晴らしい車の製造を通じて新たな学びを得ることに集中し、より機敏に対応できる組織になるよう協力してほしいのです」

ミドルマネジャーのひとりからは、「これが再編の最適な方法なのですか？」との質問があがるだろう。

マシューは次のように返答する。「いいえ。決して最適な方法ではありません。ですが、導入すればわれわれに必要なものに近づけるのは確かです。実践しながら観察し、3カ月後の反省の時間を通じてさらなる改善を目指します。絶対確実な策が見つかるまで学習に専念する、というやり方をとるつもりはありません。安全に実験できて、よりよくなるためのシステムを自分たちでつくっていくつもりです。実行の赤ワーク期間を開始しますが、3カ月たったら、立ち止まって振り返りながら連携をとる青ワークの時間を設けます。ですから、新たなシステムについて気づいたことを書きとめてください。全員にノートを配布したのはそのためで、振り返りの時間には、それを持って全員に参加してもらいます」

さらに別のミドルマネジャーから、「今回もまた、昨年みたいな大規模な再編を行うだけなんじゃないですか？　昨年と何が違うんです？」との質問があがるかもしれない。

するとマシューは、「結果を出さないまま、また変えることに不満があるようですね。それは私も同じです」と切り出し、さらにこう続ける。「ですが、前回と同じではありません。新たな業務システムには、過去の過ちから学んだことを組み込んでいますから。それどころか、学んだことが形になったのだから、過去に間違ったおかげで新たな移行がよいものになったと言えますし、この6カ月、みなさんから間違っていたことやもっとよくする方法を教えてもらえたことに感謝しています」

変革管理チームからも質問があがるだろう。「今回の改革を進めるにあたり、われわれのチームは除外されています」と彼女は切り出す。「今回の新たな業務システムでは、誰もが改革を担う人になるとのことですが、それは、われわれの役割はもうないという意味にも聞こえます。ですが、改革の管理の仕方はわからないのではないですか」

「今回の改革からあなた方チームが除外されるのではないかと心配で、今後の社内での立ち位置をはっきりさせたいということでしょうか」とマシューは答える。「ＣＥＯをはじめとする経営陣との話し合いの場で、改革、つまりは機を見るに敏を実践する能力が今後ますます重要になっていくとの認識を共有しています。改革に人がどのように対処するかの理解は、変革管理チームの専門とすることですから、あなた方が蚊帳の外になるわけがありません。改革全体を通じて変革管理チームの意見が必要ですし、３カ月後に開く青ワークの振り返りでも、気づいたことを意見してもらいたい。みなさんにはこの部門のほかの人たちと同じように、6カ月にわたるワークショップにも声をかけましたよね。とはいえ、今回の改革の進め方が、これまでの改革のときとは違うように思えるのは当然だと思います」

会議が終わっても、マネジャーたちはまだ納得がいかず、部署の人たちからの質問にすべて答えられる自信が持てないかもしれない。そんなときは、「私にもわからない」と答えればいい。また、改革を行った組織がどういうものになるのか、自分たちはそこで何の役割を担うのかがはっきりせず、不安が拭い去れないマネジャーもいるかもしれない。だがそれでも、マシューのリーダーシップを通じて、彼らは第一段階に責任感を持って進むと覚悟をきめ、各自のチームに説明するときに使うべき言い方を理解することだろう。

状況7　思いやりに欠ける声明を会社として発表した

古いプレーブックの落とし穴を避けるには

2017年、医師のデイヴィッド・ダオがユナイテッド航空の飛行機から引きずり降ろされた。ユナイテッド航空は、シカゴからルイビルへ4名の社員を運ぶために、その満席のフライトから乗客を降ろしたのだ。この出来事は動画で撮影されていて、世界的に広まった。

それを受けて、ユナイテッド航空のオスカー・ムニョスCEOは次のような声明を出した。「今回の件に、われわれユナイテッド航空の全員が困惑しております。お客様を別の便に振り替えなければならなくなったことに、心からお詫びいたします。弊社は当局と協力し、喫緊に起きたことを詳細に検証する所存です。また、この乗客の方と連絡をとって直接話をし、引き続き状況に対応して解決を図っていきます」

この声明はピントがずれている。CEOの謝罪は、顧客が「便を振り替えねばならなくなったこと」に対してであって、暴力的な行為に対してではない。それに、ダオ医師のことを、名前ではなく「乗客の方」と呼んでいる。数週間後のインタビューで、ムニョスは例の動画を見たときに「恥ずかしいと思った」と言ったが、その感情と人間らしい反応は声明文には表れていなかった。

なぜそうなったのか？　それは、ムニョスが産業革命時代のプレーブックに従って、大手企業のCEOの姿勢に同化したからだ。それにおそらく、リスクを減らしたいと考える弁護士たちによる指導もあっただろう。

ムニョスはまず、**垣根を越えてつながる**ではなく**同化する**プレーを選択した。ここでいう「垣根を越えてつながる」は、自ら弱さを見せることを意味する。だが彼は、立場の違いで距離を置く、昔ながらの序列を信頼した。その結果、彼はCEOで、飛行機から降ろされたのは単なる「顧客」や「乗客」にすぎず、名前で呼ぶ必要などないという態度になったのだ。

また、彼は**改善**ではなく**証明**を行おうとした。そして、自分の会社を擁護し、議論の余地を残さなかった。声明を出した日の夕方、ムニョスはユナイテッド社員に手紙を送った。そこには、「社員はみな、このような状況に対処するときのために制定された手順に従って行動した」と記されていた。社員の味方であると伝えたかったのだが、その論調では、「制定された手順に従った行為」と世間に広まった動画に映っていたものが同義となり、世間の反応を過剰であると言っているように聞こえる。

私はユナイテッド航空をよく利用する。個人的な経験から、ユナイテッドには献身的で思いやりがあり、プロ意識が高く思慮深い社員が大勢いると断言できるが、残念ながらCEOの声明により事態は悪化した。

声明に対して世間から非難の声があがったのち、ムニョスは再び声明を出した。今度はよくなっていて、あの事件を「心からおぞましい」と描写し、ユナイテッドがよい方向に変わることを明言していた。これこそが**垣根を越えてつながる**ことであり、**改善**である。彼は最初からこの2つのプレーを実践するべきだった。

状況8　同僚の騙し討ちによって、キャパオーバーの状態に陥る

赤ワークと青ワークを交互に行うという発想を生かし、状況をコントロールする

アンディは、ロンドンにある小さな映画スタジオで舞台装置の設計を担当している。このスタジオでは、さまざまな専門分野の人が集まってプロジェクトチームを結成し、チームを通じてクライアントの要望を満たす映像コンテンツを制作する。プロジェクトチームの規模は4〜7人とまちまちで、メンバーも固定されていない。このスタジオは、機能を横断させるマトリクス組織だ。

アンディは二つ返事で仕事を引き受けることが多く、それがストレスを招いている。複数の仕事が同時期に重なると、自分にできるとわかっている力を十分に発揮できず、申し訳ない気持ちに

なる。そのせいで、体調を崩して家で休むこともある。

それでも彼は仕事を断ろうとしない。というのは、使えないやつだという噂が広まって、自分のプロジェクトに協力を求めた人から拒まれるようになるのが怖いのだ。

とりわけアンディに許容量を超えさせるのが、「騙し討ち」だ。例をあげて説明しよう。「自分のプロジェクトの話を聞いてほしい」と言って、同僚がアンディをコーヒーに誘ったと思ったら、すかさず自分のプロジェクトの舞台装置を担当してもらえないかと頼んでくる、という具合だ。その時点でかなりスケジュールが埋まっていても、アンディは気づいたら協力を約束している。そしてほぼ同じタイミングでそのことを後悔し、きたとき以上にストレスを抱えた状態でコーヒーショップをあとにする。

アンディの問題は、自分の行動を振り返る青ワークの時間を一切とらずに赤ワークに没頭していることにある。はっきりいって、彼は同僚による強要の犠牲者だ。強要されて服従し、役に立つ助っ人という役割に同化する。アンディを自分の思いどおりにしようとする同僚に対し、彼に必要なプレーは、**時計の支配**と**連携**、そして**責任を持つ**だ。

では、どうやって「時計を支配」すればいいのか？　たとえその場で返答しなくてはならないという気持ちになっても、実際にはその場で約束する必要はない。堂々とした態度で、「そのプロジェクトで僕が何を期待されているのか、もっと詳しく聞かせてほしい。そのプロジェクトに僕を必要とする時間はどのくらいで、作業の締切はいつ？」と尋ねればいい。

また、「いますぐに返事はできない。どうするか一日考えさせてほしい」というようなことを言い添えてもいい（一日考えるための言い訳や理由を取り繕う必要はないと私は思う。決断を下す前なのだし、「スケジュールを確認させてほしい」とすら言う必要はない。そのプロジェクトについて検討するとだけ伝えれば十分だ）。

同僚からその場で返事がほしいと詰め寄られた場合は、「いますぐ確約がほしいみたいだけど、それはできない。なら、別の人にあたってもらえないかな」とだけ言えばいい。

その場で確約を求められたなら、そういう進め方をする人との仕事にはとりわけ慎重になることをお勧めする。その人はおそらく、仕事全般に対してそういう姿勢をとる。どういうことかというと、プロジェクトが始まっても、不明瞭なことが多かったり、事前に計画が立てられていなかったりすることが多いと私は考える。そして、服従と同化を前提に、さらなる強要が行われる。かかわって楽しいプロジェクトとはならないだろう。

そうした同僚の態度を騙し討ちのようだと指摘するかどうかは、相手との関係性による。指摘しても大丈夫だと思えば、思いどおりに操られているような気持ちになったと面と向かって伝えればいい。たとえばこんな具合だ。

「コーヒーに誘ってきたときは、君のプロジェクトの話を聞いてほしいということだったよね。そのプロジェクトに僕にも参加してほしいとはひと言も言わなかった。しかもこの場で約束してくれだなんて、騙し討ちにあったみたいでとまどっている。結論を出すまで考える時間が必要だ」

アンディが同僚と**連携**してプロジェクトチームの一員となることに同意するとしても、期間を限定してかまわない。たとえば、「君の話からすると、この2週間に4〜6時間確保する必要がありそうだ。来週に3時間、再来週に3時間なら確保できる。残りの時間はほかのプロジェクトですでに埋まっているし、再来週以降は別のプロジェクトにかかりきりになる。だから2週間後もプロジェクトが続いた場合は、別の舞台装置の担当者を見つけてもらわないといけない。それでもいい？」と言えばいい。

これなら、**責任を持つ**と約束しても、同僚ではなくアンディの出した条件にもとづくものとなる。

状況9　メンテナンス担当者へ出す上司の指示が間違っている

上司と衝突せず提言するには

サラは、アメリカ中西部にある原子力発電所でメンテナンス管理者として働いている。上司は彼女より15歳年上で、その発電所に30年近く勤める人物だ。発電所は定期的に運転を中止して、機械の点検や修理を行う。その期間は約2週間続く。ほとんどの機械には、製造業者が推奨する修理の目安がある。自動車メーカーが推奨するオイルの交換頻度のようなものだ。サラの上司は修理に関しては保守的で、5000マイルごとにオイルの交換が推奨されていれば、必ず5000マイルごとに交換する。それはそうだろう。何といっても原子力発電所だ。

ところが、設備の動作の測定方法が新しくなり、いままでは「オイル交換」が必要なタイミングをより正確に見積もれるようになった。新たな測定方法で換算すると、修理せずに稼働できる期間が延びる機械がたくさんある。それはパーツや業者にかかる費用の節約になるほか、運転を中止するあいだの点検や修理の完了が早くなるので、運転を中止する期間も短くすむ。

もちろん、次に予定されている運転中止の期間がくる前に、機械が壊れたり修理が必要になったりすれば、生産量の減少を招き、悪ければ急な運転中止が必要になることもある。いずれにせよ、収益の損失は莫大だ。

次に予定されている運転中止では、推奨されているとおりに分解修理をするに越したことはないとはいえ、分解修理の必要がないポンプがあるとサラのチームは考えている。しかし、チームとして提案しても、上司の反応は芳（かんば）しくないのではないかとサラは心配している。ここで彼女に必要となるのは、**時計の支配**、**連携**、**垣根を越えたつながり**で、提言が認められれば、**責任感を持って取り組む**ことも必要になる。

サラのチームは、赤ワークに従事する時間のほうが圧倒的に多い。つねにやってきたことをやる、という方針をずっと貫いてきたせいで、作業効率を高める方法を探る青ワークの時間を設けていないのだ。よって、サラはまず**時計を支配する**ことから始めることになる。チームとしての提案を話し合うのにふさわしいタイミングを見つけるのだ。上司がこれまで受け入れてきたやり方に反することを、サラが面と向かって進言すれば、それが部分的なことにせよ、方針としてのことにせよ、おそらく上司はいい反応を示さない。そのため、決意や自尊心との対峙は避けて、上司の権威を脅かさないようにする必要がある。提案について話し合うのに適したタイミングを探りながら、上司への影響力を強めていくのが彼女の務めだ。要は、上司の考えを変えようとするより先に、まずは彼女の話に耳を傾けてもらえるようにするのだ。

メンテナンス計画について話し合うのに適したタイミングが見つかったら、次は**連携**だ。まずはサラのチームが出した結論について、上司の権威を貶（おとし）めない形で話を切り出す。たとえば、「次に予定されている運転中止期間では、補助給水ポンプの分解修理も計画に入っていますが、私のチームのアイデアについて一緒に検討してもらえないでしょうか。そのうえで、やはり元の計画がいいということであれば、チームにその旨を伝え、チームとして作業効率を高めることに全力を注ぎます」と言えばいい。このような言い方なら、主張は衝突せず、上司の権威を脅かす心配もないばかりか、サラが上司の味方であることがあらためて伝わる。

チームの見解を伝えるときは、「停止、巻き戻し、早送り」を意識するといい。また、上司に選択権を与えることを決して忘れてはいけない。最初の選択は、サラの話を実際に聞くかどうかだ。「チームの見解についてお話ししてもよろしいですか?」とまずは尋ねる。

(場合によっては、相手が「ノー」と言える尋ね方をしたほうがいいこともある。拒む選択肢を与えれば、状況をコントロールできるという安心感が相手に生まれる)

それを尋ねたら、給水ポンプの稼働についてチームで学んだことを話し始める。収集したデータをどのように分析し、分解修理が推奨されてはいるが現実には問題なく稼働していて、今回の運転中止は延期するのが効率的であるという結論に至ったかを説明するのだ。

そのうえで、「では、今回の運転中止ではどうするべきだとお考えですか?」と上司に尋ねる。あるいは、「というわけで、次回の中止期間まで分解修理を延期することを推奨します」と提案してもいいし、何なら「というわけで、次回の中止期間まで分解修理を延期したいと考えています」と決定事項のような言い方をすることもできるだろう。

サラが上司と**垣根を越えたつながり**を築きたい場合は、上司にどうしたいかを尋ねるのがもっとも安全な選択肢となる。彼女は時間をかけて、上司に話を聞いてもらえる権利の獲得に努めた。

それが実現すれば、上司の脅威にはならずに彼の決断に影響を及ぼせるようになる。

当然ながら、いくらサラが脅威を与えずに提案しようと、上司がそれを受け入れるという保証はない。提案を拒否されたなら、サラはいずれその発電所で働き続けるかどうかの決断を下さねばならなくなるだろう。覚えておいてほしい。自分は評価されていると心から思えない職場で働き続け、慢性的なストレスを抱えれば、いずれ健康に害が及ぶ。

赤ワーク偏重の言葉遣いを改めるコツ

ロザリオは、カリフォルニアの都市部にある病院で看護師長として働いている。その病院は大手医療施設の系列で、雇用と求人が本部で一括管理されている。彼女のシフトを管理する責任者のなかには、単純な作業ですら本部からの指示や権限の譲渡を待ち、赤ワークにとらわれている人がいる。彼らの認識では、意思決定は職務に含まれていない。

この医療施設では規格化された求人票が使用されていて、そこには職務内容の一覧が掲載されている[1]。

ではその主な職務を、動詞に注目して見ていこう。以下は職務内容の一部だ。

1. データを編集する
2. 医長と連携する
3. 日々のスタッフのシフトを作成する

4. 日報を管理し問題事項を特定する

5. トラブルの拡大を解消する

……

14. その他割り当てられた職務を実行する

いまあげた、「編集する」「連携する」「作成する」「管理する」「特定する」「解消する」「実行する」に加えて、実際の一覧には、「実施する」「運営する」「指示する」「監督する」「創出する」「補助する」「運営する」「提供する」「監視する」も使われている。いずれも産業革命期によく使われていた動詞で、監督する者が部下に対して行うものと認識されている。思考、成長、意思決定に関する動詞があまりにも少ない。

「創出する」は、何かを決めて着手する必要があるので、青ワークの動詞になりうる。職務一覧では、チームワークと当事者意識を持つ文化を創出することがリーダーの職務である、という文言のなかで使われている。いい文言だが、この文脈では青ワークの動詞にならない。

青ワークは、意思決定という形で赤ワークに先んじて行われることもあれば、振り返りと学習という形で赤ワークを終えてから行われることもある。それを思うと、職務の描写には青ワークと赤ワークの両方を表す動詞が含まれるべきではないか。赤ワークに先駆けて行う、意思決定にまつわる青ワークの言葉は、「決める」「確定する」「提案する」「着手する」「約束する」「推奨する」「選択する」などだ。そして、振り返りや学習を行うときの青ワークを表す動詞には、「振り返る」「学習する」「仮説を立てる」「試す」「実験する」などがある。

ロザリオは、職務を通じて何をするかだけでなく、その成果が何になるかについても描写する言葉がほしいと考えている。たとえば、職務内容は報告書を編集することかもしれないが、それは、パフォーマンス測定やトレンドデータを可視化し、最終的には今後の改善のために活用される。

また、「パフォーマンス査定と給与査定を管理する」という描写には、意思決定やチームの育成が含まれるということが記されていない。「管理する」という言葉を見ると、考える仕事は含まれていないと強調するためにあえて選んでいるように思える。そうではなく、「確定する」「助言する」「相談する」といった動詞を使えば、青ワークを表せる。

この職務内容の描写からも、指揮統制を通じて赤ワークを管理するという構造的な偏りが見て取れる。その偏りがあると、後手に回る姿勢や受け身の姿勢、強要する姿勢を基本的に表す動詞が頻繁に使われる。具体的には、「管理する」「指示する」「監督する」「指揮する」などだ。14番目の業務「その他割り当てられた職務を実行する」については、受け身になっている部分を「その他必要と判断した業務を実行する」というように、自発性、当事者意識、関与のレベルを高める表現に代えるといいだろう。

ほかにも、「着手する」「提案する」「意図する」「考案する」「立ち上げる」「始める」といった動詞を使うといい。

本書で紹介したプレーを仕事に適用する

本書で紹介したプレーを実際に仕事に適用したいと思ったら、状況を読み取ってその場で使いたいと思うプレーを意識して導入する。赤ワーク中に連携したいのであれば、まずは**時計の支配**が必要になる。

青ワークを行っていると、強要や服従、続行、証明、同化といった古いプレーをいまなお実践しようとする人が出てくるかもしれない。そういうときは、**連携をとる、責任感を自覚する、区切りをつける、改善する、垣根を越えてつながる**という新しいプレーブックのプレーを導入したくなるはずだ。

適したプレーを把握するには、役割の面から考えてみるのもいい。赤ワークを管理する役割（この役割がほとんどの人の身体に染みついている）、青ワークを管理する役割、赤ワークと青ワークをリズミカルに行き来する構造をつくる役割は何のためか、と考えてみよう。

第10章 赤ワークと青ワークのリズムを広げる
――計画よりも、学習と適応に重きを置く

１９７２年、サンドラ・ギレスピーという女性が、新車で買ったフォードのピントでミネアポリスの高速道路に乗った。助手席には13歳のロビー・カールトン（仮名）が座っている。高速道路に乗ると、ピントは失速し、後ろの車に追突された。時速45キロがぶつかってきたのだ。ピントの燃料タンクが破裂し[1]、車は炎に包まれた。サンドラは焼死したが、ロビーは全身に大やけどを負いながらも生き延びた。悲しいことに、サンドラとロビーは、設計上の未知の要素のせいではなく、フォードが実施した費用対効果分析の犠牲になったのだ。

１９６０年代のアメリカの自動車メーカーが、ＶＷ（フォルクスワーゲン）のビートルや日本の自動車メーカーの小型車市場への参入によって苦しんだことは先に述べた。その当時のフォードで

は、CEOのリー・アイアコッカが燃費のよい小型車市場に参入すると決めた。そして、価格2000ドル、重量2000ポンド（約907キロ）を切る車を設計して市場に投入するという目標を定めた。与えられた期間は25カ月。その車は「ピント」と名づけられた。

アメリカ人には多いと思うが、私が初めて手にした車はフォードのピントだ。4速マニュアルで、車体は青だった。ローギアは壊れていて、右側のドアの取っ手はなかった。最終的には、冬期は道路に塩をまくというマサチューセッツの慣行のせいで、助手席側のフロアパンが侵食され、カーペットが床代わりになった。機械的な問題はあったものの、自動車によって新たに手にした自由のことが懐かしく思い出される。幸い、その車で事故を起こしたことは一度もなかった。

戦略レベルで数値目標を設定すると強要が生まれる

小型車市場に挑むフォードの戦略は、CEOが提示したように、「重量2000ポンド、価格2000ドル未満」と具体的な目標を目指すものだったが、その達成は難しく、エンジニアや設計者は、設計の初期段階でいくつもの妥協する決断を下していた。そのなかに燃料タンクに関する決断もあった。空間と重量の要件を満たすために燃料タンクの位置を動かしたのだ。後車軸の上に設置するのが一般的だが、軸の後ろに置いた。それにより、後車軸は燃料タンクを守る役割を果たせなくなり、車が追突されたらタンクを粉砕させる、熱く危険な金属の物体となってしまった。

ピントが市場に出回ると、フォードのエンジニアは燃料タンクの安全性を気にし始めた。会社として費用対効果分析を行ったところ、燃料タンクに欠陥があると、1年で180名の死者と180名の重度の熱傷患者を生み出すとの想定が出た。その責任や死亡者への損害賠償に備えておくべき年間予算は、4950万ドルだ。

その一方で、燃料タンクの安全性を改善するのにかかる費用は、車1台につき11ドルという見積もりだった。燃料タンクの位置を変えた設計の車（一部軽トラックも含む）は、1000万台は販売ずみなので、改善すれば年間に1億3700万ドルかかることになる。燃料タンクの安全性を高めるための費用のほうが、燃料タンクが原因で死傷者が生じた場合にかかる費用よりも多い。そして、燃料タンクは修理しないという決断が下された。[2]

これはフォード特有の問題ではない。戦略構想が生まれ、事業化されるか具体的な目標が定められるかすると、たいていは、達成すべき長期的なビジョンとして受け止められる。では、会社の上層部で具体的な目標が定められると、社内にどんな影響が及ぶのか？

戦略レベルで具体的な目標を定められると、組織全体が証明と実行の思考心理になる。要は、赤ワークにとらわれて、青ワークを行うことへのハードルが高くなるのだ。そして、産業革命時代から続く、ありとあらゆるプレーに手を出す。強要して服従させ、目標を達成するまで作業を続行させる。中断、時計の支配、連携をとるための時間の確保、区切りがついたという実感、労いといったプレーは、時間の無駄であり作業の邪魔とみなされる。学習は抑圧され、敏捷性や適応力も発揮できなくなる。そして、長きにわたって生き残れる確率が下がる。

学習し適応していく組織になるには、赤ワークと青ワークを行き来するリズムを上層部が採用する必要がある。まずは戦略を立てるレベル、次に業務を管理・運営するレベル、そして実務レベルへとこのリズムを広めていくのだ。

具体的な戦略目標は、反倫理的な行動を誘発する

２００９年、ハーバード・ビジネススクールから「暴走する目標」というタイトルの論文が発表された。著者であるリサ・D・オルドネス、モーリス・シュヴァイツァー、アダム・ガリンスキー、マックス・ベイザーマンは、フォードの「重量２０００ポンド、価格２０００ドル未満」といった目標が組織の行動にどのような影響を及ぼすのか、とりわけ倫理に反する行動に向かわせるかどうかを模索している。[3]

達成が難しい目標を具体的に設定すると、短期的にパフォーマンスが向上することを実証した研究はたくさんある。具体的な目標があると、集中力が高まり、気が散ることが減る。集中しやすくなることや、証明と実行の思考心理になることは、赤ワークの頼もしい味方だ。しかし、青ワークに利するのは、視野を広げることやバリエーションを歓迎することなので、目標の設定により思いがけない負の影響が生まれかねない。

先にも触れたように、手強い赤ワークを掘り下げるには、作業を小さくし、時計を支配する機会を提供することがカギとなる。時計についてはリーダーが提供できるが、社員が合図を出せるようにすることもできる。また、ひとつの作業に集中しすぎることの弊害を、何らかの形で社員に教育する必要もある。その教育がなされていないと、目標からずれている兆候があっても、そのまま赤ワークを続けて破滅に向かう。

具体的で難しい目標を設定すると、ひとつの作業に人を集中させることはできるが、視野が狭くなれば、作業に無関係だと認識した情報を排除する。戦略や目標のそもそもの方向性に疑問が生じる情報が目の前にあっても、目に入らなくなってしまうのだ。

それを実感させるため、リーダーシップ研修の多くが、ゴリラの映像を使った楽しいワークショップを取り入れている。参加者は、「バスケットボールをする人々の短い映像を見せるので、白シャツのチームと黒シャツのチームがそれぞれ何ゴール決めたか数えるように」と告げられる。認知能力が求められる作業であり、集中力も必要だ。映像の中盤で、ゴリラの着ぐるみを着た人がコートを横切る姿がはっきりとカメラにとらえられている。だが初めてその映像を観る人の大半は、ゴリラの存在にまったく気づかない。

このように、目標は結果として誤ったふるまいを招きかねない集中力を生み出すが、それだけではない。「暴走する目標」の著者によると、具体的な目標の存在は、倫理に反する行動を実際に誘発しかねないという。

会社が具体的な戦略目標を設定すると、パフォーマンスの思考心理が優位に立ち、無駄にその思考心理が守られる。社員が自ら時計を支配する仕組みが社内に確立されていなければ、社員は「自分が出す成果は自分で管理できるものではない」と感じ、倫理に反する手段を使ってでも目標を達成しようとするようになる。それにより、悪事に手を染める人や非道な行動をとる人が生まれるというわけだ。

企業の不祥事がなくならない理由とは

目標とトップダウン型の序列制度が組み合わされれば、社員は決断の責任を担うことから解放される。VWのエンジニアがディーゼル排気の改ざんに加担する、退役軍人省管轄の責任者たちが実体のない名簿を作成する、医療ベンチャーのセラノスが血液検査の結果を偽造する、といった事件が起こるのはそのためだ。

トップダウン型の序列制度では、非道な人や倫理に反する人、あるいは単に間違っている人がひとりいるだけで、会社全体が道を踏み外しかねない。そういう組織では、自らの決定の責任から誰もが解放されるからだ。

「暴走する目標」の著者は、階級分けされた組織では、倫理に反する行動をとる傾向は目標と密接に結びついていると主張する。数字をごまかすこともあれば、プロセスをごまかして目標の数字に到達させることもあるという。「組織内で無謀な目標を設定すると、倫理に反する行動につながる組織環境が育まれる」と彼らは考えているのだ。

企業の不正は数多い。なぜ不正は起こり続けるのか?

2014年、VA（退役軍人）病院の責任者が、患者の実際の待ち時間を人為的に短く改ざんして報奨金を受け取ったことから、退役軍人省は数々のスキャンダルに見舞われた。2011年、退役軍人保健局が、患者の理想の待ち時間を14日に短縮し、理想を実現できた病院に金銭的な報奨を与えると約束した。これは、待ち時間が長いことへの対策の一環であった。しかし、待ち時間14日が目標になると、よりよい治療の提供が破綻した。そして2012年になると、「必要な手術は7日以内に行うことを理想とする」という新たな目標が追加設定された。

目標は追加されたものの、退役軍人省から工程の変更やリソースの追加はほとんどなかったので、待ち時間は改善したように見せかけられただけで実際には変わらなかった。そしてフェニックスにあるVA病院で、実態を伴わない予約名簿を使って14日という目標を達成していたことが発覚した。実際の患者は裏名簿に記載され、なかには予約が1年先の人までいた。予約が2週間後に迫ると、その人の氏名は公式の予約名簿に移行されるようになっていた。

公式な記録では、14日という待ち時間の目標を高い確率で守っていることになり、病院の役員たちに報奨金が支払われた。CNNの調査によると、予約待ちのあいだに40人の退役軍人が亡くなったという。

2015年、アメリカの環境保護庁から、VWが大気浄化法に違反したとの発表があった。ディーゼル車に搭載された排出ガスを低減させる装置に、検査試験のとき以外は作動しないようにするソフトが組み込まれていたのだ。実際に運転すると、規定の40倍の亜酸化窒素が排出されたが、排出量試験では人為的に排出量が抑制されるようになっていた。

世界金融危機の10年後、金融機関のウェルズ・ファーゴは、既存顧客1人につき最低8つの商品の販売を目標とすることを社員に推奨した。その結果、社員は顧客の承諾を得ずに口座を開設し、その数は少なくとも200万にのぼった。

アメリカがイラクを侵攻したとき、特定の前提にもとづいて部隊に目標を設定するという戦略がとられた。主たる前提のひとつが、イラクの人々から「アメリカ軍は歓迎される」というものだ。この前提は妥当でないと示す証拠は早くからあがっていた。たしかに、前線の指揮官はその事実を把握していた。だが軍全体としては、証明と実行の思考心理にとらわれていた。前提が誤りだと証明する情報や驚くべき情報があっても、上層部に届かないように組織的に妨害された。そのせいで、意味のない作戦行動が誕生し、それがしつこく残り続けることになった。

いまあげたどの例においても、それだけの違反を引き起こした原因が、数名の堕落した個人にあるとはとても思えない。その兆候を示すもっと根本的な原因があるはずだ。

戦略は赤ワークの達成でなく青ワークでの学習に用いる

また、例にあげたケースに限ったことではないが、目標を設定すると、社内で権力の勾配が大きくなり、社員の姿勢が基本的に「指示待ち」になるというパターンも見受けられる。そうした社内文化は、倫理に反する行動を誘発する。事実、退役軍人省、VW、ウェルズ・ファーゴの内部から、報道されたことが行われていたあいだは、いずれの組織も社員を服従させ、恐怖心を植えつけ、目標達成のプレッシャーをかなりかけていたという報告がある。

「具体的な目標がパフォーマンスを改善する」という発想はどこから生まれたのか？　これに関する調査はどうしても短期間のものとなり、繰り返すこともほとんどない。調査対象者に対し、誰かとの会話を100回繰り返してもらい、100回目の会話が1回目の会話よりよくなっているかどうかを確かめる、ということはしない。わかりやすい目標が設定されれば、その達成に向かってパフォーマンスは改善するが、そうすると、ほかの目標は意識から除外される。

2グループを比較したある調査では、グループ1には「文法と内容の誤りに注意しながら論文を査読するように」と告げ、グループ2には文法の誤りを見つけてほしいとだけ告げ、「最善を尽くしてください」と言い添えた。[4] すると、「最善を尽くした」グループのほうが、文法の誤りも内容の誤りも多く見つけるという結果になった。

結果を出すうえでは、短期的には証明と実行の思考心理になる赤ワーク状態が優れているが、長い目で見ると、学習と成長の思考心理になる青ワーク状態のほうが適応力は高い。長期的に取り組むことになる戦略では、青ワークで連携をとる時間をつくって学習と成長の思考心理に頻繁になるほうが、効果が期待できる。会社の戦略を考案し実行することは、学習という位置づけにするべきだ。要するに、CEOが発表するときは、「これがわれわれの戦略だ」ではなく、「このAという戦略でXという結果が生まれると、われわれは仮定している」とし、実行を終了する期日を明示するのだ。

目標、それも達成が難しい目標を掲げると、達成のために使う戦略が学習と相容れない場合が多い。つまり、具体的な目標は、学習と適応力の邪魔になるのだ。

それに、掲げた目標が達成されればそれ以上働かなくてもよい、という許可を社員に与えることになる。目標は、パフォーマンスの上限にもなりうるのだ。配車サービスのウーバーのドライバーを対象に、ドライバーの予約のとりにくさに連動して価格が上昇する効能について調べる研究が行われた。

ドライバーにとっては、需要が多く収入が増える時間帯に長く働くのが理にかなった行動だと言えるが、実際には反対のことが起きている。どうやら彼らには、一日あたりの目標が暗黙のうちにあるようだ。需要が高く価格が上昇する時間帯に働ければ、目標に早く到達する。そうして目標に到達すると、その日はもう働かなくなる。このように、目標は手を伸ばす対象にもなれば、パフォーマンスの上限にもなるのだ。

新しいプレーブックを使って、戦略を学習の機会とする

赤ワークと青ワークを交互に行うリズムを戦略に取り入れれば、戦略を学習としてとらえられるようになる。戦略の方向を定め、組織が責任感を持ってそれに取り組み始めるとしても、全体を小さく分割してひとつずつ取り組むようになる。そうすれば、先に進みすぎることがなくなる。戦略に取り組むとはいえ、実務レベルでも、パフォーマンスと学習両方の目標を設定する。戦略が順調に進んでいるかどうかの指標となるものに会社が敏感になれば、全社的に自然と学習に意識が向く。

そういう会社は、社員が自ら時計を支配できる仕組みを整えようとする。要は中断を呼びかけやすくする仕組みをつくるのだ。それに**垣根を越えてつながる**プレーを加えれば、権力の勾配を緩くする社内文化が定着しやすくなる。受け入れたくも聞きたくもない、望ましくない情報が見つかっても、日頃から垣根を越えたつながりを築いて序列の格差を小さくしている企業なら、その情報を吟味して対処しようとする。見て見ぬふりをすることも、そうでない企業より少ないだろう。つまり、社内で起きていることに気づいていなかった、あるいはそうと主張する重役が減るということだ。

まず、受け入れたくない情報に目をとめるのは、重役より社員のほうが多い。というのは、彼

らのほうが視野を広く持っていて、証明と実行の思考心理にとらわれづらいからだ。それに、受け入れたくない情報を手にしたときに、権力の勾配を緩くしようという考えや、肩書きや職種にとらわれず広くつながろうとする考えが社内に定着していると、受け入れたくない情報でも上層部にあげやすい。さらには、各自が時計を支配できる仕組みが整っていれば、赤ワークを中断してみなで連携し、既存の戦略的な決断に対して新たな情報がどんな意味をもたらすかを話し合いやすくなる。

複雑で変化の激しい世界で長きにわたって生き残るには、達成する力より適応する力のほうがものをいう。

実験は、多様な特質の影響を発見し、適切なバリエーション（ばらつき）を増やすために行うものだ。ところが、実験に目標が加わると、正反対の結果が生まれる。バリエーションが減るのだ。バリエーションの減少は赤ワークならではの特徴であり、だからこそ目標があると、赤ワーク時のパフォーマンスが向上する。

だが、バリエーションの減少は、適切なバリエーションをも減らしてしまう。そのため、ほかにもっといい選択肢はないか、現状の選択が未来においても最高の選択と本当になるかを確かめるのに必要な選択肢まで減ってしまう恐れがある。

フォードの「重量２０００ポンド、価格２０００ドル未満の車」のような目標は、本来なら実行する人たちから生まれるべきものだ。そうすれば、決断する者と決断を評価する者が別になる。

年間計画の策定はもう古い

多くの企業は、業務を管理・運営するレベルで翌年に向けた年間計画を策定する。こうした計画を立てるという発想は、産業革命時代の考え方に端を発する。それは、未来は複雑かもしれないが知ることは可能であり、詳細な計画を立てれば正しい道が開けるというものだ。この考えにもとづいて、翌年に何をするかを計画する。そういう計画には得てして、学習目標がすっぽり抜けているか、あっても詳述できるほどのものではない。

年間計画の策定が、社員が赤ワークにもっとも集中したいタイミングに重なるのは最悪だ。意義のある中断を呼びかけて、青ワークに移行させる人がいなくなる。さらに、その計画が上層部から社員へと「通達」されればどうなるか。産業革命時代のように、決断する者と実行する者、青ワーカーと赤ワーカーという分断が再燃する。

スコットランドにある公共団体のＣＥＯから、暦年の最終四半期に事業計画の策定が重なったときの話を聞いた。その時期は1年でもっとも忙しい時期でもあったという。そのため、職員たちは通常業務から離れることが難しく、1年ぶんの赤ワークの半分ほどが行われていたにもかかわらず、そこで得た教訓を翌年の計画に生かすことができなかった。その計画は、最終四半期が終わるまでに策定することになっていたのだ。

彼らの問題を解決する方法は2つある。ひとつは、計画を策定する時期を1月に遅らせるやり方。そうすれば、最終四半期で学んだことを計画策定に反映できる。もうひとつは、計画を策定する3カ月を、暦年の四半期と重ならないようにずらすというやり方だ。いずれにせよ、四半期ごとに事業計画という扱いにし、四半期が終わるたびに振り返って学習するといいだろう。そうすれば、赤ワークと青ワークを交互に行うサイクルが加速し、学習も加速する。

E・リースによる赤－青サイクルのアドバイス

青ワークの専門家を招いて、赤ワークと青ワークを行うリズムの管理をサポートしてもらった企業の例を紹介しよう。

『リーン・スタートアップ』や『スタートアップ・ウェイ』の著者として知られるエリック・リースは、航空機エンジンメーカーのGEアビエーションに請われ、次のエンジンを市場に出すサポートを行うことになった。

同社は新しいエンジンを開発中[5]で、完成したエンジンはGEnxと名づけられた。エンジンの開発チームは、技術的な問題の解決、つまりはエンジンの製造のことだけを考えていた。これは赤ワークの視点だ。本格的な生産にすぐにとりかかることを念頭に置きながら、開発プロセスを進めていた。彼らには、エンジンを設計し製造できるかどうかだけでなく、それを設計し製造するべきかどうかも理解する必要があった。後者を理解するには青ワークの思考が求められる。

その疑問の答えを出すのに、市場分析、顧客との面談、展示会で得たフィードバックは大した助けにならなかった。彼らに必要だったのは、エンジンを実際につくってそれを買う人がいるかどうかを確かめることだった。当初の計画では、5パターンの使用例、つまりは5つの異なる市場に向けてエンジンを提示することになっていた。だがリースの話では、当初の計画を見直して、1

種類の使用例だけを展開することにしたという。エンジンにその市場での未来はあるのか、別の市場でも展開するには何を変える必要があるのかを学ぼうという発想になったのだ。

新しい計画は成功し、GEnxはGEアビエーションにとって最速で売れた新発売エンジンとなった。そのエンジンは、ボーイング747や787にそれまで搭載されていたものに比べて燃費が15パーセント改善している。

リースは赤ワーク、青ワークという名称を使っていないものの、青ワーク－赤ワーク－青ワークというサイクルを意識している。まずは「時計を支配する」プレーからだ。これは、計画を策定するために作業の中断を呼びかけることであり、中断しているあいだ、幹部たちはデスクで作業するのではなくブレーンストーミングを開催し、連携をとることに時間を費やした。「連携をとる」プレーのなかで、彼らは検証を目的とした仮説を立てた。特定の特徴を設計に組み入れた新エンジンを市場に出したら、需要の兆しが現れるか、そして、そのエンジンを会社に利益が生まれるコストで製造できるかどうかを確かめるのだ。この仮説のカギとなったのが、最低限の製品の定義だ。仮説に対する最初のフィードバックをもたらす製品をどういうものにするのか。その答えが1種類のエンジンだった。

赤ワークと青ワークのサイクルのなかで出てきた答え

テクノロジー企業のなかには、製品をつくらないまま実際に試すところもある。製品のイメージや説明を作成して市場に出し、興味を示した購入する可能性のある人の数を数えるのだ。買いたいという人が実際に現れた場合は、「売り切れ」と伝えるか、正直に「渡せるものがない」と告げる。この方法なら、製品の実際の製造にお金をかける前に市場での価値を測定できるので、開発の見通しが少し明るくなる。

エンジンを販売するまでの流れが変われば、販売員の顧客とのやりとりも変わる。2つのケースを比較して見ていこう。

ケース1は、GEアビエーションの幹部が新エンジンの販売目標を明確に定めた場合だ。工場では設備が一新され、エンジンの製造が始まり、売れ残ったエンジンは倉庫に山と積まれている。販売員が顧客と話すときは、心からエンジンを売りたいので、メリットの誇張や欠点の矮小化をしたくなるかもしれない。ストレスから目先のことしか見えなくなる可能性も高く、そうなれば、その場しのぎの小細工を使ってでも契約をとって、目の前の販売目標を達成したくなるかもしれない。だがそれは、長い目で見れば不利益でしかない。また、販売員が妥協を許さないタイプの人なら、顧客から価格を交渉され、その価格が両者にとって損のないものであっても、会社の目標を達成できないという理由で交渉を受け入れない。いまあげたような態度をとられれば、顧客は製品を売りつけられていると感じる。

ケース2では、GEアビエーションが実際に行ったことを見ていく。GEアビエーションは、1種類のエンジンをつくることに責任を持つと決めた。それを売る販売員は、顧客の目にエンジンがどう映るかを調べ、できるだけ多くの知識を身につける。販売の機会を得たときは、相手の意見に関心を持ち、余計な誘惑に駆られることなく、エンジンについてできるだけ正確に説明することに終始する。長期的な視点に立ち、受け入れ可能な契約条件を多様な視点からとらえ、交渉にも喜んで応じる。さらには、顧客との話し合いで得た情報や顧客の反応を、できるだけ多く、できるだけ正確に会社に持ち帰ることを期待されているという自覚もある。

ケース2のクライアントも、販売員の心理状態を読み取ろうとする。すると、自分の話に熱心に耳を傾け、落ち着いた穏やかな口調で製品のことを説明し、誇張のないよう気をつけていることがわかる。この販売員は、パフォーマンスの思考心理ではなく学習の思考心理だと実感し、売りつけられているとは感じない。むしろ、ふたりで一緒に問題を解決しているような気持ちになる。

赤-青のサイクルをどうやって定着させるか

学習と適応力と敏捷性にもとづく製品開発を体系化しようという運動から、「アジャイル」と呼ばれるソフトウェア開発が生まれた。アジャイル開発は、職種の垣根を越えた少人数のチームでテクノロジー製品を開発することから始まった。そういうチームは以前なら、昔ながらのプロジェクト管理手法で管理された。製品の責任者によって、詳細な仕様が要件として定義されることから始まるのだが、この手法には、不確かなことがいちばん多い開発過程の初期段階で、計画が綿密になりすぎて選択肢が限られるという問題があった。

アジャイル開発ではその問題を解決するために、短いスパンで作業を行う。これを「スプリント」と呼ぶ。スプリントにとりかかるときは、作業の未処理ぶんを見直すことから始めて、製品の責任者とともに次に積み重ねるのに適した作業を選ぶ。作業に関することはチームのメンバーが自分たちで管理し、作業の責任を引き受ける。これがアジャイル開発における計画策定だ。

スプリントの最後には、実際に動かせて検証できる製品を必ず完成させる。そして完成を労い、フィードバックを呼びかけ、製品について見直す。これが振り返りの時間だ。それが終わると次のステップに進む。こういう流れなら、開発を始めても、製品開発サイクルの早い段階で大きな方向修正が可能になる。早い段階のほうが、修正にかかるコストは低い。

開発が進むにつれて、金銭的にも感情的にも、変更にかかるコストは高くなる。たとえ金銭面のコストや混乱のコストはまかなえたとしても、計画を決めた人に責任感の過熱という心理現象が重くのしかかる。過去の決断に頑なに従おうとすれば、性能の低い製品をはじめ、自暴自棄な態度、コストやスケジュールの超過を招きかねない。

スプリントの期間は、固定にするかそのときどきに応じて変えるかも含めて、チームで早急に決める必要のある項目のひとつだ。スプリントを実施するサイクルは2〜3週間が一般的だが、数時間と短く設定してもかまわない。

ご覧のとおり、「計画策定－スプリント－振り返り」というアジャイル開発のリズムは、「連携－責任感を持った取り組み－区切り－労い」という赤ワーク－青ワークのサイクルにぴったりと当てはまる。アジャイル開発は、製品開発に赤ワークと青ワークを交互に行うリズムを適用したものだと思えばいい。

スプリントでは赤ワークを行うが、最後は青ワークで締めくくる。スプリントの生産の時間は製品の設計やコードの作成を行い、この時間は方向転換から守られる。チームのリーダーは、新しいアイデアをチームに投げかけたい欲求を抑え、そういうアイデアを記録できる仕組みや、新たなアイデアや方向について決める時間を規則的に設ける必要がある。

実務レベルの青ワーク——意図的な行動

潜水艦〈サンタフェ〉では、赤ワーク－青ワークの仕組みを定着させる一環として、意図的な行動を習慣づけた。意図的な行動とは、行動を起こす直前に、立ち止まってこれから自分が何を行うかを声に出して言い、それが正しい行動だと決めたのは自分たちだと宣言するというものだ。赤ワーク－青ワークを最小単位で実行させるためのもので、ポンプを動かすときやブレーカーを切るときなどに行った。

立ち止まるということは、時計を支配することを意味する。

そして、これから何をするかを声に出して言えば、まわりを巻き込むことになる。近くにいる仲間が口を開く機会が生まれるのだ。われわれは「ハンズオフ」という表現を合図としていた。誰かがこれから行うと口にしたことを正しいと思えなかったときに、「ハンズオフ」と声をかける。間違いであるという確証を持つ必要はなく、正しいかどうか定かでないと感じただけで発言していい。

これから〇〇をすると宣言したら、責任を持ってポンプを動かしたりブレーカーを切ったりする。

それがすんだら、予定していたとおりの結果が得られたかどうかを振り返る。理想の結果と実際に生じた結果を比較するのだ。

機械の操作や操作に含まれる手順の実施については、意図的な行動を習慣にすることでミスやミスの伝播が劇的に減る。

意図的な行動をオフィス環境にも取り入れてみたが、潜水艦のときほどの効果は得られなかった。オフィス環境での意図的な行動となると、書類に署名をする、住宅ローンを承認する、入札金額を提出する、メールを送信するなどの前に、ひと呼吸置いて最終確認するというものになる。ほとんどの場合、過剰で不必要に思えるのだ。なぜそうなるかというと、オフィスでのそうした職務のほとんどが可逆的なものだからだ。契約書は修正できるし、メールに問題があれば謝罪すればいい。とはいえ、元に戻せない結果を招くものや、ブランドに影響を与えうる重大なことがらについては、意図的な行動を習慣づければやはり役に立つと思う。

自分を律しない人はまわりに迷惑をかける

赤ワーク－青ワークを交互に行うリズムをチームに取り入れれば、自分を律する力がある程度必要となる。自分を律しない人がいると、そのぶんまわりが苦労する。というのは、新たに実践するプレーの大半では、質問の仕方や言葉の選び方、交流の仕方を変えることが求められるので、一人ひとりが責任を持って自分で変える必要があるのだ。変えるための指導者がいれば思い出させてもらえるが、指導を受け入れる気がなければ意味がない。

いずれにせよ、使う言葉を変え、それが身につくように努力を続けていけば、適応力が高く、学習と成長を中心にしてものを考える力が強化され、そういう思考プロセスに変わっていく。それができるかどうかは自分しだいだ。

ライフシフト時代に必要な赤と青のサイクル

赤ワークと青ワークに分けるという発想は、戦略レベルで役に立つだけでなく、人生により多くの豊かさや楽しさ、そして成功をもたらすものだと私は信じている。

15世紀の靴職人は、自分が生きているあいだに製造工程が変化し、靴のつくり方を学び直さないといけなくなるのではないかと心配しなくてもよかった。十代の見習いのときに習得した技術は、30歳になって活用する技術とも、40歳で見習いに教える技術とも、50歳の熟練職人としての技術ともまったく同じだ。

ヘンリー・フォードが1908年にモデルTを組み立てるために雇った労働者たちは、19年にわたって基本的に同じ組立ラインで働きながら、同じ道具を使って同じ車種を組み立てていた。根本的にまったく違うプロセスを学ぶ心配や、プログラムで動くロボットに仕事を奪われる心配はいらなかった。

人生のリズムは次のような構成になっていた。(1) 教育を受け、(2) 受けた教育を仕事に生かし、(3) 引退して数年の余生を楽しめたらと願う。学校教育は5歳から21歳まで続き、それが終わったら職を得る。つまり、人生は青ワーク(認知的活動、思考、学習、改善)から始まって、その後赤ワーク(物理的活動、動作を伴う活動、実行、証明)へと移行する。青ワークと赤ワークを行き来することはほとんどなく、一度学んだことをひたすらやり続け、そして死を迎える。このような人生のリズムでうまくいっていたのは、40年にわたって労働生活を送るときの条件が、教育を受けていたときに存在していた条件と同じである可能性が高かったからだ。

それに当時の教育システムは、産業革命時代に誕生した6つのプレーに同化できる人材の育成を目的としていた。教育は、時計に従い、命令に服従し、自分の能力を証明することがすべてだった。この名残が現代の教室にも根深く存在している。

だが当然、状況は変わっている。高校や大学を今日卒業した人が、2、30年後に大きな修正や学習のやり直しをすることなしに、同じスキルや仕事で通用する可能性は低い。

だからこそ、現代社会で通用していくためには、青―赤―青のリズムの適用が不可欠となる。「一度学んだら引退まで実行し続ける」は、もはや通用しない。このアプローチを再構築する必要がある。つまりは、青ワーク―赤ワークを交互に行うリズムを取り入れるのだ。自分のキャリアを10年または20年行うものとしてとらえ、その区切りがきたら、学習期間を設けるようにするといい。

人生の後半でも発明やイノベーションを起こせるか

仕事に就いているあいだは、全体として赤ワークが重視される。赤ワークのなかにちょっとした青ワークの時間もあるが（ビル・ゲイツは年に1、2回1週間の休暇をとり、邪魔が入らないようにひとりで山小屋にこもってたくさんの本を読んだ）、中心となるのは実行だ。お金を稼ぎ、スキルを磨き、自らの価値を証明する。つねにというわけではないが、ここでは「優秀であろうとする自分」が大役を担う。

そして仕事を離れたら、青ワークの時間に移行する。この時間で自分の生き方を振り返るのだ。

脳に休息の時間を与え、自分のキャリアを冷静に見つめて改善の思考心理になろうと努める。それにより、「もっとよくなりたい自分」が優位に立つ。講座を受講する、学校に入学し直す、新たなスキルを身につける、畑違いの職種で成長を遂げるなど、これまでとは違う何かに専念することが、振り返りにはもっとも効果的だ。

だが、それには少なくとも問題が2つある。ひとつは、いまの教育システムが社会人が学習しやすいようにできていないという点だ。学校に戻りたい社会人に向けたオンラインの講座や大学のプログラムはたしかに存在するが、その構造は基本的に、「学習して卒業したら社会に出て働こう！」のままだ。

そしてもうひとつは、脳は「学習し、実行する」モデル用に設計されているフシがある。脳は若いときほど融通が利き、新たなアイデアや学んだことをすでに存在する情報と新たにつなげることが簡単にできる。

ジェームズ・ワットは三十代後半で実際に動く蒸気機関を考案し、エジソンは三十代のときに電球を発明し、ライト兄弟は三十代で自作した飛行機で空を飛んだ。極端な例をあげると、マルコーニは二十代で無線電信システムを考案し、アインシュタインは26歳のときに特殊相対性理論を発表した。もっとも、グーテンベルクが活版印刷技術を考案したのは50歳をすぎてからだが。

こうしてみると、どの発明も人生の早い段階で起きているが、早すぎるというほどではない。協力し合って仮説を試し、変更を加えるという形を通じて学んだことを実社会で生かそうとすれば、時間がかかる。発明は、学校を卒業したとたんには生まれない。その時点では、ほとんどの人が青ワークしか行っていないからだ。発明やイノベーションには、青ワークと赤ワークの両方が必要になる。

ただし、人生の後半で発明が生まれることはめったにない。それはなぜか？　人は学習をやめてしまうのか？　脳が学ぶのに疲れてしまうのか？　結局のところ、世界に関する知識を積み上げて、それを通じて周囲と協力する経験を重ねていけば、多くのイノベーターが生まれるはずではないのか。だが、そういう事実は（いまのところ）ない。

人間の脳は、二十代になると発達が著しく遅くなり、四十代になると前頭前皮質が萎縮し始める。人間の平均余命は、基本的に永遠に四十代であるとずっと思われてきた。たしかに、脳の発達は遅くなる。だが発達はとまらない。だから絶望しないでほしい。発達のスピードが遅くなってからも、脳は何十年にもわたって新しいことを学んでいける。

あなたなら青ワークを人生にどう取り入れるか

私は人生の大半を、「学習し、実行する」モデルに従って生きてきた。海軍兵学校に進学し、その後2年にわたって原子力を専門に学ぶと、艦隊に配属されて職務を果たした。そのあとは修士号を2つ取得した。ひとつはオンライン、ひとつは通学で学んだ。いまになって考えてみると、どちらも立ち止まって人生を振り返る時間にはあまりなっていなかったように思う。それはきっと、「優れた海軍士官になるために役立つから」という理由で修士を取得したからだろう。あるいは、私が未熟でそれらの機会を十分に生かしきれなかったのかもしれない。

28年勤めた海軍を離れると、私は本を書き、世界各地で講演を行うようになった。いずれもまったく違う仕事で、まったく違うスキルが求められる。最近行うようになった、大勢の人を前に壇上に立ち、彼らの興味をひく話や心をつかむ話、役に立つ話、楽しい話をする仕事と、文章を書く仕事ですら大きく違う。そのおかげで、私は青－赤－青のサイクルを人生に取り入れることができている。

私はいま、人生で青ワークの時間を設ける時期にきているのではないかと思っている。誰かに押しつけられるのでも、偶然に起こるのでもなく、自分であえて計画して生き方を変えるタイミングなのではないか。そのためには、人生の時計（これはドキッとする表現だ）を支配する必要がある。「いまは忙しいから」と、忙しさにかまけて言い訳するのはもうやめにしなければならない。

本書では、学ぶということについて語った。青－赤－青という正しいリズムを仕事に限らず人生に取り入れると、学んだことを生かしやすくなる。正しいリズムを取り入れるには、本書で紹介した6つのプレーを実行しなければならない。まずは時計を支配することから始める。小さなことから自分を変える。そうして変わった自分を、職場、そして人生で試していくのだ。

私はみなさんの体験談を知りたい。あなたなら、人生や仕事にどのように青ワークを取り入れるだろう？　これまでとは違う言葉の使い方や選び方を学ぶ、他国へわたってみる、学校に戻って学位を取得する……。あなたのストーリーを、メール（david@turntheshiparound.com）やリンクトインのページを通じてぜひ送ってほしい。

あなたの旅が素晴らしいものとなりますように。

赤ワークと青ワークを交互に行うことを前提とする

人間の活動には、思考と実行の2種類がある。

本書では、思考を青ワークと呼ぶ。思考は認知能力を使い、複雑で創造的で、不確かさがつきまとう。バリエーションは青ワークの味方だ。青ワークには、周囲と連携をとる、「もっとよくなりたい自分」を呼び起こす、改善点を探す、決断を下す、仮説を立てる、といったことが含まれる。

そして実行を赤ワークと呼ぶ。バリエーション（ばらつき）は赤ワークにとっては敵だ。赤ワークでは、主に肉体の使用やスキルの使用が伴い、集中力と計画的な行動が必要となる。バリエーションは赤ワークにとっては敵だ。赤ワークでは、作業を行う、「優秀であろうとする自分」を呼び起こす、能力の証明を求める、職務をまっとうする、といったことが含まれる。

赤ワークと青ワークを交互に行う仕組みを定着させるには、青ワークを終えたあとに赤ワークに移行するというリズムを計画的に導入する必要がある。

この仕組みに対し、リーダーが影響を及ぼせる領域が3つある。ひとつは赤と青のバランスの決定だ。プロジェクトの最初のうちは不確かなことが多いので、青ワークの頻度を増やし、学習に力を注ぐ。そのうえで、赤ワークの時間を延ばしていく。プロジェクトの後半になれば重要な決断はほとんど終わっているので、青ワークの頻度を減らして生産に力を注ぐ。

2つ目の領域は、青ワークの中身についてだ。責任者だけでなく、関係者全員を青ワークに巻き込んで、バリエーションを歓迎するという目的のもとに青ワークの時間を取り仕切る。

3つ目の領域は、赤ワークの中身についてだ。その時間で成し遂げたい目標やチームとして力を注ぐことを設定する。この領域が、リーダーにとってもっとも馴染みが深く、あまり意識せず必要なプレーを使うことができる。私も赤ワークのときにやりやすいと感じることが多い。また、リーン生産方式など赤ワークの管理に役立つツールも豊富にある。

赤ワークと青ワークを交互に行う仕組みは、戦略を立てるレベル、業務を管理・運営するレベル、実務レベルのいずれにも適用できて、チーム、個人のどちらにも適用できる。また、人生にも活用できる。

赤ワークと青ワークを交互に行うと、学習という成果が得られる。職場、家庭、そして人生で学びを得ることができるのだ。

第11章 新しい言葉とプレーブックでエルファロを救出する
——二度と悲劇を起こさないために

〈エルファロ〉とその乗組員は、悲劇的な運命をたどって命を落とした。そして、彼らはとてつもなく貴重な教材を残してくれた。船上で繰り広げられた会話の記録だ。私はその記録を研究し、彼らが繰り広げたかもしれない会話について考えた。それにより、誰かを責めるつもりも、悪意があったかどうかを探すつもりもない。

船に乗っていた全員が、自らの使命とチームのために、誰もが最善を尽くして行動していたと心から信じていたのは間違いない。しかし、彼らの身体に染みついた、時代遅れのプレーブックにもとづく言い回しによって、彼らの誠意は悲惨な状況へと形を変えていった。

彼らと同じ過ちを犯す可能性は誰にでもある。毎日オフィスへ出向く仕事ならその危険性は低いと思うかもしれないが、同僚の言動に対して投げかける言葉の影響は、船の上でもオフィスでも違いはない。

本書を通じて〈エルファロ〉の悲劇を教訓とし、二度とこのような悲劇が起きないための対策を講じてほしいというのが私の願いだ。言葉が行動に与える影響に組織がもっと敏感になり、リーダーたちが新しいプレーブックを携えて、誰もが職場で安心して力を発揮できるようになったらどんなにいいいか。

この章では、〈エルファロ〉で起きたことをあらためて想像してみたい。乗組員、設備、時間的な制約、乗組員たちが受けた専門的な訓練、天候条件はすべて同じとする。唯一違うのは、彼らが自らの職務を青－赤－青と交互に行うサイクルとしてとらえていて、垣根を越えたコミュニケーションが持つ力を有効に活用できているという点だ。もっとシンプルな言い方をすれば、彼らの話すときに使う言葉だけが異なる。

月曜日――嵐の中心から1000マイル

フロリダ州ジャクソンビルの港

〈エルファロ〉がサンファアンに向けて出港する前は、役割への同化ではなく、**垣根を越えたつながり**の構築が行われている。高級船員は役職のない船員と、船長は高級船員と信頼関係を築いている。

船長はフィルターの役割を担うようにしている。つまり、自分の感じているかもしれないストレスが、船員たちに伝染しないように努めているのだ。彼の心理状態は、「気にかけて、気にしない」だ。彼に委ねられた船員たちや貨物のことは心から熱心に気にかけるが、船上での選択が組織での自分の立場に及ぼす影響については気にとめない。垣根を越えたつながりが築けているおかげで、船長は自らをチームの一員と感じていて、不安も和らいでいる。

垣根を越えてコミュニケーションをとるなかで、船長は出港の前に2つの重要なことを行う。ひとつは、権力の勾配を緩くすること。権力の勾配を感じるのは彼の部下たちだが、勾配を緩めることは上の立場の者にしかできない。また、船長は53歳、一等航海士は54歳、三等航海士は46歳だ。年齢によっても権力の勾配は自然に生じるものだが、彼らのあいだの勾配はすでに緩くなっている。

二等航海士（航法士でもあり、2人いる女性乗組員のうちのひとり）は34歳で、他の高級船員たちより20歳ほど若く、性別も船内で数少ない女性ということで、権力の勾配の影響をもっとも強く受ける存在だが、それと同時に、チームが青ワークを行うとなれば、聡明な意見をいちばん提供しそうな存在でもある。それも手伝って、彼女が安心して口を開ける環境を整えることがますます重要になる。

船長は彼女と1対1で話す機会を設ける。そして、「君がチームにいてくれて嬉しい。年齢や性別の違いから、私とは視点も異なると思う。私やほかの高級船員が見落としている何かに気づくこともあれば、われわれが知らない知識も持っているだろう。君のアイデアや考えがほかの人と相容れなかったとしても、間違っているというわけではない。君だけが正しいこともありうる。だからこそ、君には声をあげてほしい。私が責任を持って耳を傾ける。だからといって、つねに君の言うとおりにものごとを進めるわけではないが、君の話はつねに興味と関心を持って聞くことを約束する。

ここにイエローカードがある。もし私がちゃんと話を聞いていないと思えば、審判みたいにこのカードを私に向けて掲げてくれ。みながいないほうが話しやすいなら、いつでも声をかけてくれればいい。的確な判断をしているのが君ひとりだけかもしれないということを、つねに念頭に置いてほしい」

高級船員チームに対しては、次のような言葉をかける。「私とは違うやり方の船長の船に乗っていた者もいるので言っておく。私には、この船を安全にプエルトリコまで航行する責任がある。そのためには、知っていること、気づいたことを全員が把握していたほうがいい。今回の航行に関する重要な決断は、高級船員であるわれわれ全員で議論しようと思う。意見が分かれて私が決断を下す必要があるとしても、それをするのは全員の意見を聞いたあとだ。

2カ月前の航海で、私はオールドバハマ海峡を通るルートで行くと決めた。そのせいで、到着がいつもより6時間遅れた。この犠牲を払う必要がなかったかどうかは、誰にもわからない。いずれにせよ、私は説明のために本部に呼ばれた。そういうことは私の仕事だ。本部の対処は私に任せてくれ」

もうひとつの重要なことは、時計を支配できる環境を整えることだ。これには中断の名称をつけることも含まれる。

船長が高級船員チームに指示を出すときは、こんなふうに告げる。「いまはハリケーンの季節だということを全員に念を押しておきたい。計画を中断してとるべきルートを再考せざるをえない天候になる可能性はある、いや、その可能性は高いと言っていい。どんな理由であれ、立ち止まる必要があると感じたときは呼びかけてほしい。その中断の時間を『マリナーズタイム』と呼ぶことにしよう。『マリナーズタイムを希望します』と呼びかけてくれ。そうしたら、高級船員全員がブリッジに集まって、どうするかを話し合う。練習の意味を込めて、最初の当直に就いたときに、全員が必ず中断を呼びかけてほしい。そうすれば、呼びかけやすさや呼びかけへの応じやすさを確認できるし、呼びかけがあったときにブリッジに集まる練習にもなる」

水曜日――嵐の中心から600マイル

2015年9月30日午前6時　バハマ諸島北部に接近

通常ならこの船は、あまり考えることなく遮るものの何もない大西洋ルートをとっている。決断ポイントをどこにするかと検討することもほとんどないのだが、今回は、最新の気象情報で熱帯低気圧「ホアキン」がハリケーンに格上げされている。この出来事がきっかけとなり、自動操縦モードの赤ワーク（大西洋ルートでプエルトリコに向かう）から脱して青ワーク（ルートに関する決断を下す）に移行する必要性が生じた。

次に必要となるプレーは、時計の支配、連携、責任感の自覚だ。

2015年9月30日午前6時5分

当直の高級船員が時計を支配する行動に出る。効果的に仕事を進める組織では、時計を支配する必要があると最初に気づいた人がそれを実行に移す。メールでの警告は見落とされる恐れがあるとわかっているので、午前6時30分にプエルトリコまでのルートに関するミーティングを開催する旨を記した紙のメモを送る。

青ワークの必要性を感じてミーティングが呼びかけられたことに対し、船長は最善の策ではないと思ったかもしれないが、あくまでも呼びかけた船員のサポートだけに従事する。いずれにせよ、誰も時計を支配せず赤ワークを続けるよりよほどいい。

2015年9月30日午前6時10分

船長をはじめとする高級船員たちがメモを受け取る。

2015年9月30日午前6時15分

船の航法士でもある二等航海士がブリッジにやってきて、当直責任者の船員と誰がミーティングを仕切るか相談する。そして、嵐が近づいているなかプエルトリコまでどのような航路をとるかが議題なので、航法士である二等航海士が議長を務めることで話がまとまる。どちらも船長が議長を務めるとは考えていない。

連携をとり、責任感を自覚する部分で、チームの一員である自分たちが意思決定者としてふるまい、船長には決断を評価する者という距離を置いた立場になってもらえば、ミーティングでチームとして下した決断が、より柔軟性の高いものになるとふたりはわかっているのだ。船長の関与が強くなれば、チームが責任感の加熱に陥りやすくなり、船長が下した最初の決断を支持する可能性が高くなる。

2015年9月30日午前6時29分

高級船員全員がブリッジにやってくる。海図台を囲むように集まるが、船長だけは少し下がって彼らの脇に立つ。

2015年9月30日午前6時30分 ミーティング開始

二等航海士は、船長の了承の合図や発言を待たずにミーティングを開始する。承認を求めて船長のほうに目を向けることすらしない。ほかの高級船員たちを見て、彼らに向かって話を始める。

「ご承知のとおり、われわれで決断を下さねばなりません。決断ポイントが迫っています。そこは決断ポイント1と呼ぶことにしましょう。右に進路を変えてオールドバハマ海峡を通るルートにするか、それとも、このままいつもの大西洋ルートでプエルトリコまで進むか。この決断を下すにあたって連携をとるのは、熱帯低気圧『ホアキン』がハリケーンに格上げされたためです」

二等航海士が指を使った投票を試みる

二等航海士は0～5本の指を使った投票を呼びかける。「どちらの選択肢をどのくらい強く望みますか？　オールドバハマ海峡を強く望むなら0本、通常のルートを強く望むなら5本の指を表示してください」。このように、彼女は「投票をしてから議論をする」形式と、「0〜5本の指を使う投票」を採用している。参加者が少人数なら心理的な安全性は高いので、0〜5本の指を使った投票が手っ取り早くて効果的だ。

このような話し合いの場では、議論を始める前に意見のバリエーションを最大限に広げる。みなが正直に投票しないのでは、と不安があるなら、パーセントカードを使って無記名の投票を呼びかけてもいい。

二等航海士は「どのくらい」という言葉を使い、「オールドバハマ海峡と大西洋ルートのどちらにするべきか」という二択の問いかけを避けている。この段階での彼女の役割は、最終目的を明確にしたうえで、割合を尋ねることで思いの強さの微妙な違いを露わにし、バリエーションを最大に広げることにある。

「それでは投票してください」

一等航海士、二等航海士、三等航海士、機関長のメンバー全員が手をあげる。投票結果は順に、5、3、1、0だった。一等航海士は効率のいい大西洋ルートを、機関長は島々が壁となるオールドバハマ海峡を強く希望していた。船長は投票しない。その後行われる話し合いに影響を及ぼしたくないからだ。それよりも、チームの意見がどう動くかを見守りたいと考えている。船長には最終決定を拒否する権限があるので、いまは何も言う必要がない。

二等航海士はバリエーションを歓迎し、しぶしぶではなく心から投票結果に関心を持っている。

機関長による説明が始まる

そして落ち着いた口調で、機関長に向かって「機関長が見せた指は0本でしたね。詳しく説明してもらえますか」と尋ねる。「投票したのは0本」ではなく「見せた指は0本」という言い方は意図したものだ。後者の言い方にすることで、その人と投票結果に距離が生まれる。また、「なぜそのような投票をしたのですか?」という質問も避けている。こういう聞き方をすれば、相手は非難の意図が含まれているように感じて身構える恐れがある。

機関長は次のように説明を始める。「この船は40年走っている蒸気船です。高波に遭遇すれば、船をまっすぐ進ませるために推進力を維持する必要が出てきますし、汚水ポンプを動かすために電力の生産が不可欠になります。船が揺れれば潤滑油システムが損傷する可能性が高く、損傷すれば機器が自動的に停止しかねません。もし停止すれば、再稼働は難しいでしょう」

すると、いつものルートを強く希望すると投票した一等航海士が、まずは状況の理解に努めようと、「何度の揺れを受けたら、潤滑油システムが損傷すると思いますか?」と尋ねる。機関長に対してこの船なら「大丈夫」だと説得を試みるのではなく、彼の意見に関心を向けている。

機関長はこう答える。「この船は本来、30度の揺れに耐えられる設計になっていますが、ギアは消耗していますし、潤滑油の残量が少ないことを踏まえると、20度から25度の揺れで機器の停止が始まってもおかしくないと思います。25度の揺れで推進力を維持できる自信は、60パーセントしかないと言わざるをえません」

機関長は確証は持てないながらも、割合を使って彼にできる最善の予測を提供している。それに、補充が必要になるほどではないが、標準的な量に比べて潤滑油が少ないという恥になりうる事実も明らかにしている。これは航行計画上のミスとされてもおかしくないが、船長は沈黙を保っている。

二等航海士は次に、5本の指を投票した一等航海士に彼の考えを披露してほしいと促す。一等航海士は大西洋ルートのほうが短く効率的であることを強調し、船の顧客と船会社の両方が喜ぶと説明する。

船長が三等航海士の発言を促す

船長は、チームでいちばん立場が下の三等航海士がずっと黙っていることに気づく。そして「君はずっと黙っているな。そういえば、見せた指は1本だったが、君はどう考える?」と声をかけた。青ワークで連携をとっているときのリーダーの役割は、合意を進めることではない。口数の少ない少数からも意見を引き出して、議論の活性化を促すことだ。

三等航海士は実体験を簡潔に語る。「あの、私は10年ほどバハマに住んでいました。なぜかわかりませんが、今回の嵐は怖いと感じます。1992年に、ハリケーン『アンドリュー』で大変な目に遭いました。まさに直撃でしたから。この決断を下したら、ハリケーンから逃げるルートがなくなるのではないかと心配です。ここで決まったことは、どのくらい絶対なのでしょうか?」

三等航海士は、過去の体験からハリケーンのなか航海することへ不安を覚えているが、その不安を吐露しても大丈夫だと感じている。また、彼は重要な質問を投げかけた。この決断が下されたら、再び検討する可能性はどのくらいあるのかと尋ねている。事前に中断の時間を組み込むことは可能なのか？

二等航海士が口を開く。「決断ポイントはもうひとつあると思っています。ラムケイ分岐点です。そこを決断ポイント2と呼ぶことにしましょう。そこにはバハマ諸島のあいだを通り抜けられる海峡があります。そこに到達する時点で大西洋ルートを進んでいたとしても、南下してキューバの北でオールドバハマ海峡に合流することが可能です。

計画どおり20ノットで航行すれば、本日深夜にそのポイントに到達するでしょう。つまり、いまから18時間後です。ただし、ラムケイに着くまでのあいだは、右側に広がるバハマ諸島の陰に隠れることはほぼ無理ですが」

一等航海士が見せた素晴らしい言い方

ここで船長が口を挟んだ。「ちょっとだけいいかな。2カ月前に嵐の脅威にさらされたとき、私はオールドバハマ海峡を通るルートを選択した。その決断について説明しに会社に行くことになったが、私はまだこうしてここにいる。だから、私の評判を守ろうとして本意でないのに賛同する、ということのないようにしてもらいたい。私たちみんなのため、そして会社のためにも、正しいと思うことをしたほうがいい」。船長は、立場がどうなるかではなく、天候と船の状態を根拠に票を投じてほしいと考えている。正しい理由のもとに、正しい決断を下してもらいたいのだ。

一等航海士はさらにこんな情報を付け加えた。「ハリケーンの季節の終わりには、アラスカまで行く予定が入っていますよね。そこではかなりの悪天候に見舞われると予想されます。私は大波を受けたこの船がどう対応するのか見てみたい。そうすれば、アラスカに向けて出港する前に、設備や手順を変える必要があるかどうかがわかりますし」

彼が学習を強調している点を私は評価したい。青ワーク中は、成長、精通、学習を求める思考心理になるべきだ。進むべき道を選ぶときは、短期的な生産性だけでなく、学習できることも考慮して最善の道を選ぶようにしたほうがいい。また、一等航海士の言葉を見ると、最初に事実を提示したうえで自身の感情を述べている。どちらかのルートを強制しようとも、他者の意見を変えようともしていない。実に素晴らしい言い方だ。

二等航海士がそろそろ決議をとったほうがいいと察したらしく、「それではもう一度投票してください」と発言した。機関長が、「この投票は、サンファンまでのルートの投票ですか？　それともラムケイ分岐点までですか？」と質問する。

二等航海士の回答は、「ラムケイ分岐点までです。目的地までのルートを2つの区間に分けて考えるようにしましょう。次の決断ポイントから先の区間については、いまは切り離してください」というものだった。ルートを分割したほうが、責任を引き受けやすくなると彼女はわかっているのだ。

チームの決断――大西洋ルートをとる

投票結果は、5、5、3、2となった。そうしてチームの意見は大西洋ルートをとる方向に傾いた。航行半ばで通過するラムケイに、バハマ諸島が壁となる側に移れる道があると把握していることで、機関長からの警告があってもなお、距離が短いルートを安心して選ぶことができるのだ。また、責任を引き受ける距離が短いほうが、学習やリスクをとる行動を積極的に行えるようになる。

二等航海士は次のようにまとめた。「わかりました。では、当面は大西洋ルートを進むということでどうでしょう。天候がひどい状況になるまでは、私たちにも天候を観察できると思います。船上で風や波を測定し、天気予報に目を配る。そして深夜になったら、分岐点でオールドバハマ海峡に移るか、このまま大西洋ルートを進み続けるかを決めるミーティングを開きましょう」

二等航海士はチームに**責任を引き受ける**ことを求めているが、責任の範囲をできるだけ小さくしている。さらには、赤ワークに取り組む期間（ラムケイ分岐点まで航行する）と次に青ワークを開くタイミング（深夜）を提示している。彼女が決断ポイントはもうひとつあると伝えたことで、誰もが自分の投じる票は重いと理解し、みなに学習と成長の思考心理が呼び起こされた。それにより、彼らは次の投票に備えて、広い視野で状況の観察に努めることだろう。

二等航海士は、「提示した計画に従ってもらう」という強い言い方をすることもできた。だが彼女は、「～ということでどうでしょう」という言い方をして、異論を唱える機会をチームに与えている。

二等航海士はこの船の航法士でもあるので、計画を提示する人物に最適だ。加えて、彼女はチーム内でいちばん年が若く、同意しなければならないという重圧がいちばんかからない相手でもある。

船長は彼女の提案を承認する。「よし、決まった。その計画でやってみるとしよう。船がどのくらい揺れるのか、機関がどう持ちこたえるかが見ものだな。荒天を進むことになるので、各自手順を見直しておくように。荒天への備えについては、8時にミーティングを行おう」

決断は下された。加えて、荒天のなかを航行することになるので、確認事項（上甲板扉を施錠する、貨物を固定させる、船底にたまった不要な液体の水位の監視など）が増えるはずだ。そうした確認は、大西洋ルートをとるという決断から生じる赤ワークの一環だ。荒天に遭遇するまで数時間の猶予が見込まれるので、高級船員たちには手順を見直す時間がある。船長に指示されたからではなく、自分で時間を見つけて行うことで、当事者意識や自発性が身につく。

一等航海士にあるアイデアがあった。「これからの行動について、事業本部にも伝えておくべきだと思います。伝える文面は私が用意しますから」。彼は、いずれ事業本部から、とるべきルートの指示か、どうするのかという問い合わせがくると予想している。どちらにしろ、連絡がくるのを待つのではなく、先手を取って〈エルファロ〉のほうから計画を知らせてはどうかと提案しているのだ。これは「野獣を手懐ける」とも呼べる行為だ。おまけに彼は、文面を（送るのではなく）用意することを積極的に買って出ている。

その後、その日から深夜にかけて数回ある当直のあいだ、高級船員たちは風や波、天候の変化をメモにとる。彼らがそうするのは、深夜のミーティングに出席したときに、そういう情報が重要になるとわかっているからだ。自分たちの運命は、自分たちの手に委ねられていると彼らは知っている。

２０１５年９月30日深夜　ミーティング開始

深夜のミーティングが始まり、高級船員たちは再び０～５本の指を使った投票を行う。ただし今回は、嵐の風速が時速１００マイル（約１６０キロ）を上回り、船はすでに激しく揺れていることから、安全を優先する以外の選択肢はなく、全員が安全な海峡へ移ることを提案した。船長は、そうなれば到着が６時間遅れ、損害が出ることを理解している。また、大西洋ルートをとっても、無事に目的地に着く可能性があることも理解している。それでも彼は、高級船員たちの決断を承認し、承認を受けた彼らは、本部に決断の内容を知らせる。

金曜日――サンファンに到着

２０１５年10月２日午前９時

〈エルファロ〉がサンファンに到着する。上甲板や一部の機器、さらには貨物の一部が固定からはずれて損傷した。６時間遅れはしたが、船は無事到着し、33名の乗組員は全員無事だ。オールドバハマ海峡を通るルートを選んだことで、船は救われた。

新しいプレーブックを使って〈エルファロ〉を救う

〈エルファロ〉の救出は、**垣根を越えてつながる**というプレーとともに出港前から始まる。それにより、船長は心理的な安全性を構築するのだ。この先青ワークを行うときに、心理的な安全性を感じ取れれば、議論の幅が広がり、創造性や柔軟な解決策が多く生まれると、船長はわかっている。

また、彼は、**時計を支配する**必要があると気づいた人がそうできるようになるためのルールも制定している。そして高級船員チームは、2、3歩先のことを考えるようにしながら、次の決断ポイントに備えている。

たとえ大変な状況に置かれても、乗組員がみな学習と成長の思考心理になれば、**改善**に向けた行動をとる。「優秀であろうとする自分」を抑えて「もっとよくなりたい自分」を前面に出そうとする。

学習と成長の思考心理を備えた彼らには、自分の話に耳を傾けてもらえるという安心感があり、自分の人生を自分の手でコントロールしているという実感がある。それらがなかったら、ともに何かを分かち合えないだろう。

年が若い人物が意思決定ミーティングを取り仕切るのであれば、決断を評価する役割は船長のままでいい。議長がメンバーより年下であれば、責任感の過熱を防止する効果が生まれる。

ミーティング中は、投票してから議論する方式を実践し、誰もがしぶしぶではなく心から、ほかのメンバーの意見に注目している。自分の話を聞いてもらえるという安心感があれば、大声を出さなくても自然と注目が集まる。

謝辞

「私のいいアイデアで、本当に私のアイデアであるものはひとつもない」というのが私の口癖だが、この本についてもそれは当てはまる。

私の発想のもととなった学術研究がいくつかある。まず、言葉が重要であるという発想は、古代ギリシアの歴史家トゥキディデスがペリクレスによる「名演説」として残した言葉をはじめ、ウィンストン・チャーチルやマーティン・ルーサー・キング・ジュニアの力強い演説にも表れている。また、アデル・フェイバとエレイン・マズリッシュの共著『子どもが聴いてくれる話し方と子どもが話してくれる聴き方大全』は、思いがけない知見を教えてくれる素晴らしい本だ。それから、行動と休息、実行と思考、集中と反芻というフレームワークが赤ワークと青ワークという発想のもととなり、人生を学習の旅路としてとらえる発想は、ヴィクトール・フランクルの作品から教わった。

私の前著『米海軍で屈指の潜水艦艦長による「最強組織」の作り方』で紹介した策の実践を試みた、すべてのリーダーに心から感謝する。よりよい職場環境の構築を目指した彼らは、策の効果の有無という貴重なフィードバックや、やり方を変えたときの刺激的なエピソードを提供してくれた。

本書の版元であるポートフォリオ／ペンギンの担当チームは、絶妙なサポートをしてくれた。とりわけ、編集を担当したコーシック・ヴィスワナートにはお世話になった。

私が設立したターン・ザ・シップ・アラウンド社のメンバーにも謝意を述べたい。チャック・ダンフィー、キャシー・コステランスキー、ジェイム・ウェルチ、ジェフ・リープ、ピーター・ロシアン、アンディ・ウォーシェク、マイク・ギレスピー博士は、ときには友好的に議論する相手、ときには相談役、ときには真実を告げてくれる者として、私を助けてくれた。さまざまな形で原稿の進展に貢献し、私の不満や愚痴に耳を傾けてくれたほか、私が執筆に没頭するあいだ、会社を守ってくれた。

なかでもジェイムは、〈エルファロ〉での会話の記録を詳細に分析してくれた。実際のやりとりを理解するうえで、その分析作業はなくてはならないものだった。突き詰めれば、国家運輸安全委員会によって、調査が行われた船や飛行機の乗員の声の記録が公開されなければ、分析はかなわなかった。

そして、私の執筆パートナーで、アーキテクトならぬ「ブッキテクト」のデーヴ・モルダウアーにも大きな声でありがとうと言いたい。私が行き詰まりを感じたつらい局面で、構成や言葉の紡ぎ方のアドバイスをもらい、相談にのってもらった。

最後に、私の執筆で休暇を台無しにされた妻のジェーンに感謝を伝えたい。苛立って漏らす不満や、5時に起きて出社前の2時間ほどを執筆にあてた私につきあってくれてありがとう。

推奨書籍

『マネジャーの最も大切な仕事――95%の人が見過ごす「小さな進捗」の力』(テレサ・アマビール、スティーブン・クレイマー著、中竹竜二監訳、樋口武志訳、英治出版、2017年)
『The Art of Action』(スティーブン・バンゲイ著) 未邦訳
『デカルトの誤り――情動、理性、人間の脳』(アントニオ・R・ダマシオ著、田中三彦訳、筑摩書房、2010年)
『ベストを引き出せ――部下の業績を最大化するリーダーシップ』(オーブリー・C・ダニエルズ著、梅津祐良訳、ダイヤモンド社、1995年)
『マインドセット――「やればできる!」の研究』(キャロル・S・ドゥエック著、今西康子訳、草思社、2016年)
『恐れのない組織――「心理的安全性」が学習・イノベーション・成長をもたらす』(エイミー・C・エドモンドソン著、野津智子訳、村瀬俊朗解説、英治出版、2021年)
『子どもが聴いてくれる話し方と子どもが話してくれる聴き方大全』(アデル・フェイバ、エレイン・マズリッシュ著、三津乃・リーディ、中野早苗訳、きこ書房、2013年)
『のびのび働く技術――成果を出す人の感情の使い方』(リズ・フォスリエン、モリー・ウェスト・ダフィー著、石垣賀子訳、早川書房、2020年)
『Behemoth』(ジョシュア・B・フリーマン著) 未邦訳
『インテル戦略転換』(アンドリュー・S・グローブ著、佐々木かをり訳、七賢出版、1997年)
『How Could This Happen?』(ジャン・U・ハーゲン編) 未邦訳
『ファスト&スロー――あなたの意思はどのように決まるか(上・下)』(ダニエル・カーネマン著、村井章子訳、早

川書房、2014年）

『The One Best Way』（ロバート・カニーゲル著）未邦訳

『報酬主義をこえて』（アルフィ・コーン著、田中英史訳、法政大学出版局、2011年）

『Fire on the Horizon』（ジョン・コンラッド、トム・シュローダー著）未邦訳

『Superminds』（トマス・W・マローン著）未邦訳

『NVC――人と人との関係にいのちを吹き込む法』（マーシャル・B・ローゼンバーグ著、安納献監訳、小川敏子訳、日本経済新聞出版社、2012年）

『Accounting for Slavery』（ケイトリン・ローゼンタール著）未邦訳

『謙虚なリーダーシップ――1人のリーダーに依存しない組織をつくる』（エドガー・H・シャイン、ピーター・A・シャイン著、野津智子訳、英治出版、2020年）

『リーダーは最後に食べなさい！――チームワークが上手な会社はここが違う』（サイモン・シネック著、栗木さつき訳、日本経済新聞出版社、2018年）

『クリーン・ランゲージ入門――〈12の質問〉にもとづく新コーチング技法』（ウェンディ・サリヴァン、ジュディ・リーズ著、橋本敦生監訳、浅田仁子訳、春秋社、2010年）

『群衆の智慧』（ジェームズ・スロウィッキー著、小高尚子訳、角川書店、2014年）

『失敗の科学――失敗から学習する組織、学習できない組織』（マシュー・サイド著、有枝春訳、ディスカヴァー・トゥエンティワン、2016年）

『行動経済学の逆襲』（リチャード・セイラー著、遠藤真美訳、早川書房、2016年）

『メンバーの才能を開花させる技法』（リズ・ワイズマン、グレッグ・マキューン著、関美和訳、海と月社、2015年）

原注

第1章

1. United States Coast Guard (2017). Steam Ship El Faro (O.N. 561732) Sinking and Loss of the Vessel with 33 Persons Missing and Presumed Deceased Northeast of Acklins and Crooked Island, Bahamas, on October 1, 2015. Retrieved from media.defense.gov/2017/Oct/01/2001820187/-1/-1/0/FINAL%20PDF%20ROI%2024%20SEP%2017.pdf.
2. 航海時の会話の引用および発言の割合に関するデータはすべて、NTSB(国家運輸安全委員会)による貨物船〈エルファロ〉のブラックボックスの調査記録を参照した。National Transportation Safety Board (2017). Group Chairman's Factual Report of Investigation. Attachment 1 to Addendum, Voyage Data Recorder—Audio Transcript. Revised: August 8, 2017. Retrieved from dms.ntsb.gov/public/58000-58499/58116/606566.pdf.

第2章

1. M. Ross and F. Sicoly (1979). Egocentric biases in availability and attribution. *Journal of Personality and Social Psychology* 37(3), 322–36. Retrieved from dx.doi.org/10.1037/0022-3514.37.3.322.
2. J. Surowiecki (2004). *The Wisdom of Crowds: Why the Many Are Smarter Than the Few and How Collective Wisdom Shapes Business, Economies, Societies, and Nations.* New York: Doubleday. (『群衆の智慧』小高尚子訳、角川書店、2014年)
3. QSX Software Group (2015). Color Wheel Pro—See Color Theory in Action. Color Meaning. Retrieved from color-wheel-pro.com/color-meaning.html.
4. F. W. Taylor (1911). *The Principles of Scientific Management.* New York: Harper & Brothers. (『科学的管理法——マネジメントの原点』有賀裕子訳、ダイヤモンド社、2009年)
5. R. Kanigel (1997). *The One Best Way: Frederick Winslow Taylor and the Enigma of Efficiency.* New York: Viking.
6. Centers for Disease Control and Prevention (1999). Achievements in Public Health, 1900–1999: Improvements in Workplace Safety—United States, 1900–1999. *MMWR Morbidity and Mortality Weekly Report* 48 (22), 461–69. Retrieved from cdc.gov/mmwr/preview/mmwrhtml/mm4822a1.htm.
7. M. Obschonka (2018). Research: The Industrial Revolution left psychological scars that can still be seen today. *Harvard Business Review* (March 26). Retrieved from hbr.

org/2018/03/research-the-industrial-revolution-left-psychological-scars-that-can-still-be-seen-today.

8. C. Lin (1994). The Japanese Automotive Industry: Recent Developments and Future Competitive Outlook. The Office for the Study of Automotive Transportation. Report: UMTRI-94-13. Retrieved from deepblue.lib.umich.edu/bitstream/handle/2027.42/1064/87139.0001.001.pdf?sequence=2.
9. R. M. Yerkes and J. D. Dodson (1908). The relation of strength of stimulus to rapidity of habit-formation. *Journal of Comparative Neurology and Psychology* 18 (5), 459–82.
10. Manifesto for Agile Software Development. Retrieved from agilemanifesto.org.

第3章

1. ABC News (2017). Oscars 2017: Warren Beatty not to blame for Moonlight–La La Land envelope stuff-up. Retrieved from abc.net.au/news/2017-02-28/oscars-stuff-up-dont-blame-warren-beatty/8309160.
2. I. Mohr (2017). Warren Beatty and Faye Dunaway couldn't stop fighting before Oscars. Retrieved from pagesix.com/2017/02/28/warren-beatty-and-faye-dunaway-couldnt-stop-fighting-before-oscars/.
3. *Los Angeles Times* staff (1986). Challenger disaster: The 24 hours of pre-launch debate that could have prevented a tragedy. Retrieved from latimes.com/science/la-sci-challenger-24-hours-pre-launch-debate-20160128-htmlstory.html.

第4章

1. W. Sullivan and J. Rees (2008). *Clean Language: Revealing Metaphors and Opening Minds.* Bancyfelin, Wales: Crown House.（『クリーン・ランゲージ入門』橋本敦生監訳、浅田仁子訳、春秋社、2010年）

第5章

1. J. Harter (2018). Employee Engagement on the Rise in the U.S. Retrieved from news.gallup.com/poll/241649/employee-engagement-rise.aspx.
2. A. Grant (2013). How to Escape from Bad Decisions: Four Key Steps to Avoid Throwing Good Money After Bad. Retrieved from psychologytoday.com/us/blog/give-and-take/201307/how-escape-bad-decisions.

第6章

1. D. Carol. *Mindset*. London: Robinson, 2017.（『マインドセット』今西康子訳、草思社、2016年）
2. S. C. Huang and J. Aaker (2019). It's the Journey, Not the Destination: How Metaphor Drives Growth After Goal Attainment. *Journal of Personality and Social Psychology*, 14.
3. S. C. Huang and J. Aaker (2019). It's the Journey, Not the Destination: How Metaphor Drives Growth After Goal Attainment. *Journal of Personality and Social Psychology*, 11.

第7章

1. C. Duhigg (2017). *Smarter Faster Better: The Transformative Power of Real Productivity*. New York: Random House.（『あなたの生産性を上げる8つのアイディア』鈴木晶訳、講談社、2017年）
2. A. Edmondson (2003). Managing the risk of learning: Psychological safety in work teams. In M. A. West, D. Tjosvold, and K. G. Smith, eds., *International Handbook of Organizational Teamwork and Co-operative Working*. West Sussex, England: John Wiley & Sons.
3. A. Edmondson, R. M. J. Bohmer, and G. P. Pisano (2001). Disrupted routines. *Administrative Science Quarterly* 46 (4), 685–716.
4. C. S. Dweck and E. L. Leggett (1988). A social-cognitive approach to motivation and personality. *Psychological Review* 95 (2), 256–73.
5. R. M. Ryan and E. L. Deci (2000). Self-determination theory and the facilitation of intrinsic motivation, social development, and well-being. *American Psychologist* 55 (1), 68–78. doi: 10.1037/0003-066X.55.1.68.
6. L. Y. Abramson, M. E. Seligman, and J. D. Teasdale (1978). Learned helplessness in humans: Critique and reformulation. *Journal of Abnormal Psychology* 87 (1), 49–74. Retrieved from doi.org/10.1037/0021-843X.87.1.49.
7. J. Surowiecki (2004). *The Wisdom of Crowds: Why the Many Are Smarter Than the Few and How Collective Wisdom Shapes Business, Economies, Societies, and Nations*. New York: Doubleday.（『群衆の智慧』小高尚子訳、角川書店、2014年）

第8章

1. O. Idan, E. Halperin, B. Hameiri, and R. Tagar (2018). A rose by any other name? A subtle linguistic cue impacts anger and corresponding policy support in intractable conflict. *Psychological Science* 29 (6). Retrieved from researchgate.net/

publication/322150387_A_Rose_by_Any_Other_Name_A_Subtle_Linguistic_Cue_Impacts_Anger_and_Corresponding_Policy_Support_in_Intractable_Conflict.

2. Mark Wood. "Mark Wood on Cricket World Cup, Liam Plunkett & Northumberland's Beaches - BBC Sport." *BBC News*. July 2, 2019. Retrieved from bbc.com/sport/cricket/48847826.
3. A. Bechara, H. Damasio, D. Tranel, and A. R. Damasio (2005). The Iowa Gambling Task and the somatic marker hypothesis: Some questions and answers. *Trends in Cognitive Sciences* 9 (4), 159–62. doi: 10.1016/j.tics.2005.02.002.
4. National Transportation Safety Board, Safety Recommendation (1994). A Review of Flightcrew-Involved, Major Accidents of U.S. Air Carriers, 1978 through 1990, Safety Study. Retrieved from ntsb.gov/safety/safety-recs/recletters/A94_1_5.pdf.
5. J. Tung, L. B. Barreiro, Z. P. Johnson, et al. (2012). Social environment is associated with gene regulatory variation in the rhesus macaque immune system. *PNAS* 109 (17). Retrieved from pnas.org/cgi/doi/10.1073/pnas.1202734109.
6. A. Edmondson (2003). Managing the risk of learning: Psychological safety in work teams. In M. A. West, D. Tjosvold, and K. G. Smith, eds., *International Handbook of Organizational Teamwork and Co-operative Working*. West Sussex, England: John Wiley & Sons.

第9章

1. Utilization Review (UM) Nurse Supervisor (n.d.). LinkedIn, Cognizant, Job Description. Retrieved from linkedin.com/jobs/view/963470952.

第10章

1. M. Dowie (1977). Pinto madness. *Mother Jones* (September/ October). Retrieved from motherjones.com/politics/1977/09/pinto-madness.
2. B. Wojdyla (2011). The top automotive engineering failures: The Ford Pinto fuel tanks. *Popular Mechanics* (May 20). Retrieved from popularmechanics.com/cars/a6700/top-automotive-engineering-failures-ford-pinto-fuel-tanks.
3. L. D. Ordóñez, M. Schweitzer, A. Galinsky, and M. Bazerman (2009). Goals gone wild: The systematic side effects of over-prescribing goal setting. *Harvard Business Review*. Retrieved from hbswk.hbs.edu/item/goals-gone-wild-the-systematic-side-effects-of-over-prescribing-goal-setting.

4. B. M. Staw and R. D. Boettger (1990). Task revision: A neglected form of work performance. *Academy of Management Journal* 33 (3), 534–59.

5. E. Ries (2017). Teaching GE to think like a startup. *Fortune* (October 17). Retrieved from fortune.com/2017/10/17/teaching-ge-the-startup-way-excerpt.

用語集

青ワーカー
産業革命期の組織設計で、青ワークを割り当てられた人々のこと。ホワイトカラーと呼ばれ、組合に属さない。考えることと人々を統率することで給料をもらう。

青ワーク
思考力、認知能力、創造力を使って決断する仕事のこと。青ワークでは、バリエーションの歓迎が有効である。

赤ワーカー
産業革命期の組織設計で、赤ワークを割り当てられた人々のこと。ブルーカラーと呼ばれ、組合に属し、時間給で働く。指示に従い実行することが彼らの仕事である。機能性の高い組織には、赤ワーカーは存在しない。いるのは、赤ワークにも青ワークにも取り組む人々である。

赤ワーク
行動を起こす、工程の一部を担う、生産するというように、何かを実行すること。ばらつき（バリエーション）を減らすことで有効性が高まる。

赤ワークと青ワークを交互に行う仕組み（RBOS）
実行と決断を意識して律動的に行う仕組みのこと。RBOSと略すことができ、「アワボス」と覚えるといい。アワボスは、戦略レベル、業務の管理・運営レベル、実務レベルのいずれにも適用できる。

「意図にもとづくリーダーシップ」®（IBL）
情報を持つ人が権限を手にするようにリーダーが主導するアプローチのこと。このアプローチをとる目的は、人々が自分の人生にかかわることでの主導権をより多く手にし、それによって健康と幸福の度合いを高める組織を生み出すことである。このアプローチが生まれた経緯については、私の前著『米海軍で屈指の潜水艦艦長による「最強組織」の作り方』に詳しい。

改善する

赤ワークを終えてから設ける中断の時間で、自分たちが学んだことを振り返るプレーのこと。改善は、過去を振り返り、現状の計画や工程、設計を今後よくする目的で修正を加えることで生まれる。また、「もっとよくなりたい自分」の領分で行うプレーでもある。

垣根を越えてつながる

ほかのプレーの有効性を高めるプレーで、他者を気にかけ、権力の勾配を緩くすること。また、「他者に対して」や「他者のために」ではなく、「他者と同列の立場で」の行動を心がけることでもある。

過大申告

複数の人で同じ作業に取り組んだときに、自分が請け負った作業を実際より多く申告してしまうという心理的な現象のこと。この現象に陥るのは、利用可能性バイアスが作用するからだ。決断を下すときや疑問に答えるとき、脳は入手しやすい情報を重視する。当然ながら、人は誰しも、他者の行動より自身の行動のほうを熟知している。

強要する

産業革命期に誕生したプレー。追い立てる、操る、命じる、やる気を起こさせる、刺激を与える、脅すといったことを通じて、やらせたい仕事を人々にさせること。

区切りをつける

赤ワークを終えるときに行うプレーのこと。立ち止まって自分たちが成し遂げたことを振り返り、それを労う時間を設けて、赤ワークに取り組んでいたときの話を互いに語り合う。

権力の勾配

序列のなかでの人と人との社会的な距離のこと。権力の勾配の代名詞となりうるものは、給与体系、オフィスの大きさ、権利、年齢、在任期間、スキルレベル、注目を集める度合い、絨毯の厚みなど多岐にわたる。権力の勾配が大きいほど、情報の流れは滞る。勾配が大きければ、コミュニケーションやアイデアの多様性、創造性が失われる。権力の勾配は、心理学で用いられる「社会的な勾配」に近い。

好奇心
他者の視点、考え、行動方針の提案などをもっと知りたいという欲求のこと。

産業革命期
人類が機械の使用を前提として、大規模で複雑な組織を発展させた時代のこと。工場、組立ライン、大規模農場、鉄道がこの時代を支配した。産業革命期の組織は、ばらつきを減らし、上司の指示に服従させることを第一に考えて設計された。この基本的な構造が、現代の組織設計や組織で使われる言葉を形づくった。

自衛の思考心理
自分の能力のなさを露呈させたくないという動機に駆られる思考心理のこと。

自己決定理論
エドワード・デシとリチャード・ライアンが、内発的モチベーションを説明するうえで考案した心理学理論のこと。この理論では、有能さ、関係性、自律性が内発的モチベーションの基本となる。

証明する
産業革命期に生まれたプレーで、能力の高さを証明する、もしくは能力のなさを隠すことを最優先とすること。証明は、「優秀であろうとする自分」の領分で行われるプレーである。

証明の思考心理
何かを成し遂げたい、能力を証明したい、やり遂げる力があると示したい、といった気持ちに駆られる思考心理のこと。赤ワークを実行しているときにこの思考心理になると、有利に働く。

信頼
他者に対し、同じ目標を掲げ、本心を語ってくれると信じる感情のこと。信頼の気持ちに、能力を評価する発想は含まれない。よって、「決断を下すと信じている」というようなことは言わない。この言葉には、決断を下せることへの信頼だけでなく、正しい決断を下してほしいという要望も含まれるからだ。そういう言葉を発すると、信頼の概念が壊される。時間をかけてオープンになる度合いを高めていくのが信頼だ。

心理的安全性
エイミー・エドモンドソンによる造語で、グループや組織に属する人が、自分の弱さをさらけ出すことになりかねない情報を共有するときの安心感の度合いを示すときに使用される言葉である。

責任感の過熱
小さな責任感に執着する心理的な現象のこと。「盗人に追い銭」という格言は、この現象の影響をうまく表している。

責任感を自覚して取り組む
これから何をするかを自分で決め、それに専念するプレーのこと。

続行する
産業革命期に誕生したプレー。赤ワークをひたすら続行し、その作業が終わっても、引き続き別の新たな作業に着手する。

時計に従う
産業革命期に生まれたプレーで、所定の時間でできるだけ多くを成し遂げなければならないという重圧を感じながら働くこと。

時計を支配する
新しいプレーのひとつで、赤ワークの重圧から脱して考える青ワークへ移行するために、中断や小休止を呼びかけられるようになること。

爬虫類脳
脳にもっとも古くから存在する部位で、呼吸、鼓動、基本的な衝動をつかさどる。この部位は自己防衛を動機として動くようにできている。ストレスを抱えると、爬虫類脳が活発に動き出す。

発言の割合
会話のなかで各人が発言した言葉の数の割合のこと。組織内での権力の勾配を表す優れた指標となる。

バリエーション
あるものの特性を広げること。バリエーションは、時間やメンバーを替えて広げることができる。また、多様性と同義ととらえていい。多様性を推進する目的は、認知能力がかかわる創造性のバリエーションが広がる機会を増やすことにある。バリエーションは赤ワークの敵だが、青ワークにとっては味方である。

服従する
産業革命期に誕生したプレーで、命じられたとおりに行動すること。

もっとよくなりたい自分
成長しもっとよくなりたいと願う自分のこと。そういう自分のときは、学習を切望し、探究心や好奇心が旺盛になる。改善のプレーを実行するときは、もっとよくなりたい自分を稼働させる必要がある。

優秀であろうとする自分
優秀であるというイメージを世間に与え（かつそのイメージを守り）、まわりから称賛され評価されたいと願う自分のこと。改善のプレーを実施するには、この自分を制御する必要がある。

連携をとる
他者から学ぶことで、製品、アイデア、人生をよりよいものにするプレーのこと。

【著者・訳者紹介】
L. デビッド・マルケ（L. David Marquet）
全米屈指のエリート校である海軍兵学校をトップで卒業し、1999年から2001年まで米海軍の攻撃型原子力潜水艦「サンタフェ」の艦長を務める。海軍内で最低の評価を受けていた「サンタフェ」をたった1年で最高評価の艦に生まれ変わらせ、そのリーダーシップは、ロングセラー『7つの習慣』の著者であるスティーブン・R・コヴィー博士の激賞を受ける。「サンタフェ」で何が起きたかを自ら書き記した『米海軍で屈指の潜水艦艦長による「最強組織」の作り方』（東洋経済新報社）は日米で話題作となる。退役後は、リーダーシップに関するコンサルタントとして活躍。

花塚　恵（はなつか　めぐみ）
翻訳家。福井県福井市生まれ。英国サリー大学卒業。英語講師、企業内翻訳者を経て現職。主な訳書に『Appleのデジタル教育』（かんき出版）、『苦手な人を思い通りに動かす』（日経BP）、『脳が認める勉強法』（ダイヤモンド社）、『米海軍で屈指の潜水艦艦長による「最強組織」の作り方』『Unlocking Creativity――チームの創造力を解き放つ最強の戦略』（以上、東洋経済新報社）などがある。

LEADER'S LANGUAGE（リーダーズ・ランゲージ） 言葉遣いこそ最強の武器
2021年6月11日発行

著　者――L. デビッド・マルケ
訳　者――花塚　恵
発行者――駒橋憲一
発行所――東洋経済新報社
〒103-8345　東京都中央区日本橋本石町 1-2-1
電話＝東洋経済コールセンター 03(6386)1040
https://toyokeizai.net/

カバーデザイン……トサカデザイン（戸倉　巌、小酒保子）
D T P……………アイランドコレクション
印刷・製本………丸井工文社
編集担当…………佐藤朋保
Printed in Japan　ISBN 978-4-492-04689-0